变化世界中的国际组织

马荣久　著

人民出版社

责任编辑:陈光耀
封面设计:胡欣欣

图书在版编目(CIP)数据

变化世界中的国际组织/马荣久 著. —北京:人民出版社,2019.8
ISBN 978-7-01-021084-1

Ⅰ.①变… Ⅱ.①马… Ⅲ.①国际组织-研究 Ⅳ.①D813

中国版本图书馆 CIP 数据核字(2019)第164335号

变化世界中的国际组织

BIANHUA SHIJIE ZHONG DE GUOJI ZUZHI

马荣久 著

人民出版社 出版发行
(100706 北京市东城区隆福寺街99号)

天津文林印务有限公司印刷 新华书店经销

2019年8月第1版 2019年8月北京第1次印刷
开本:710毫米×1000毫米 1/16 印张:15.75
字数:233千字

ISBN 978-7-01-021084-1 定价:45.00元

邮购地址 100706 北京市东城区隆福寺街99号
人民东方图书销售中心 电话 (010)65250042 65289539

前　言

国际社会总是处在不断地发展和变化之中。传统上,国家一直被认为是国际社会的主要行为体,而国际关系研究以国家行为体作为主要的研究对象。当代国际社会的一个重要特点,是形形色色的国际组织的存在与发展,这对于人类生活的各个领域产生着深刻的影响。正如研究国际前沿问题的学者们指出的,“21 世纪将是国际组织的世纪”。可以这样说,当今世界上任何全球性或区域性重大问题的处理,如果没有相关国际组织的参与,难以获得圆满的解决;而一个国家的对外合作空间是否广阔,对外交往技能是否娴熟,对外政策和策略是否有效,极为重要的衡量标准乃是其对于国际组织的理解、参与和融入的程度。国际组织不仅与我们所处时代的基本特征、国家的形象地位等紧紧联系在一起,甚至与我们每个人的生活丝丝相扣、息息相关。

本书旨在从全球政治和国际关系的角度来认识和理解国际组织这一国际社会日益重要的新兴角色,主要涉及有关国际组织的基本知识、重要事实以及理论观点,理解国际组织在国际社会中的运行和特点、作用及影响;在此基础上,深入认识中国与国际组织互动关系的过去、现在与未来。

本书首先将国际组织本体作为分析对象,考察国际组织的发展脉络尤其是历史演进中“源”与“流”的关系,阐释国际组织在影响国家行为、塑造全球秩序中的作用,并回答了有关国际组织角色——依附还是自主——的疑问。本书对于国际组织中的国家权力予以特别关注,提出并论述相关命题,即国际组织是国家行为体的制度性权力与话语权的载体,并在此基础上以代表性的国际组织(机制)为例具体考察各国参与其中的深度与广度,比较分析有关国家在国际组织中的权力地位和影响力。

其次,本书将国际组织置于国际安全、全球贸易和发展、人权与主权等当代国际关系的核心领域进一步考察和分析其运行特点和作用机制。对于国际组织是否能够维护世界和平、促进国际安全,本书致力于不同视角下的具体分析,并提供新的思路和回答。对于以贸易和发展问题为核心的全球经济治理,本书提供了制度视角下的审视。本书还分析了以联合国为代表的相关国际组织在人权规范框架的构建、人权保障的形式和实施等领域的作用与角色,并探讨其所面对的问题与挑战。

最后,本书将国际组织的研究置于当代中国外交的视阈之下,进一步分析了中国与国际组织的互动历程、中国在推动亚洲地区制度框架构建进程中的国家角色。

中国与国际组织经历了一段复杂的互动,双方的关系已经出现深刻变化。中国需要国际组织,国际组织需要中国。以国际组织为中心的多边外交,是当代中国外交的重要组成部分。在国家日益崛起的进程中,赢得结构性权力和制度性话语权是其对外行为的关键指向,全球与地区层面的国际组织为此提供支撑平台与互动场所。

目　录

第一章　国际组织概念分析…………………………………………… 1
一、“超越国家边界的正式安排” …………………………………… 2
二、“制度化的机构” …………………………………………………… 4

第二章　源与流:国际组织的演进……………………………………… 15
一、国际组织的产生及其“三个源流” ……………………………… 15
二、国际联盟的建立与国际组织发展的里程碑 ……………………… 20
三、联合国的成立与国际组织成熟发展的新阶段 …………………… 23
四、国际组织的发展前景 ……………………………………………… 25

第三章　影响国家,塑造体系:国际组织的作用 ……………………… 28
一、分析框架 …………………………………………………………… 28
二、具体分析 …………………………………………………………… 40

第四章　依附还是自主? 国际组织的角色 …………………………… 50
一、国家利益代言人 …………………………………………………… 51
二、多边互动的场所 …………………………………………………… 52
三、自主行为体 ………………………………………………………… 53

第五章 一种结构性权力:国际组织中的权力分布 …… 59
一、国际组织中的国家权力 …… 59
二、各国参与国际组织(机制)的比较分析 …… 64

第六章 国际组织与安全 …… 82
一、现实主义的安全观与国际组织的作用与角色 …… 83
二、新自由主义的安全观与国际组织的作用与角色 …… 86
三、建构主义的安全观与国际组织的作用与角色 …… 89
结 语 …… 94

第七章 国际组织与贸易、发展 …… 95
一、贸易和发展领域的制度框架 …… 95
二、贸易和发展领域的机制保障 …… 104
三、治理进程中的问题与挑战 …… 110
结 语 …… 114

第八章 国际组织与人权、主权 …… 116
一、国际人权领域的历史进步 …… 116
二、人权规范框架的构建 …… 118
三、人权保障的形式和实施 …… 121
结 语 …… 128

第九章 中国与国际组织的互动历程 …… 129
一、孤立与斗争 …… 129
二、有限参与 …… 134
三、再评估 …… 136
四、扩展与深化 …… 138
结 语 …… 142

第十章　中国在地区多边制度框架中的国家角色……………………… 143
一、地区制度框架与亚洲地区秩序……………………………………… 143
二、中国在地区多边制度框架中的适应与学习…………………………… 147
三、中国在地区多边制度框架中的推动与塑造…………………………… 150
四、中国在地区多边制度框架中的主导与引导…………………………… 153
结　语………………………………………………………………………… 156

参考文献……………………………………………………………………… 157
附　录
国际联盟盟约…………………………………………………………… 163
联合国宪章……………………………………………………………… 172
国际法院规约…………………………………………………………… 196
建立世界贸易组织的马拉喀什协定…………………………………… 209
亚洲基础设施投资银行协定…………………………………………… 220
后　记………………………………………………………………………… 245

第一章　国际组织概念分析

在转向现实中纷繁复杂的“国际组织”现象之前，对这一概念和术语寻求较为一致的理解总是必要的。有趣的是，如何界定国际组织？国际国内的众多学者试图给出一个通用的、普遍性的定义，但似乎一直未能准确和全面地承载“国际组织”的含义。

学术界有关国际组织定义的词语云

我们以《国际关系政治词典》对国际组织的定义指向本书关注的对象，并作为其后分析问题的起点。正如词典所指出的，国际组织意味着一种超越国家边界的正式安排，通过这种安排建立起制度化的机构，促进了成员间在安全、经济、社会或相关领域的合作。① 这个定义言简意赅，内涵丰富，所包含的若干方面值得进一步去探讨。

一、“超越国家边界的正式安排”

作为“正式安排”，大多数国际组织尤其是政府间国际组织都是建立在内容清晰明确、见诸文字的“宪章”（Charter）、“公约”（Convention）、“规约”（Statute）、“协议”（Agreement）、“章程”（Constitution）等基础之上的。比如，联合国（the United Nations，UN）赖以存在的基础是其“宪章”，国际货币基金组织（the International Monetary Fund，IMF）依托其“协定条款”而运行，国际刑事法院（the International Criminal Court，ICC）则根据“罗马规约”而建立。进一步来看，诸如“宪章”、“公约”、“协议”等“正式安排”通常对于国际组织的目标、职责或活动范围、成员构成、各成员方的权利和义务关系等作出较为明确的界定。

例如，宪章明确规定了联合国“维持国际和平及安全”的宗旨，并为此遵行“各会员国主权平等”、“各会员国应以和平方法解决其国际争端”、“不得使用威胁或武力”等原则；宪章还明确了联合国的会员构成，以及联合国的六大机构，包括联合国大会、安全理事会、经济及社会理事会、托管理事会、国际法院和秘书处。②

作为“超越国家边界的正式安排”，国际组织可以有不同的分类。基于地域限制来划分，国际组织可分为全球性国际组织和地区性国际组织；基于职能范围（Aims and Activities）的差异，国际组织可分为一般性（或综合性）

---

① International Organization is defined as a formal arrangement transcending national boundaries that provides for the establishment of institutional machinery to facilitate cooperation among members in security, economic, social, or related fields. see *International Relations: A Political Dictionary*, Santa Barbara, CA: ABC-Clio, 1995, p.327.

② 《联合国宪章》，http://www.un.org/zh/charter-united-nations/index.html。

国际组织和专门性国际组织；基于组织形态的区别，国际组织可分为协定性国际组织和论坛性国际组织；①基于开放和包容程度，国际组织可分为开放性（如联合国）、有条件开放性（如世界贸易组织、国际货币基金组织）以及相对封闭性（或称“俱乐部模式”）的国际组织（如经济合作与发展组织、石油输出国组织、阿拉伯国家联盟）；基于主体构成的不同，国际组织可分为政府间国际组织（IGO）和国际非政府组织（INGO）。国际非政府组织是一种由个人或团体基于一定的社会宗旨，以非官方协议成立的跨越国界的民间联合体，致力于推动经济、社会、文化、技术、人道主义等领域的国际合作。②

显然，上述对于国际组织的分析，基本上是静态的。而从动态的角度来看，国际组织作为“超越国家边界的正式安排”，在其运行过程中有赖于“决策”、“遵从”和“实施”。

国际组织的“决策”主要指向的是国际公共政策的制定，如联合国安理会“决议”的通过，世界银行“贷款项目”的确定，东南亚国家联盟“主席声明”的发表，等等。在此，决策可谓是一个或一系列集体选择的过程。理解国际组织的实际决策过程，需要探讨一系列相关的因素，如制度设计、官僚政治、个别成员国的权力和威望等。

“遵从”主要指向的是在国际制度框架下有关各方的行为方式，即各方（各国）依照国际组织的预期、建议、要求甚至压力而展开行动。当国际组织的成员执行和落实有关的原则、规范、规则和决议，从而发起行动或者调整和改变了自身的行为方式时，即为遵从。在此，尤其值得思考的是，国家

---

① 协定性国际组织是指经由政府间条约或协议而成立的国际组织，是组织机构完善并有实际运作能力的组织。论坛性国际组织主要表现为国家间定期会议的论坛形式，用以协调成员国的立场，制定共同的规则或政策，但通常不具备有操作能力的组织机构。比较重要的论坛性国际组织（或机制），如七十七国集团、西方七国（八国）首脑会议、东盟地区论坛等。

② 《国际组织年鉴》对国际非政府组织的特征做了如下描述：宗旨目标具有国际性；主体构成是国际性的；成员均是有投票权的个人或集团；具有正式机制以便保持连续性；工作人员实行轮换制；经费来自三个以上国家，不为成员谋利；必须独立存在，具备当前正在进行活动的证据等。

行为体为什么遵从(或不遵从)？什么时候选择遵从？遵从的程度如何？

“实施”主要指向的是“将商定的国际协议转化为(有关各方的)具体政策”①;“实施”意味着国际组织有能力在一定程度上实现其目标,尤其是在实现目标的过程中推动各成员方的“遵从”。比如,联合国在维护国际和平与安全方面主要依托维和行动、经济制裁等予以保障实施;世界贸易组织通过对各成员方贸易政策的定期审议、贸易争端解决机制的有效运作等保障自由贸易的顺利发展;国际刑事法院有时候起诉侵犯人权的个人甚至对他们发出逮捕令。

二、“制度化的机构”

作为“制度化的机构”,国际组织是有形的实体,是具有具体而真实的组织形态或结构的事物,能够为人们所感知与接触,并且可以与其他事物区分开来。

1. 国际组织与国际会议

所谓组织,就其一般而论,是指许多部分依一定秩序结合为一个整体。它具有两个特点:一是持久性,二是独立意志。这些特点使国际组织有别于国际会议。国际会议为国际组织的产生奠定了直接的物质基础和思想准备,但并非国际组织本身。国际会议偶然举行,所达成的协议有待于有关国家的批准和执行。国际组织则长期存在,经常或者定期召开会议,其职权范围内的行动对有关各方具有约束力。

七国集团首脑会议

1975年11月由法国倡议,在巴黎召开了西方主要工业国家首脑会议。

① Jutta Joachim, Bob Reinalda and Bertjan Verbeek, eds., *International Organizations and Implementation: Enforcers, Managers, Authorities*, Abingdon and New York: Routledge, 2008, p.6.

首次会议有六国首脑(德美英法日意)参加,1976 年起加拿大首脑参加后变为七国经济最高级会议。首脑会议每年举行一次,轮流在各国召开。会议起初以讨论经济问题为主旨。自 20 世纪 80 年代以来,有关国际政治问题的讨论逐渐增多。该会议作为西方主要工业发达国家的首脑会议,旨在研究复杂多变的国际政治经济形势,从整体上协调共同的和各自的政策,缓解内部矛盾,以维护成员国在世界经济和国际政治中的地位。七国集团首脑会议是七个最发达的工业化国家的国家元首或政府首脑就共同关心的重大问题进行磋商会晤的机制,它并不构成严格意义上的国际组织。

二十国集团(G20)

G20 由七国集团财长会议于 1999 年倡议成立,最初为财长和央行行长会议机制,2008 年国际金融危机后,升格为领导人峰会。G20 由中国、阿根廷、澳大利亚、巴西、加拿大、法国、德国、印度、印度尼西亚、意大利、日本、韩国、墨西哥、俄罗斯、沙特阿拉伯、南非、土耳其、英国、美国以及欧盟等二十方组成。G20 成员涵盖面广,代表性强,构成兼顾了发达国家和发展中国家以及不同地域利益平衡,人口占全球的 2/3,国土面积占全球的 60%,国内生产总值占全球的 90%,贸易额占全球的 75%。G20 峰会采用协调人和财金渠道双轨筹备机制,按照协商一致原则运作,目前无常设机构。与七国集团的情形类似,G20 也不能构成严格意义上的国际组织。

2. 国际组织与世界政府

所谓国际,是指介于国家之间,而非凌驾于国家之上。也就是说,成员国在组织内是平等关系,而不是隶属关系;进一步来看,成员国有权选择退出他们所建立或者已加入的组织。这一点使政府间国际组织区别于所谓“世界政府”等超国家组织。

然而,国际组织与世界政府并不是截然对立的,如同国际会议与国际组织之间存在着密切的联系。伊尼斯·克劳德(Inis L.Claude)对此曾指出,“国际组织可能被视为向世界政府的方向迈出了一步,它开启了超越民族国家体系并代之以全新体系的历程,从而实现人类兄弟情谊的永恒愿望。”①

3. 国际组织与跨国公司

国际组织是否涵盖了跨国公司?我们认为,国际组织应当区别于跨国公司,因为它是非营利性机构,不以赢利为目的。

国际组织如何维持自身的运转?其活动经费从何而来?由于国际组织不是国中之国,也不是国上之国,因此不能像国家那样征税来应付开支。一部分国际组织主要依靠会员国的会费维持运转。联合国是目前世界上最大的政府间国际组织,其日常活动经费大多来源于各成员国缴纳的会费。联合国会费由联合国会费委员会每3年计算一次,根据会员国国内生产总值等因素确定,同时给予人均国民收入低的国家适当宽减的原则,计算方式相当复杂。另外,大多数国际经济组织会员国的投票权是与其缴纳会费或认捐的股份成正比的,如国际货币基金组织中的“份额”,国际组织的这种运行体制也使它的活动容易受到主要会费支付国或者股份认捐国的影响。还有,一些国际组织尤其是国际非政府组织受益于各种形式的捐助。

4. 国际组织与主权国家

与主权国家这一传统角色相比,国际组织这一新兴角色具有以下特点。

首先,国际组织的非主权性。

主权的观念产生于西方,起初用来表述主人与奴仆之间的关系,即奴隶主对奴隶所享有的权力,后来又用于指家长对子女的权力。总之,主权被认为是一种上对下的、绝对的、不需要论证其正当性的权力。至16世纪,随着欧洲一些中央集权国家的出现,主权概念才开始进入政治学领域。1576年让·博丹(Jean Bodin)在其《论国家》一书中提出了近代意义上的主权概念及“君主主权”学说。其后,雨果·格劳修斯(Hugo Grotius)在其《战争与和平法》中提出“国家主权”学说,将主权赋予国家而非君主,认为国家拥有主

① Inis L.Claude, *Swords into Plowshares: The Problems and Progress of International Organization*, New York: Random House, 1964, p.8.

权，由此真正对国际关系和国际法产生了重大影响。

主权原则是现代国家的根本属性。正如相关研究指出的，国际关系存在的前提是国家的存在，而国家则是拥有政府并声称对地球表面的特定地区和世界人口的特定部分享有主权的独立政治共同体。一方面，国家对其领土和国民享有内部主权，也就是说它在领土内和国民当中享有最高权威；另一方面，国家享有外部主权，也就是说任何国家都不凌驾于其他国家之上，而是独立于其他国家之外。①

固定的居民和领土是主权国家存在和发展的基本要素，被国际社会承认对特定领土及其居民的最高管辖权是主权国家的基本标志。国际组织则不同，它由共同的利益或目标而组合起来，没有定居的居民，也没有确定的领土。国际组织的活动遍布全球或地区，不受传统边界的限制。国际组织的工作人员是国际公务员，联合国和其他国际组织的所在地（主要集中在纽约、日内瓦和维也纳3个城市）②没有实质性的领土意义。

政府间国际组织是主权国家之间的组织，既不是国家之内的组织，也不是建立在国家之上的超国家组织，它本身没有主权。国际组织的一部分权力是由该组织的成员国通过缔结条约或协议授予的，它不拥有凌驾于国家之上的权力，不能违反国家主权原则去干涉本质上属于一国国内管辖的任何事务。国际组织的非主权性意味着它的决定和行为对于作为成员方的国家没有绝对的权威。

需要指出的是，非主权性特征固然代表了国际组织不同于主权国家的一个重要方面，但是，因参加国际组织而使国家主权受到程度不同的限制或

---

①　［英］赫德利·布尔：《无政府社会：世界政治中的秩序研究》，张小明译，上海人民出版社2015年版，第11页。

②　联合国（UN）、联合国开发计划署（UNDP）、联合国儿童基金会（UNICEF）和联合国人口基金会（UNFPA）的总部位于美国纽约；世界贸易组织（WTO）、国际劳工组织（ILO）、国际电信联盟（ITU）、世界卫生组织（WHO）、世界知识产权组织（WIPO）、世界气象组织（WMO）、联合国贸发会议（UNCTAD）、联合国难民事务高级专员公署（UNHCR）等设于瑞士日内瓦；国际原子能机构（IAEA）和联合国工业发展组织（UNIDO）的总部是在奥地利的维也纳；世界银行和国际货币基金组织设于美国华盛顿；联合国教科文组织（UNESCO）、联合国粮农组织（FAO）、联合国环境规划署（UNEP）分别设在法国巴黎、意大利罗马和肯尼亚的内罗毕。

部分授让,却是一个相当普遍的现象。研究认为,在全球化时代,越来越多的实际决策权从各国政府转向国际组织以及其他非国家行为体,国家(在诸如对外贸易、环境保护等领域内)做出有意义决策的能力削弱了,这就侵蚀了国家的内部主权;与此同时,国际组织以及其他非国家行为体参与到更大范围的决策和规则制定中,甚至成为国际规则的仲裁者,这就弱化了主权国家体系在国际政治活动中的垄断地位,从而侵蚀了国家的外部主权。[①]至于上述趋势是否可取,这需要根据具体的情况做出具体的分析和评估。

其次,国际组织的非强制性。

非主权性决定了国际组织的非强制性,即国际组织的决定对成员国没有强制性的约束,主要依靠成员国的自觉执行和国际舆论的压力。联合国和其他国际组织虽然也有权力机构、执行机构和法院等,但这些机构没有类似主权国家的强制手段。联合国安理会是唯一可以采取强制行为的国际组织,《联合国宪章》第一条[②]和第四十条[③]是强制行动的主要法律依据。但这种强制行动受到严格的限制,联合国宪章规定的联合国维和行动的三项原则是:中立、自卫和同意。冷战后的维和行动有突破这种限制的趋势,但并没有得到国际社会广泛的认同。

就国际组织和主权国家的关系而言,国际组织的非强制性还表现在更为广泛的层面。正如相关研究指出的,其一,主权国家可以就是否加入某一国际组织做出选择;其二,即使在其加入某一国际组织之后,主权国家仍然可以在是否遵从相关规则方面做出取舍。[④] 显然,上述两种情形取决于主

---

① J.Samuel Barkin, *International Organization: Theories and Institutions*, New York: Palgrave Macmillan, 2013, pp.9-10.

② 《联合国宪章》第一条:维持国际和平及安全;并为此目的采取有效集体办法,以防止且消除对于和平之威胁,制止侵略行为或其他对于和平之破坏;并以和平方法且依正义及国际法之原则,调整或解决足以破坏和平之国际争端或情势。

③ 《联合国宪章》第四十条:为防止情势之恶化,安全理事会在依第三十九条规定作成建议或决定办法以前,得促请关系当事国遵行安全理事会所认为必要或合宜之临时办法。此项临时办法并不妨碍关系当事国之权利、要求或立场。安全理事会对于不遵行此项临时办法之情形,应予适当注意。

④ Ian Hurd, *International organizations: Politics, Law, Practice*, Cambridge: Cambridge University Press, 2011, p.9.

权国家的同意，而非国际组织的强制力。

当然，相较于主权国家，国际组织在其实施或执行过程中的非强制性并不否定其外部影响力。比如，国际标准化组织（ISO）虽然没有权力强制国家和企业加入该组织的各种质量认证体系，但由于各国普遍的遵守和国际标准本身的效用，ISO 具有十分强大的吸引力和约束力。

5. 国际组织、国际制度、国际机制

国际制度、国际机制和国际组织是在国际关系研究领域内经常使用的概念。对这些概念或术语进行区分有意义吗？正如学者们指出的，在某些情况下是没有意义的——因为许多作者对这几个词是互换使用的。但是，一般而言，把制度或机制归为一个方面，把组织归为另一个方面，从而把两者区分开来是可取的。①

国际机制

自 20 世纪 70 年代以来，国际机制逐渐成为诸多国际关系理论范式的论述对象和研究重点。1981 年，美国斯坦福大学教授斯蒂芬·克莱斯纳（Stephen Krasner）提出了迄今最为权威的“国际机制”定义，即“在国际关系某一特定问题领域里由行为体的愿望汇聚而成的一系列明确的或暗含的原则、规范、规则和决策程序。所谓原则，是指对事实、因果关系和公正的信念；所谓规范，是指藉由权利和义务所确定的行为标准；所谓规则，是指对行为的特别规定或禁令；所谓决策程序，是指制定和执行集体选择时通行的做法”②。

---

① ［美］莉萨·马丁、贝思·西蒙斯编：《国际制度》，黄仁伟、蔡鹏鸿等译，上海人民出版社 2018 年版，第 3 页。

② Regimes can be defined as sets of implicit or explicit principles, norms, rules, and decision-making procedures around which actors' expectations converge in a given area of international relations. Principles are beliefs of fact, causation, and rectitude. Norms are standards of behavior defined in terms of rights and obligations. Rules are specific prescriptions or proscriptions for action. Decision-making procedures are prevailing practices for making and implementing collective choice. see Stephen D. Krasner, "Structural Causes and Regime Consequences: Regimes as Intervening Variables", *International Organization*, Vol.36, No.2, 1982, p.186.

原则、规范、规则和决策程序等是相对抽象的,下文以两个案例予以具体阐释其内涵。

“核不扩散机制”(NPT)的内涵

国际核不扩散机制形成于冷战时期,主要由《不扩散核武器条约》(Nuclear Non-Proliferation Treaty,NNPT)、国际原子能机构(International Atomic Energy Agency,IAEA)、核供应国集团(Nuclear Suppliers Group,NSG)、桑戈委员会(Zangger Committee,ZAC)、《全面禁止核试验条约》(Comprehensive Nuclear-Test-Ban Treaty,CNTBT)等组成。

核不扩散机制的基本原则强调核扩散与核战争更大可能性的因果关系;承认多边框架下的核不扩散合作与核能的和平利用之间的相容性这一事实;表达了对于核大国削减其核武库的责任、核查措施等有关公正问题的看法。在规范方面,核不扩散机制强调了有关各方的义务,即核国家保证不直接或间接地把核武器转让给非核国家,不援助非核国家制造核武器;非核国家保证不制造核武器,不直接或间接地接受其他国家的核武器转让,不寻求或接受制造核武器的援助,也不向别国提供这种援助;有关国家停止核军备竞赛,推动核裁军。在具体规则方面,核不扩散机制主要涉及各成员方遵从或不遵从的行为,核裁军的时间安排等。在决策程序方面,核不扩散机制则对于《不扩散核武器条约》等有关条款的集体审查和修订等进行了安排。

正如罗伯特·基欧汉(Robert O.Keohane)指出的,规范包含某些比较清楚的关于其成员合法和非法行为的禁制性的内容,并在相对普遍的意义上界定成员的责任和义务。一个机制中的规则含义,很难同它的规范含义区别开来。两者在概念的边缘地区上是融为一体的。但是规则更具有专门性,它们更加详细地包含其成员特定的权利和义务。规则可能比机制中的原则或者规范更容易受到改变,因为为了获得一些既定的目标,可能需要更多的一系列规则。最后,在同样特性的层次上,规则指的是程序而不是实质性的东西，机制的决策程序提供了执行其原则和改变其规则的方式。①

“亚洲基础设施投资银行”的机制内涵

亚投行作为一种多边主义的制度形式，首先是要建立在明确的原则基础之上的。原则承载的是各方对事实、因果关系和公正的信念。鉴于亚洲地区经济发展及一系列瓶颈的事实和逻辑，亚投行的建立是对亚洲地区的基础设施融资缺口以及现有国际融资机构无法满足亚洲基础设施融资需求的积极回应。正如《亚投行协定》所指出的，通过在基础设施及其他生产性领域的投资，促进亚洲经济可持续发展、创造财富并改善基础设施互联互通；并与其他多边和双边开发机构紧密合作，推进区域合作和伙伴关系，应对发展挑战。

规范是藉由权利和义务关系所界定的行为标准。全球或地区性多边开发银行的投票权通常是由各成员的出资比例（份额或股份）决定的，并进而影响决策过程和话语权的分配；从这个意义上说，投票权可谓是权利和义务关系的综合体。亚投行的投票权主要按照各创始成员的认股比例进行分配，其中亚洲域内成员占比75%，域外成员占比25%。与主要的国际多边开发银行相比，亚投行投票权的这一分配比例较好地体现了区域内外成员的利益平衡原则。

亚投行的投票权分配方案决定了各成员拥有的、用于决策过程中表决的票数，而一项决定究竟需要多少票得以通过则是规则涉及的问题。亚投行采用广为国际货币基金组织、世界银行等金融机构所使用的“混合式”的投票权分配方案；总投票权分为三部分，即基本投票权、创始成员投票权和股份投票权。相对于总投票权，基本投票权占其中的12%，并且在基本投票权方面，亚投行实行各成员（涵盖创始成员以及后来加入的普通新成员）

① ［美］罗伯特·基欧汉：《霸权之后：世界政治经济中的合作与纷争》，苏长和等译，上海人民出版社2006年版，第57—58页。

比例均分的政策;但创始成员享有额外600票创始成员投票权,若将基本投票权与创始成员投票权相加,其和约占总投票权的15%。成员的股份投票权与该成员持有的银行股份数相当。

在亚投行的组织形式中,理事会(ALL,1+1)、董事会(9+3)以及包括行长、副行长在内的管理层构成了三级治理结构。在决策程序方面,亚投行力求简单高效;理事会依据事项的重要性,分别采取简单多数、特别多数和超级多数的方式做出决策。其中,只要求投票权过半的通过称为简单多数;拥有一半以上的理事总人数,且所代表投票权不低于成员总投票权一半的多数通过称为特别多数;拥有三分之二以上的理事总人数,且所代表投票权不低于成员总投票权四分之三的多数通过称为超级多数。

国际制度

作为新自由制度主义的代表人物,罗伯特·基欧汉认为,国际制度是指规定行为体的角色、限制行动、影响行为体期望的、持续的、互为联系的一组正式的或非正式的规则。① 在基欧汉随后对该定义的解释中,国际制度包括三个组成部分:(1)正式的政府间组织或跨国的非政府组织。它们是基于明确的协议、具有明确的目标指向的实体。(2)国际机制。它们建立在国家所认可的、涉及特定问题的明确规则基础之上。(3)惯例。惯例是非正式制度,以含蓄规则和谅解等塑造行为体的预期,能使行为体在没有明确规则的情况下相互理解并协调彼此的行动。惯例广泛存在于世界政治中,而且它们在时间上和逻辑上先于国际机制或正式的国际组织。

英国学派提供了更为宽泛意义上的国际制度概念。在英国学派看来,国际社会中的秩序不仅仅是各种偶然性事实的产物,也是追求社会生活基本目标的共同利益观念、旨在帮助实现这些目标的行为规则,以及有助于这

① Institutions can be defined as persistent and connected sets of rules(formal and informal) that prescribe behavioural roles, constrain activity, and shape the expectations of actors. See Robert O. Keohane, *International Institutions and State Power*, Boulder: Westview Press, 1989, p.3.

些规则具有效力的制度所导致的结果。这些制度包括：主权、均势、国际法、外交机制、大国管理体系以及战争。这些制度并不否定国家在国际社会中所具有的核心的政治地位，也不充当国际体系的中央权威代理机关。它们只是表明国家在发挥各自政治作用的过程中可以相互进行合作，同时它们也是支撑这种合作的手段。这些制度象征着国际社会的存在，表明国际社会不只是所有成员的总和，也说明成员之间在发挥自己的政治作用时所进行的相互合作具有实质性和持久性，并且有助于成员避免忽视共同利益。[①] 需要指出的是，主权、均势、外交、国际法等被英国学派认为是国际社会中的"首要制度"，因此，不同于新自由主义者所关注的"次要制度"。[②]

三者的关系

一般认为，制度是解决集体行动问题的方法；制度表现为社会规则，包括宪法、法律、国际机制等正式规则，也包括规范、惯例、禁忌等非正式规则。严格来说，制度本身不能独立存在，必须有实际承载体（组织）。例如，婚姻制度必须通过家庭这样的组织来反映，而主权制度也必须通过国家这样的组织来表达；国际制度也必须依赖国际组织这样的载体而存在。可以认为，国际组织是国际制度体系的组织系统，是国际制度体系的物质承载体，而国际组织一旦产生，它运行的原则和决策程序又成为原先的国际机制的补充。

国际机制可谓是国际制度体系中的规范方面。国际机制与国际制度的根本区别是国际制度不仅包括规范方面，而且还包括组织方面，而国际机制则不包括作为实际承载体的组织。因此，国际机制的概念应当是小于并且属于国际制度的概念。

此外，机制和组织的区别在于，机制不过是被国家接受的一系列原则、规范、规则和决策程序，机制本身并不拥有行动的能力，而组织却有能力对

---

① ［英］赫德利·布尔：《无政府社会：世界政治中的秩序研究》，第59—66页。

② Barry Buzan, *From International to World Society? English School Theory and the Structure of Globalisation*, Cambridge: Cambridge University Press, 2004, pp.161-167.

事件作出必要的反应，即使其能力可能受到限制。尤为重要的是，一个国际组织（例如联合国）的行动范围并不需要限定在国际关系中的某一特定问题领域，而机制根据（斯蒂芬·克拉斯勒的）定义来说，只是特定问题领域的制度。①

① See Andreas Hasenclever, Peter Mayer and Volker Rittberger, *Theories of International Regimes*, Cambridge: Cambridge University Press, 1997, p.11.

第二章 源与流:国际组织的演进

从无到有,从有到多,从更多到更完善,任何事物的发展都有一定的过程和它的必经的阶段。国际组织的发展,概莫能外。本章旨在考察国际组织的历史演进,以期从制度变化的视角来认识和理解这一国际社会中日益重要的行为体。

一、国际组织的产生及其"三个源流"

作为一种国际政治现象,国际组织是主权国家互动的结果,是国际体系形成后的产物。从这个意义上说,1648 年的威斯特伐利亚和会以及主权国家体系的形成为国际组织的产生"播下了种子"。

欧洲三十年战争(1618—1648 年)结束后召开的威斯特伐利亚和会,"显示的一项重要原则是,各国无论大小,都应以主权国家的身份参与国际事务。和会与和约的签订也推动了近代国际法的发展"。① 此外,它还开创了国际关系史上通过国际会议解决战争问题和其他国际争端的先例,开启了以国际会议方式协调国家关系、解决国际问题之先河。

然而,国际组织并不是伴随着威斯特伐利亚体系的产生而同时出现的。伊尼斯·克劳德给出了解释,他提出国际组织产生的四个先决条件:主权国家作为独立的政治单元发挥作用;国家间存在实质性的互动联系;各方意识

① 袁明:《国际关系史》,北京大学出版社 2005 年版,第 14 页。

到国家间因共存产生的问题；在此基础上，各方认识到创建制度性机构和系统的方法以规范国家间关系的必要性。[①] 正是在19世纪，上述四个条件得以充分满足并适当融合，从而催生了现代意义上的国际组织。而“欧洲协调”、海牙体系、国际行政联盟则被认为是国际组织产生的“三个主要源流”。[②]

1.“欧洲协调”

1814年9月至1815年6月，当时欧洲诸强（主要是英国、奥地利、普鲁士、法国、俄罗斯）的代表齐聚奥地利首都维也纳，意在重划拿破仑战败后的欧洲政治地图。为防止任何挑战欧洲均势和威胁和平的国家出现，他们承诺，“彼此协调以应对未来对国际体系的任何威胁”[③]。从技术上来说，维也纳会议从未召开，因为实际上没有召开过任何真正的大会，所有讨论都是在各个列强之间的非正式会晤中进行的。这种诸强以定期或不定期会议的方式协商处理欧洲重大问题的外交机制，即为“欧洲协调”。“欧洲协调”具有鲜明的特征：包括维持大国之间的势力均衡状态；依靠大国之间的多边协商（会议外交）处理危机局势；强调各大国具有平等的地位，不能羞辱任何国家；没有大国同意，不能进行领土变更等。维也纳会议之后的近百年（约1818—1914年），通过建立大国协调的合作架构，欧洲没有发生席卷整个大陆的战争。

“欧洲协调”及其具体运作形式和有益经验，对国际组织的建立做出了重要贡献。其一，在“欧洲协调”框架下，会议外交成为19世纪政治生活的既定事实，外交的价值得以重塑。从1814年维也纳会议到1914年第一次世界大战爆发前的100年，欧洲大国频频召开国际会议约30次，一些突出的政治难题得以协商解决。在此过程中，外交从一项相当不可信的秘密活

① Inis L.Claude, *Swords into Plowshares: The Problems and Progress of International Organization*, 1964, p.17.

② Inis L.Claude, *Swords into Plowshares: The Problems and Progress of International Organization*, 1964, pp.20-34.

③ Clive Archer, *International Organizations*, New York: Routledge, 2001, p.6.

动转变为一项服务于国际体系和各个国家的活动,从而在大多数欧洲国家之间建立了一种公认的和平关系模式。其二,在“欧洲协调”框架下,多边外交的习惯和技巧有所发展和创新。许多议事规则和活动程序在大型国际会议中得以形成和逐步完善;有关会议积累了签署多边条约的经验,设置东道国担任会议主席,为议事便利在会议下设立若干委员会等,都为后世创下可循的先例。其三,“欧洲协调”实际上是大国协调,有关大国在国际事务中所处的特殊和核心地位,对后来国际组织设立执行机构不无借鉴意义。① 实际上,“欧洲协调”对大国责任和大国一致的倚重,对于后来国际联盟(行政院)、联合国(安理会)等国际组织的机构设置具有深远影响。

2. 海牙会议体系

1899 年和 1907 年以裁军为主题的两次国际和平会议在荷兰海牙召开,虽然会议未能就裁减军备或者限制军备达成任何协议,但它倡导以斡旋、调停、调查、国际仲裁以及常设仲裁法院等和平方法解决国际争端,其背后所显示的理念(即建立正确的机构裁决国际争端将大大有助于和平)对国际法院的建立具有激励作用。研究认为,尽管两次海牙会议并没有阻止 1914 年 8 月的灾难,但它们确实取得了一些小的成就,为国际关系的制度化、体系化发展指明了方向。②

具体来说,海牙会议体系对于现代国际组织的借鉴意义在于以下几点。

第一,普适性。参加第一次海牙和平会议的有 26 个国家,其中欧洲国家占主导;但是,第二次会议则有 44 个国家参与其中,其中包括 17 个中南美国家。这使得国际外交的关注点更为广泛,摆脱了日益不符合现实的欧洲中心情结。同时,小国在一定程度上获得了与大国平等的地位,这无疑会给国际组织的建立以启示,即必须解决小国与大国之间的差异与矛盾。

---

① 张丽华:《国际组织的历史演变》,《东北师大学报(哲学社会科学版)》2003 年第 5 期;Inis L.Claude,*Swords into Plowshares:The Problems and Progress of International Organization*, pp.20-24。

② Geoffrey Best,“Peace Conferences and the Century of Total War:The 1899 Hague Conference and What Came After”,*International Affairs*,Vol.75,No.3,1999,pp.619-634.

此外，普适性还意味着，海牙会议议题将更多关注人类面临的、共同的和长期的挑战，而未必是“欧洲协调”框架下有关各方致力于解决的具体问题。后来的国际组织基本上传承了这一主旨。

第二，制度化。海牙会议体系引入了定期举行国际会议的理念，即不需要某一国家发起，海牙会议将经常地定期召开。这是海牙会议所谓“体系”的核心要素，也是海牙会议体系制度化建设的组成部分。海牙会议原定每隔八年召开一次，并按计划召开了两次，第三次（1915 年）则由于一战的爆发未能如期举行。

海牙会议在会议技巧上进行创新，采用主席、委员会、点名、简单多数表决通过等机制，还提议未来的国际会议建立筹备委员会。

第三，条约体系。1899 年的海牙和平会议签订了《和平解决国际争端公约》、《陆战法规与惯例公约》、《日内瓦公约诸原则适用于海战的公约》等 3 个公约。1907 年的海牙和平会议重新审定了 1899 年的 3 个公约，并且通过了有关中立问题、海战法规等 10 项新公约。这些公约所包括的许多原则和规则是公认的国际惯例，至今仍然有效。

总的来说，两次海牙和平会议因参与国的普遍性、国家平等原则、和平解决国际争端、会议技巧等特征而为国际组织所借鉴。人们甚至乐意把海牙会议视为联合国大会的前身。

3. 国际行政联盟

19 世纪后半期，伴随着工业革命的推动，科学技术和交通工具的进步使国际交往逐步扩大到社会生活的许多领域，促使国家之间在某些方面进行合作成为需要和可能。而由于非政治性的合作能使各方更多受益而国家主权较少受到限制，因此，一批以职能合作为宗旨的国际组织和准国际组织应运而生，主要有：莱茵河委员会（1815 年）、多瑙河委员会（1856 年）、国际电报联盟（1865 年）、世界气象组织（1873 年）、万国邮政联盟（1874 年）、国际法定度量衡组织（1875 年）、国际保护工业产权联盟（1883 年）等。上述总称为“国际行政联盟”。

客观来看，上述国际机构的产生主要得益于人类社会生产力的长足进步,而非人为设计的作品。在当时,随着欧洲工业革命的发生和资本主义经济的发展,蒸汽机、轮船、铁路、电报相继问世,交通和通信的改善缩短了时间和空间距离,增强了国家间协调的必要性,也使得政府间的沟通更加容易。为了不受到国家边界的影响,各国代表聚集在一起,管理公共生活中通常与旅行、通信、商业或福利相关的方面,从而建立了国际行政联盟,把国际关系推向更广、更深的领域,标志着国际社会和国际合作有组织化的新阶段。

比较来看,如果说"欧洲协调"意味着有关国家在彼此利益关切方面的相互妥协,海牙会议体系代表了某种国际规制约束,那么国际行政联盟则是致力于各国在共同利益上的实际合作,包括经济、社会、技术、文化交往等事项,对国际组织的发展做出了有价值的贡献。第一,国际行政联盟可以说是现代国际组织的雏形或先导。比如,国际电信联盟的前身是国际电报联盟。第二,在功能上,相关国际机构以专门的和技术性的国际合作为目的,促进了政府间的合作与交往。它们是信息的收集点和交换所,是各国政府讨论共同问题的中心,是通过商定国家政策实现协调的工具,也是促进在其关注领域制定和接受统一或最低标准的机构。① 第三,在形式上,它们创立了真正永久性的国际机制,建立了国际事务局、理事会和大会等层级结构模式,这为当今国际组织提供了框架。此外,国际行政联盟的参与者更为广泛,纳入了专家、技术人员、利益集团和人道主义组织等,很大程度上取代了职业外交人员。

现实来看,当代世界的大多数国际组织,无论是政府间的,还是非政府性质的,如欧盟及其前身欧洲共同体、世界贸易组织、石油输出国组织、国际红十字会等,都是致力于具体领域的功能性合作。19 世纪的国际行政联盟可谓是它们的"先辈"。

---

① Inis L.Claude, *Swords into Plowshares: The Problems and Progress of International Organization*, p.31.

二、国际联盟的建立与国际组织发展的里程碑

如果说19世纪还是国际组织的“准备期”，那么，进入20世纪尤其是第一次世界大战爆发后，国际组织则开始进入“建立期”。① 在此过程中，国际联盟（the League of Nations，LON）的建立代表了国际组织发展历史上的一个里程碑。

1. 国联的产生

就其直接渊源而言，国际组织可以说是战争的直接产物，战争催生了国际组织，全球性战争催生了全球性国际组织。

为了避免战争的再次爆发，即“以一次大战终结所有的战争”，早在一战进行期间，欧美国家的一些精英人士、社会团体、政府部门就已开始考虑如何规划和组织大战之后的国际关系。人们希望，建立一个国际组织，以更为有效的国际合作的形式，共同处理纠纷，保障世界和平。另外，有关国家在战时合作的活动与经历，也为国联的产生提供了心理和物质基础以及人才储备。

一战完结后，战胜国以和平名义建立起凡尔赛—华盛顿体系，建立了人类历史上第一个全球性的政府间国际组织——国际联盟，作为凡尔赛—华盛顿体系的重要支柱。

2. 国联的机构设置

国际联盟的主要机构包括全体大会、行政院和秘书处。

国联大会由全体会员国代表组成，凡国联成员国都有权派最多三名代表出席大会，每个国家都有一票表决权。大会开会时处理属于联盟行动范围以内或关系世界和平之任何事件（国联盟约第三条第三款）。大会的决

---

① Inis L.Claude, *Swords into Plowshares: The Problems and Progress of International Organization*, p.36.

议,除盟约特别规定者外,均需出席会议全体代表的一致通过。

行政院是国际联盟最重要的机关。最初由 5 个常任理事国和 4 个非常任理事国的代表组成。1920 年行政院成立时,英、法、意、日为常任理事国,美国因国会未批准国联盟约,其常任理事国的席位一直空缺。非常任理事国于 1922 年增加到 6 个、1926 年增加到 9 个、1939 年增加到 11 个。行政院的决议除盟约特别规定者外,均需一致通过;弃权票和争端当事国的票都不计算在内。行政院的职权还包括:开除会员国、分配委任统治地、在发生侵略时就采取集体军事行动向各成员国提出建议、任命秘书长等权力。

秘书处是国联的常设事务机关。在秘书长的领导下,由约 400 名工作人员组成。秘书长由行政院经国联大会同意后任命;在国联历史上先后有三位秘书长,分别是英国人、法国人和爱尔兰人。

3. 国联的运行和作用

国联在其建立之后,基本目标是推动国际合作、和平与安全。尤其是在 20 世纪 20 年代,国联提供了有希望的多边外交舞台,有关国家的代表在此定期举行会议,讨论对于国际和平与安全的威胁、国际裁军问题、保障国家边界问题等。国联还在解决希腊与保加利亚、芬兰与瑞典、土耳其与伊拉克等国家之间的争端问题上发挥了一定作用。① 在经济与社会领域,国联在有关各方的互动进程中发挥了史无前例的协调作用,并为研究和应对难民救助问题、少数民族权益保障问题等提供机制。②

另外,国联的运行受到国际形势和大国关系变化、世界范围内权力分配状况等因素的深刻影响,而其自身又缺乏一定的力量支撑,所以,国联的运行是不稳定的,它对于国际和平与秩序的塑造能力也是有限的。

国联在其存在的 26 年中,成员国的数量累计达到 63 个,其中创始国 42 个,非创始国 21 个。同一时期的成员国数量,最多时是 1937 年的 58

---

① David Armstrong, Loma Lloyd and John Redmond, *From Versailles to Maastricht International Organisation in the Twentieth Century*, Basingstoke: Macmillan Press, 1996, pp.33-48.

② David Armstrong, Loma Lloyd and John Redmond, *From Versailles to Maastricht International Organisation in the Twentieth Century*, 1996, pp.52-55.

个。德国于1926年、苏联于1934年先后成为国联常任理事国，随后德国和日本于1933年、意大利于1937年又先后退出；苏联于1939年被开除。美国是倡议成立国联的国家，但由于在巴黎和会上未能达到赢得领导权的预期目的，美国国会拒绝批准凡尔赛和约，美国也一直未能正式加入国联。

国联的领导权一直操持在英、法手中。实际上，到1939年，国联常任理事国只有英、法两国。然而，英、法两国在国联的目标并不一致。法国政府寻求国际联盟作为一种集体(警察)力量而服务于法国的安全利益，而战间期(The Inter-war Period)的英国政府和领导人并不打算承担国际联盟倡导的、所谓"集体安全"的责任。① 英国"主要是把国际联盟当作一个交流中心，它的作用只是使世界各国的政治家聚集在一起，讨论共同关心的问题，并通过妥协达成协议"②。

总体来看，在其存在的26年中，国联曾协助调解一些国际争端和处理一些国际问题，但缺乏对协议和有关制裁的实施力量，在维护集体安全、推动裁军、倡导和平解决争端以及尊重国际法等方面未能发挥实质性作用。③ 1931年日本发动"九一八事变"入侵中国东北，1937年日本发动全面侵华战争，国联无动于衷，甚至连象征性的阻止措施都未采取。面对希特勒德国对凡尔赛和约接二连三的践踏，国联亦未发挥任何有效作用。二战爆发后，国联已是名存实亡。1946年4月，国联召开最后一届大会，正式宣告解散。

显然，国际联盟作为一项构建和维护国际体系(即凡尔赛—华盛顿体系)的制度设计，远没有达到预期目的。它在后期甚至被成员国视为一个

---

① Clive Archer, *International Organizations*, New York: Routledge, 2001, p.20.

② [美]汉斯·摩根索:《国家间政治:权力斗争与和平》，徐昕等译，北京大学出版社2006年版，第497页。

③ 汉斯·摩根索指出，当涉及维持国际秩序、维持或恢复世界和平问题时，只有在极少见的情况下，也就是会员国中的大国利益不受妨害，或各会员国至关重要的共同利益似乎用得着国联时，国联才可实施管制。参见[美]汉斯·摩根索:《国家间政治:权力斗争与和平》，第499页。

“空壳”而最终遭到抛弃。但从国际组织发展史的角度来看,国际联盟依然代表了一个重要里程碑。它的参与规模,它所依据的许多法律原则、概念和制度(如主权国家平等原则、集体安全保障、和平解决国际争端、公开外交、国际道义、对于侵略行为进行经济和军事制裁、国际裁军等),它的组织机构建设(全体大会、行政院、秘书处和常设国际法院,以及国际劳工组织和世界卫生组织等附属机构等),都具有重要意义和深远影响。而就其与联合国的关系而言,国际联盟客观上扮演了奠基石的角色。

三、联合国的成立与国际组织成熟发展的新阶段

第二次世界大战之前,国际组织还只是局部存在;作为主要的国际组织,国联也基本上活动于欧洲国家之间,而且其在维护世界和平与秩序方面所发挥的作用十分有限。对于此种情形尤其是战争灾难的再次降临,人类并不是对于国际组织彻底幻灭,而是寄希望于更为有效的“组织”。联合国就是在这样的背景下产生的,它的建立不仅意味着历史的延续,而且标志着国际组织进入一个成熟的发展时期。

1. 联合国体系

1945 年 6 月 26 日,50 多个国家在美国旧金山集会,最终签署了《联合国宪章》;10 月 24 日,联合国正式成立。自 1945 年以来,联合国会员国数量稳步增长,这主要归因于持续不断的非殖民地化和民族独立的浪潮。1945 年,联合国有 51 个创始会员国;到了 1961 年 9 月,成员国数量达到 100 个;今天联合国有 193 个国家参与。可以认为,联合国是当今最具有普遍性、影响力最大的国际组织,是“国际组织中的国际组织”。

联合国体系不仅指代联合国本身(即联合国大会、安全理事会、经济及社会理事会、托管理事会、国际法院和秘书处六个主要机构),还包括为数众多的附属机构,如联合国难民署、联合国粮食计划署,以及联合国各专门机构。“各专门机构有自己的组织法、自己的预算、自己的决策和行政机

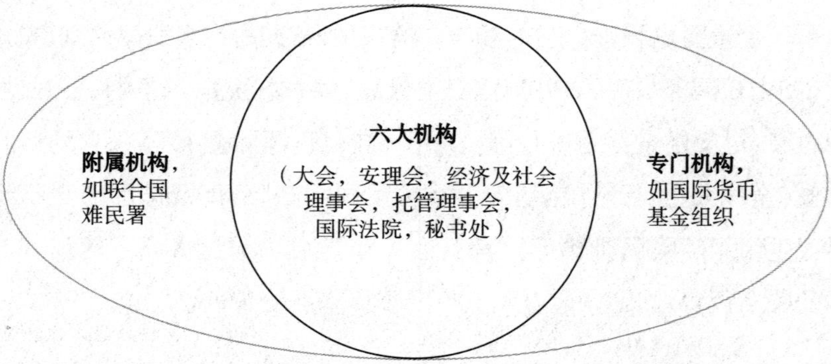

联合国体系

关，并且每一机构都有自己的会员国。"[①]联合国专门机构是在联合国体系内在特定的专门领域从事国际活动的国际组织。目前，正式与经济及社会理事会签订协议的联合国专门机构有 17 个，包括联合国粮农组织、联合国教科文组织、国际劳工组织、国际民航组织、万国邮政联盟、国际电信联盟、国际货币基金组织、国际复兴开发银行、世界卫生组织、世界气象组织、国际海事组织、国际金融公司、国际开发协会、世界知识产权组织、国际农业发展基金、联合国工业发展组织、多边投资担保机构等。国际原子能机构、世界贸易组织、联合国大学等通常也被视为联合国专门机构。

2. 战后国际组织的广泛发展

70 多年来，联合国发生了引人注目的变化。在最初的 15 年里，联合国受到美国等国家的操控，带有强烈的"冷战工具"的色彩；从 20 世纪 60 年代至 80 年代，联合国则被认为是属于"第三世界"国家；20 世纪 80 年代以来，联合国在经历了一系列危机之后，日益恢复其活力、发挥其作用。[②]

以联合国的诞生为标志，一大批全球性、区域性政府间国际组织以及国际非政府组织在第二次世界大战之后如雨后春笋般涌现。以两大阵营对抗和意识形态对立为基础的冷战格局一度极大地限制了联合国作用的发挥，

① [美]汉斯·摩根索:《国家间政治:权力斗争与和平》，第 549 页。

② See David Armstrong, Loma Lloyd and John Redmond, *From Versailles to Maastricht International Organisation in the Twentieth Century*, 1996.

却刺激了一批区域性国际组织的建立。其中,欧盟的成长最为引人注目。

20 世纪 60 年代,非殖民化运动的成功使得新兴独立国家的数目剧增,国际社会的规模骤然间扩大了数倍。亚非拉地区的新兴独立国家为了维护国家的独立和发展经济,也组成了各类区域性国际组织,如非洲联盟、东南亚国家联盟、七十七国集团。

此外,尤其需要指出的是,随着世界经济一体化的发展,经济、贸易关系日益取代政治、军事关系成为当代国际关系的主流,从而推动全球性或区域性国际经济组织急剧增长和议程转变。其中,世界贸易组织、亚太经合组织(Asia-Pacific Economic Cooperation,APEC)、南方共同市场等具有代表性。

四、国际组织的发展前景

“21 世纪是国际组织的世纪。”在当代世界,国家之间的相互依赖不断深入,国际交往与互动日益频繁,国际组织不仅已经成为国际关系中的核心要素之一,而且拥有广阔的发展前景和变化的空间。

客观来看,当代国际组织的数量在继续增长,国际组织规模和国际组织网络变得庞大,国际组织机构趋于完善,国际组织成员方之间的合作日益深化;一系列事实显示出国际互动关系的“制度化”进一步巩固。

据《国际组织年鉴》统计,1909 年,全部政府间国际组织有 37 个,国际非政府组织有 176 个,所有类型的国际组织共有 213 个;而到 1951 年,全部政府间国际组织有 123 个,国际非政府组织有 832 个,所有类型的国际组织共有 955 个。1989 年,各类国际组织共有 24131 个,比 1951 年增加了 24 倍多,其中政府间国际组织数目为 4068 个,非政府间国际组织有 20063 个。2005 年,包括其所有类型的各类国际组织共有 58859 个,比 1991 年多 1 倍以上,其中,政府间国际组织数目为 7350 个,非政府间国际组织有 51509 个,分别比 1991 年多 61%和 109%。21 世纪初,国际组织超过 5.8 万个。现在,世界上有 7.5 万余个国际组织。

国际组织的发展必须不断适应一个变化的世界;由此,国际组织自身在

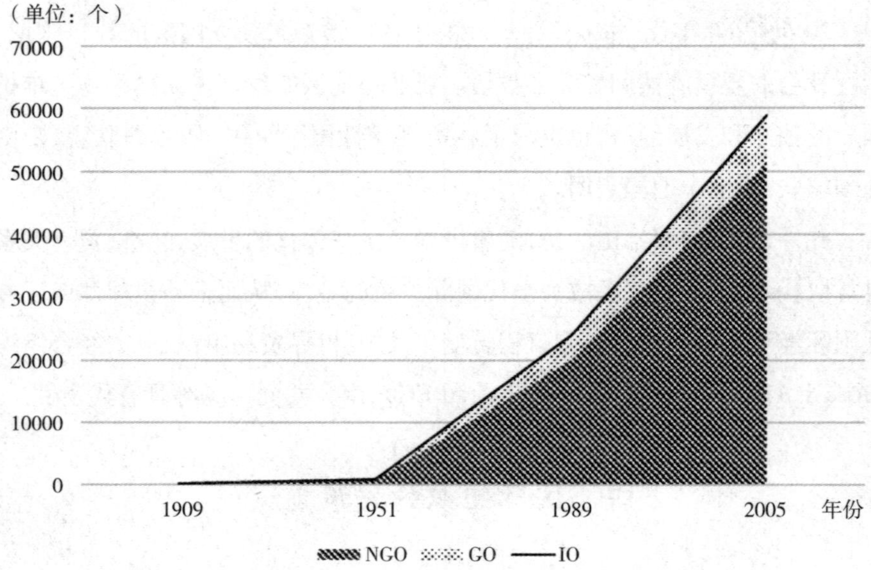

国际组织成长态势图

其议程、形态、决策权分配等方面正在经历明显而又深刻的转型。①

冷战时期，国际组织最为关注的议题无疑是传统的军事安全问题、国家间的战争与冲突问题。冷战结束后，非传统安全问题，比如全球气候变化、环境问题、大规模传染性疾病、恐怖主义、金融危机等成为国际组织议程上的优先课题。与此同时，政府间的、协定性的、具备较为严格和明确的约束力的国际组织，如联合国和欧盟，一直是国际组织的基本形态，并且在国际事务中发挥着显著作用；而当今一些论坛性的多边安排，比如，二十国集团、金砖国家（BRICS）等，在全球和地区治理领域扮演着举足轻重的角色。

国际组织中的决策权分配，是其变化与转型的进程中正在经历的最为深刻的变化。

历史上，在联合国、世界贸易组织等全球性国际组织的决策机制中，基本上由西方发达国家垄断有关国际公共政策的制定和实施。但近年来，发

① 张海滨：《世界形势变化促国际组织转型》，《人民日报》2010 年 11 月 8 日。

展中国家在国际组织中的决策权和话语权越来越大,北强南弱的局面有明显改观。2001 年,在卡塔尔首都多哈举行的世贸组织第四次部长级会议启动了新一轮多边贸易谈判(即多哈回合),发展中国家在农业和非农产品市场准入等方面的利益诉求得到明确和有力的表达。2009 年,在举世瞩目的哥本哈根联合国气候变化大会上,由发展中大国中国、巴西、印度和南非组成的"基础四国"(BASIC)携手合作,迫使不正常的"丹麦文本"撤出谈判程序,并为《哥本哈根协议》的出台发挥了关键性作用。相比之下,时任美国总统巴拉克·奥巴马率领的代表团主动寻求与"基础四国"之间的磋商①,素有"全球气候领袖"之称的欧盟几乎被边缘化,凸显发展中国家在全球气候治理中不断增大的话语权。2010 年,有关各方就提高发展中国家和新兴经济体在国际货币基金组织、世界银行的代表性和投票权达成一致。在当今全球治理和世界经济合作的主要平台 G20 中,新兴国家和发展中国家已占据半壁江山。

---

① Jeffrey A.Bade, *Obama and China's Rise*: *An Insider's Account of America's Asia Strategy*, Brookings Institution Press, 2013, pp.61-68.

第三章　影响国家，塑造体系：国际组织的作用

观察任何一类国际现象，如多边合作、武装冲突、环境污染、金融危机或者人道主义灾难，不难发现国际组织的存在，它们发挥着重要甚至是首要的作用。可以这样说，当今世界上任何全球性或区域性重大问题的处理，如多边合作、武装冲突、环境污染、金融危机或者人道主义灾难，如果没有相关国际组织的参与，难以获得圆满的解决。“国际组织约束国家主权，与此同时也在提升主权权利；国际组织帮助定义国家是什么以及他们如何发挥作用。即使在某些国家侵犯了国际组织的有关规则时，他们并不能无视这些规则的存在及其意义。”①本章基于国家行为体层面和全球体系层面阐释国际组织的作用，在构建分析框架的基础上，选择有代表性的国际组织（机构）进行具体分析。

一、分析框架

（一）推动广泛的国际合作

正如有学者指出的，“战争与和平、冲突与合作是关系到我们的世界和世界上的国家的头等大事，也关系到人的生存和发展问题。这一问题固然

① Ian Hurd, *International organizations: Politics, Law, Practice*, viii.

具有重大意义，但却是国际政治中的永恒命题。"①在推动国际合作方面，国际组织发挥着重要的甚至是无以替代的作用。

1. 什么是合作？

所谓"合作"，一方面，它可以被定义为一组关系，这组关系并不是建立在压制或强迫之上的，而是以成员的共同意志为合法基础的，并在此基础上寻求共同利益；②另一方面，合作可以看作是一种交换过程，有关各方通过某些行为（如谈判）来寻求"需要的满足"。国家间的合作是一种特定类型的交换。这里的交换是指相互适应对方的政策，而不是经济学家所关注的商品和服务。它涉及一国根据别国政策的调整而相应地调整自己的政策或预期，以便降低对其他国家的负面影响，或者使有关各方都获益。按照罗伯特·基欧汉的有关看法，"通过政策协调过程，当行为者将他们的行为调整到适应其他行为者现行的或可预料的偏好上时，合作就会出现。"③

2. 国际行为体为什么需要合作？

一般认为，在各个领域和不同形式的互动中，存在"帕累托最优"④（Pareto Optimality），合作致力于不断深入这一兼顾公平与效率的"理想王国"；从现实来看，国家之间通过合作以避免互动进程中"共同利益的困境"和"共同背离的困境"。在"共同利益的困境"中，行为者追求的是获得某种特定的结果；在"共同背离的困境"中，行为者追求的是避免发生某种特定的结果。⑤

---

① ［美］罗伯特·杰维斯：《国际政治中的知觉与错误知觉》，秦亚青译，世界知识出版社 2001 年版，第 11 页。

② ［美］詹姆斯·多尔蒂、小罗伯特·普法尔茨格拉夫：《争论中的国际关系理论》，阎学通等译，世界知识出版社 2003 年版，第 543 页。

③ ［美］罗伯特·基欧汉：《霸权之后：世界政治经济中的合作与纷争》，第 51 页。

④ 帕累托最优，也称为帕累托效率（Pareto Efficiency），是指资源分配的一种理想状态，假定固有的一群人和可分配的资源，从一种分配状态到另一种分配状态的变化中，在没有使任何人境况变坏的前提下，使得至少一个人变得更好。这个概念是以意大利经济学家维弗雷多·帕累托（Vilfredo Pareto）的名字命名的。

⑤ 阿瑟·斯坦：《协调与合作：无政府世界中的制度》，载大卫·A.鲍德温主编：《新现实主义和新自由主义》，肖欢容译，浙江人民出版社 2001 年版，第 37—38 页。

正如相关研究指出的，在允许商品自由跨越国家边界的世界中，所有的国家都将变得富裕起来；然而，当所有国家都采取主导性战略，建立起贸易壁垒的时候，不可避免地将产生国际贸易的衰落和所有国家的萧条。[1] 显然，前一种情况符合相关国家的共同利益，后一种情况则是所有国家都希望避免的情况。公地悲剧同样能够清楚地反映有关困境的存在。公地作为一项资源或财产有许多拥有者，他们中的每一个人都有使用权，也都知道资源将由于过度使用而枯竭，但每一个人都没有权利阻止其他人使用，且每一个人都倾向于过度使用，从而造成资源的枯竭。当前，国际公地问题，如公海的过度捕捞，是国际共同利益困境的明显例子。经典的"囚徒困境"[2]（Prisoner's Dilemma）就是通过一个反面事例显示出合作的重要性。

3. 国际组织如何推动国际合作？

毫无疑问，国际合作的重要基础在于国际行为主体之间利益关系的基本一致或者部分一致，即"他们必须从合作中获得潜在的收益"[3]；但是，现实的或潜在的共同利益并不能够保证国际合作的自动实现。共同利益是国际合作的必要条件而非充分条件。换句话说，没有共同利益，国际合作就无从谈起；但是有了共同利益，国际合作并不必然实现。如果国际行为主体希望达成相互合作，它们还必须克服一系列障碍，尤其是"共同利益的困境"和"共同背离的困境"。正因如此，在推进国际合作的进程中，国际组织能够发挥其作用，这主要表现为以下几个方面。

其一，国际组织为国际合作提供场所，即一种时间和空间上的安排。就此而言，几乎所有的国际组织都可以发挥其作为组织者、协调者或舞台的作用。

---

① 阿瑟·斯坦：《协调与合作：无政府世界中的制度》，载大卫·A.鲍德温主编：《新现实主义和新自由主义》，肖欢容译，浙江人民出版社 2001 年版，第 37—38 页。

② 经典的"囚徒困境"表述如下：警方逮捕甲、乙两名嫌疑犯，但没有足够证据指控二人入罪。于是警方分开囚禁嫌疑犯，分别和二人见面，并向双方提供以下相同的选择：若一人认罪并作证检控对方（即"背叛"对方），而对方保持沉默，此人将即时获释，沉默者将判监 10 年。若二人都保持沉默（即"合作"），则二人同样判监 1 年；若二人都互相检举（即互相"背叛"），则二人同样判监 8 年。

③ Robert O.Keohane, *International Institutions and State Power*, p.2.

毫无疑问,作为当今世界最具代表性的国际组织,联合国为成员国之间的合作提供了极大便利。如我们所知,在联合国的各个组成部分中,联合国大会是联合国的主要审议、决策和代表机关,由联合国全部193个会员国组成,是唯一具有普遍代表性的机关。每年9月,大会的所有会员国代表齐聚纽约,在联合国大会会议厅召开年度会议。会议通常分两个阶段,前段为一般性辩论阶段,后段为大会讨论和审议列入议程的各项议题阶段。一般性辩论成为会员国开展外交活动的重要舞台,许多国家领导人借机就共同关心的问题举行会晤,以期取得积极成果。2014年联大一般性辩论期间,双边会见达1300多场。2015年,即联大70周年,144位国家领导人、46位部长参加一般性辩论,参会领导人人数空前。联大一般性辩论期间,大小会议近500场。上述事实显示出联合国在推进国际合作领域的显著作用。

类似地,"关税及贸易总协定"(General Agreement on Tariffs and Trade, GATT)在推进多边贸易合作与贸易自由化领域一度发挥了基本支撑平台的作用。从1947年瑞士日内瓦的"创始回合"(1947年4月—10月),历经"安纳西回合"(Annecy Round,1949年4月—10月)、"托奎回合"(Torquay Round,1950年9月—1951年4月)、"第四回合"(Geneva Round,1956年1月—5月)、"狄龙回合"(Dillon Round,1960年9月—1962年7月)、"肯尼迪回合"(Kennedy Round,1964年5月—1967年6月)、"东京回合"(Tokyo Round,1973年9月—1979年4月),到波澜壮阔的"乌拉圭回合"(Uruguay Round,1986年9月—1994年4月15日),GATT在国际贸易合作中始终扮演着组织者和协调者的角色。

其二,国际组织可以向其成员提供可靠的信息以及信息交流的渠道,缓解信息不确定性,减少达成交易的风险,降低交易的成本,作出更为可信的承诺,并建立起合作的焦点,从而在总体上推动了国际范围内的互利合作。①

① Institutions can provide information, reduce transaction costs, make commitments more credible, establish focal points for coordination, and in general facilitate the operation of reciprocity. see Robert O.Keohane and Lisa L.Martin, "The Promise of Institutionalist Theory", *International Security*, Vol.20, No.1, 1995, p.42.

国际组织能够向其成员直接提供相关信息,或者通过其所塑造的"跨政府"关系网络促进国家之间的信息流动,从而有助于克服互动进程中"信息不对称"的障碍。在许多国际组织中都有大量并不具有政治倾向性的技术专家从事信息的收集、加工与综合工作,由此,国际组织所披露的信息具有更大程度的公正性和客观性,从而也更容易为有关国家所接受。例如,世界银行(the World Bank,WB)、国际货币基金组织(International Monetary Fund,IMF)对于世界经济形势的监测与评估报告,世界贸易组织(World Trade Organization,WTO)的"贸易政策机制审议机构"(Trade Policy Review Body,TPRB)对各成员的贸易政策、法规定期进行审议并提供相关信息,联合国有关机构对于裁军与军控领域有关公约执行情况的检查结果,都会对各国政府的决策与合作取向产生重要的影响。

国际组织为各成员方提供了持续的互动前景,有助于减少达成交易的风险,降低交易的成本,尤其是对规则的遵从者降低了合作中的边际成本,对违反者则提高了成本。这是因为,如果(作为互动形式的)博弈不是一次博弈而是多次博弈,行为体在当下的行为和预期未来收益之间建立起直接的联系,考虑到自己的背叛会导致他国的报复,国家战略的报偿结构(payoff structure)就会发生变化:当(他国的)报复给自己造成的损失大于背叛战略带来的收益时,国家转而会采取合作战略。①

值得注意的是,国际组织不单纯是信息或客观事实的提供者,并且能够赋予某些信息以特定的含义,从而建构问题,塑造社会现实,促发集体行动。正如相关研究指出的,数百万的非洲人每天只靠两美元生活,这样的信息在N年前也许无足轻重,但是今天它就是一种"发展问题"和"贫困危机"。进一步来看,在发展领域,国际组织在界定(和重新界定)什么是发展、谁应该促进发展(通常是国家或国际组织),以及谁应该得到发展(通常是地方性群体)等方面处于中心地位。类似地,在冷战后的安全政治中,国际组织一

① [美]肯尼思·奥耶编:《无政府状态下的合作》,田野、辛平译,上海人民出版社2010年版,第3—25页。

直处于最前沿,致力于把“安全”的定义从强调国家的安全(免于外敌入侵)转为人类的安全(即免于更加宽泛的经济、环境、政治以及军事威胁)。① 从这个意义上说,国际组织是国际合作议题的发起者与国际合作议程的设置者。

其三,国际组织能够塑造国家的利益观,从而推动了国家间寻求共享利益的合作行为。

正如相关研究指出的,“国际机制同样会影响国家利益的界定,因为自身利益的含义本身是弹性的,具有很强的主观性。对于自身利益的认识既取决于行为者对特定行动所产生的可能的结果的预期,也取决于它们本质性的价值观念。国际机制当然能够影响预期以及价值观念。”②比如,全球气候变化正在对各国社会经济发展、人类进步产生深刻影响,已被认为是决定我们这个时代特点的问题;然而,对此问题的认识高度以及相关的国际合作,却历经一个演进的过程。一系列国际组织,包括联合国及其相关机构(如世界气象组织和联合国环境规划署)在塑造国家的预期以及价值观等方面发挥了关键作用;而《联合国气候变化框架公约》、《京都议定书》、《巴黎气候变化协定》等则直接推动了国家间寻求共享利益的合作行为。

(二)国际组织制定规则和运用规则,在帮助实现国家利益的同时,规制约束和推动国家“社会化”

1. 制定规则和运用规则

几乎所有的国际政治理论都视无政府状态为国际政治的第一重要假定。无政府状态意味着体系范围内有政治权威的中央政府的缺失,因此,不存在像国内政治那样能够解决争端、执行法律或维持秩序的等级分明的强制性权力。然而,无政府状态并不意味着完全的混乱或缺乏结构和规则。作为国际社会的重要行为体,国际组织是结构和规则的承载者,并且通过制

---

① [美]迈克尔·巴尼特、玛莎·芬尼莫尔:《为世界定规则:全球政治中的国际组织》,薄燕译,上海人民出版社 2009 年版,第 42、45 页。

② [美]罗伯特·基欧汉:《霸权之后:世界政治经济中的合作与纷争》,第 62 页。

定规则和运用规则，维护国际社会的一定秩序，并帮助实现国家在主权、安全、发展和国际地位等方面的利益诉求。

比如，所有的政府间国际组织，尤其是联合国，承载了国家主权和主权平等的互动规则，因此，当一国进入某一政府间国际组织（如联合国）时，该国就实现了基本的利益诉求，即其在国际社会中的合法性。又如，联合国及其有关机构对“核不扩散”规则的制定和实际运用。2015 年 7 月 20 日，联合国安理会一致通过决议，支持“伊朗核问题协议”。① 这样一来，困扰中东地区和国际社会长达 10 年的热点问题取得突破性成果，核不扩散体系得到进一步的维护，不仅有利于国际社会的和平与安全，也在相当程度上保障了包括伊朗在内的有关国家（诸如和平利用核能）的利益诉求。

2. 硬约束和软约束

对于任何一个国际组织而言，其建立与维系，需要一套相应的原则、规范、规则和决策程序，国际组织以此可以在不同程度上约束成员国的行为。这种约束可能具有一定的强制力，即其是基于一定的强制性权力的硬约束。

正如相关研究指出的，国际组织有时确实掌握着物质性的资源，它们有钱、有枪，甚至经常能够运用这些资源来影响他者的行为……联合国维和人员使用武器（或者求助于拥有武器的国家）迫使冲突中的各方改变其行为；国际货币基金组织能够迫使一些国家（甚至是相当大的国家）采取它们本不会采取的政策，因为国际货币基金组织有能力拒绝提供资金或者将某一个国家认定为没有处于“正确的（发展）轨道”。② 在世界贸易组织框架下，各成员方都必须对其进口商品的关税税率设置上限，即世贸组织成员在

---

① 根据“伊朗核问题协议”，伊朗将把离心机的数量削减三分之二（从约 1.9 万台减少至 6104 台），现有的低浓缩铀库存将会削减 98%（从 12000 公斤减至 300 公斤）；伊朗重申在任何情况下都不会寻求、开发和获得任何核武器；成功落实全面协议将使伊朗在《不扩散核武器条约》相关规定下完全拥有和平利用核能的权力，伊朗的核计划也将与《不扩散核武器条约》其他签约国受到同样对待；国际原子能机构核实伊朗核计划的和平性质后，联合国、美国以及欧盟将解除对伊朗的经济和金融制裁；如果伊朗违反协议，已取消的制裁会自动恢复实施。

② Michael Barnett and Martha Finnemore，“The power of liberal international organizations”，in Michael Barnett and Raymond Duvall，eds.，*Power in Global Governance*，New York：Cambridge University Press，2005，pp.175-176.

加入时或通过多边贸易谈判达成的关税减让采用约束税率的形式来表现,载于各成员的关税减让表中,而缔约方对其他缔约方贸易所给的待遇,不得低于减让表中有关部分所列的待遇。此外,世界贸易组织贸易争端解决机构通过专家小组或上诉机构的报告后,当事各方应予执行。类似地,联合国安理会的决议①,如 1967 年的第 242 号决议(该决议援引《联合国宪章》第二条,要求以色列撤离其在第三次中东战争中占领的领土,各方立即停战,并保证苏伊士运河等国际航道的畅通),对相关国家具有明显的硬约束。

显然,国际组织对国家行为的塑造不限于硬约束,甚至主要不是依靠强制性力量,而是能够作为一种规范性力量在发挥作用,即其是建立在一定的规范性权力基础上的软约束。

英国学者伊恩·曼纳斯(Ian Manners)提出和阐述了"规范性权力"这一概念。② 根据他对欧盟外交政策的研究,曼纳斯认为欧盟作为一种治理形式,已经超越威斯特伐利亚体系所承载的国际规范。具体来说,欧盟倡导和平、自由、民主、法治和人权、社会团结、反歧视、可持续发展以及善治等规范,并将这些规范置于其与成员国关系的中心。此外,欧盟还通过经济和政治领域的互动,将上述规范传播、扩散到其他国家和地区。基于欧盟外交政策的这些特点,曼纳斯将欧盟视为一种规范性力量的代表,即通过规范的吸引力使其他行为者接受并遵守其所倡导的行为方式,从而实现其目标。

相关研究也指出,国际组织创立了规则和规范之后,就热切地传播其专业知识的好处,并且经常充当传输带,传递良好政治行为的规范和模式。例如,国际货币基金组织努力劝说其成员国重组国内的金融制度和实践,以与国际标准接轨。联合国难民事务高级专员署职责中很明确的一部分是:推

---

① 联合国安全理事会决议由安理会 15 个会员国投票产生。一个决议在其中 9 个以上(含 9 个)的会员国投赞成票,并且 5 个常任理事国全部没有使用否决权的情况下将视为通过。

② Ian Manners,"Normative Power Europe:A Contradiction in Terms?",*Journal of Common Market Studies*,Vol.40,No.2,2002,pp.235-258.

动国家和其他行为体意识到并且遵守国际难民法。① 显然，当国际组织诉诸“示范”、“劝说”等手段时，它代表的主要是一种软力量，其在影响国家行为方面则发挥软约束的作用。

需要指出的是，国家要想在已经建立起国际制度和规范的问题领域充当赢家，必须首先使自己的行为符合有关制度和规范的要求，依照相关制度和规范来制定和执行对外政策。从这个角度来看，国际组织能够帮助一个国家确立和提升其作为国际社会合作者的良好形象和声誉；而当形象和声誉的考量影响国家的政策选择时，国际组织的软约束就发挥了作用。②

3. 推动国家的“社会化”

社会化通常被界定为引导行为体接受某些特定的规范和规则的过程，在此基础上，行为体基于新规范的内化而持续地遵从，并不需要诉诸外部的物质奖惩措施。③ 内化可以在两个层面影响国家：界定基本利益的层面和制定实现利益的战略的层面。④ 国际组织推动国家的社会化，意味着参与其中的国家逐渐认可、接受和遵从已有的制度安排、规则和规范，形成新的态度与偏好，乃至产生出共享的身份感。社会化代表了国际组织塑造和影响国家行为的最为深刻的方面，学术界对其发挥作用的路径和方式提供了较为丰富的具体分析。

玛莎·芬尼莫尔（Martha Finnemore）从国际组织主动“传授”的角度展示了国家的社会化过程，即国际组织说服国家去评价新目标、构筑国家利益新概念。在其选择的三个分析案例中，芬尼莫尔认为：联合国教科文组织指导发展中国家建立教育、科学、文化体系；国际红十字会（International Com-

---

① ［美］迈克尔·巴尼特、玛莎·芬尼莫尔：《为世界定规则：全球政治中的国际组织》，第46—47页。

② 以中国签署《不扩散核武器条约》为例。政策制定者不愿其他国家视中国为整个条约的绊脚石，因为条约本身是全球核不扩散机制的一个关键支柱。如果中国反对或者挖这个条约的墙脚以符合自身的军事利益，“负责任大国”的国家形象会受到极大伤害。

③ Jeffrey T.Checkel，“International Institutions and Socialization in Europe：Introduction and Framework”，*International Organization*，Vol.59，No.4，2005，p.804.

④ ［美］伊恩·赫德：《无政府状态之后：联合国安理会中的合法性与权力》，毛瑞鹏译，上海人民出版社2018年版，第40页。

mittee of the Red Cross，ICRC）作为国际非政府组织，促使各国善待战俘，推动一系列相关公约的成立；国际组织还推动发达国家向发展中国家提供援助，并推动后者确立发展目标以及实现目标的战略。①

杰弗里 · T. 切克尔（Jeffrey T. Checkel）、亚历山大 · 格修（Alexander Gheciu）等分析了欧洲地区国际制度在社会化进程中的角色，尤其是欧盟和北约的规范如何为新加入的成员国所接受。与芬尼莫尔笼统地提出传授机制不同，切克尔进一步探讨了规范传播背后的社会化机制。他区分了三种国家社会化机制：其一是奖惩机制，国家只是进行功利权衡，并没有将规范内化，但这往往成为规范接受的第一步；其二是角色扮演机制，行为体被动地承担某种角色，并按照角色包含的规范行事；其三则是规范劝服机制，国家经过反思、辨别和讨论，自觉地接受规范。② 而在分析北约东扩和推动中东欧国家的社会化进程时，亚历山大 · 格修认为，双方各自扮演着“教师”与“学生”的角色；彼此认同对方的角色定位；系统性互动保障了社会化的效果。③

江忆恩（A.I.Johnson）在分析国际制度推动中国的社会化时，主张将社会化过程分为社会环境将规范传授给行为体的宏观过程，以及具体行为体接受规范的微观过程，并且提出三种机制，即模仿、说服和社会影响。模仿的背景是对制度的程序、惯例和互动语言不熟悉，是单纯的行动效仿，是最低程度的社会化。模仿可能导致路径依赖。江忆恩认为，中国对国际军控制度的参与就体现了模仿效应。说服则是在缺乏物质和精神强制的情况下，通过话语规劝等方式改变对象的思想、观点和态度。中国参与东盟地区论坛后提出“新安全观”是说服的典型例证。社会影响指通过社会奖励和惩罚，促进符合规范行为的形成。其中，奖励包括地位、归属感、符合角色期

---

① 参见[美]玛莎 · 芬尼莫尔：《国际社会中的国家利益》，袁正清译，上海人民出版社2001年版。

② Jeffrey T.Checkel，“International Institutions and Socialization in Europe：Introduction and Framework”，pp.801-826.

③ Alexander Gheciu，“Security Institutions as Agents of Socialization? NATO and the‘New Europe’”，*International Organization*，Vol.59，No.4，2005，pp.973-1012.

望的幸福感，惩罚则包括羞辱、躲避、拒斥、贬低等所带来的认知失调等。①

针对体系"单向"社会化视角的不足，有学者将"双向"社会化框架应用于以中国为代表的新兴大国同国际制度和规范互动的研究。② 这一框架的基本主张是：一方面，国际层面的规范、规则为行为体所接受并内化，成为其行动准则；另一方面，行为体也可能将自身的理念、规则上传到国际层面，影响国际社会。从这个意义上说，社会化过程并非线性单向度的，对于国家与国际规范的互动应当区分不同阶段，统筹双向互动逻辑。相关研究注重国际制度的规范性、建构性和开放性特点，同时强调国家作为能动行为体不但能接受既有国际规范，还可能在具体实践中将自身规范和理念上传给国际体系，参与塑造国际秩序与规范。

（三）管理全球性问题，推进全球治理

所谓全球性问题，是指在全球化时代国际社会面临的超越国家边界而又关系到整个人类生存与发展的严峻问题。突出的全球性问题包括：人口问题（老龄化和人口数量增长过快）、环境问题（环境污染和生态破坏）、资源问题（过度消耗和衰退）、核安全、网络安全、恐怖主义、毒品走私和跨国犯罪、移民潮和难民危机、贫困和发展问题等。这些问题或现象涉及几乎全球所有国家；这些问题不解决，会严重妨碍全球社会和经济的发展；而解决问题又非一个国家或几个国家力所能及。

解决全球性问题需要全球治理。全球治理反映的是这样一种理念：各国政府不再完全垄断维持秩序、经济和社会调节、指挥和仲裁的政治职能，而是与各种各样的政府性及非政府性国际组织、私人企业和社会运动等结合在一起，构成本国的和国际的某种政治、经济和社会的调节形式。③ 全球

---

① Alastair Iain Johnson, *Social States: China in International Institutions, 1980–2000*, Princeton: Princeton University Press, 2008.

② Maximilian Terhalle, "Reciprocal Socialization: Rising Powers and the West", *International Studies Perspectives*, Vol.12, No.4, 2011, pp.341–361.

③ 俞可平主编：《治理与善治》，社会科学文献出版社 2000 年版，第 241 页。

治理“是使相互冲突的或不同的利益得以调和并且采取联合行动的持续的过程。它既包括有权迫使人们服从的正式制度和规则，也包括各种人们同意或以为符合其利益的非正式的制度安排”①。

国际组织是推进全球治理的主要行为体，尤其是在“没有政府的治理”背景之下，它几乎在各个议题领域均发挥着不可或缺的治理功能。国际组织又是有关制度和规则的重要载体，深刻影响着全球“善治”的实践和趋向。对于全球性问题和挑战，国际组织往往能够起草理性—合法的解决方案，并且支持理性—合法的权威机构（如它们自己）来执行这些方案。与此同时，国际组织经常充当进步观念、全球价值观和规范的传输带，传递良好政治行为的规范和模式。国际组织积极推动解决全球公共问题，不仅致力于广泛的国际合作，还可以提供诸如资金、技术、管理经验、信息以及专家等方面的具体支持。②

（四）拓展国际活动的空间，推动国际关系的民主化

对于国家行为体而言，相较于传统的双边外交，国际组织提供了多边外交舞台和契机。有关国家能够依托全球性或地区性国际组织拓展国际活动的空间，寻求国家间的合作，提升其在国际社会的存在感和国家形象，实现一定的外交战略目标。对于一些个人和群体而言，通过参与乃至创设国际非政府组织，他们在更为广泛的国际舞台上表达了声音，传播了影响力。值得注意的是，争取独立的民族和国内分离主义势力为达到自决或独立的目的，也往往把目光投向国际组织。

国际组织推动国际关系的民主化。就其产生而言，国际组织是人类理想主义与和平精神的产物。国际组织的发展过程是人们试图摆脱国际无政

① Commission on Global Governance, “Our Global Neighborhood—Report of the Commission on Global Governance” (1995), https://www.gdrc.org/u-gov/global-neighbourhood/chap1.htm.

② 比如，2010年7月，国际原子能机构应中国政府的要求派出专家组，专家组由来自15个国家的22名核安全方面的专家组成，专家组在华工作两周，并就中国核安全监管环境提出建议。

府状态、强权政治和“丛林法则”、追求国际关系民主化的探索过程。国际关系民主化的一些基本要素，如国家平等、尊重主权和互不干涉内政、尊重文明的多样性、相互合作、共同发展等，都在国际组织的制度设计以及制度实践中得到了较为充分的体现。

国际组织承载着世界秩序的未来。正如有学者指出的，随着权力的消长以及新型国际关系和国际关系民主化进程的发展，国际社会更需要一种反映力量平衡和多元理念的制度秩序，或者说是一种更加名副其实的（新）多边制度秩序……在这种秩序中，美国霸权的主导日趋减弱，多边协商的成分日趋加强，多元价值会得到较为充分的反映，制度治理的理念和实践会得到进一步的巩固和完善。①

二、具体分析

（一）联合国安理会的作用

联合国安全理事会负有维护国际和平与安全的首要责任。安理会率先断定对和平的威胁或侵略行为是否存在。安理会促请有关各方以和平手段解决争端，并建议调解这些争端的方法或解决条件。在某些情况下，安全理事会可实行制裁，甚至授权使用武力，以维护或恢复国际和平与安全。

《联合国宪章》第二十五条规定，所有联合国会员国同意依宪章之规定接受并履行安全理事会之决议。但就实际情况来看，会员国“遵从”（接受并履行）安理会决定的程度是不同的，甚至“不遵从”也是不时发生的事例。因此，安理会的作用最终还是取决于它是否有能力影响会员国的选择。在此方面，安理会有一些办法施加影响，但作为一个国际组织，安理会尽其所能去塑造会员国做出相关选择的法律和政治背景②，即创设条件以使会员国更有可能去遵从，而不是相反。

---

① 秦亚青：《世界秩序刍议》，《世界经济与政治》2017 年第 6 期。

② Ian Hurd, *International organizations: Politics, Law, Practice*, p.140.

在具体层面，联合国安理会在维护国际和平与安全领域的作用，主要表现为由其授权和推动的联合国维和行动。自联合国成立以来的70余年，维和行动已经显示出一些根本性的变化。

第一代维和模式，即缔造和平和维持和平。维和是在实现停火以及冲突当事方同意的情况下开展的“冻结”行动；既不使用武力以强制达成和平，也不负责和平解决争端。这一代维和模式，又被称为哈马舍尔德模式。时任联合国秘书长哈马舍尔德（Hammarskjöld）在推动解决1956年的苏伊士运河危机时，提议组成了联合国第一支维和部队——“联合国紧急力量”，以隔离交战双方，维持缓冲区，保障和监督停火。他还提出了著名的维和三原则（中立、同意和自卫），成为联合国传统维和行动的基本准则。在此之后，联合国在塞浦路斯、黎巴嫩等地的维和行动，皆属此列。这些维和任务通常由来自安理会常任理事国以外的中立国的轻装部队执行，这些国家通常是加拿大、瑞典、挪威、芬兰、印度、爱尔兰和意大利。执行这些任务的部队，也就是所谓的“蓝盔部队”，只允许在自卫时使用武力。这些特派团得到冲突各方的同意，并得到安全理事会和部队派遣国的支持。

第二代维和模式，即建设和平。“联合国建设和平活动旨在帮助国家走出冲突，减少再次陷入冲突的风险，并为建设可持续的和平与发展奠定基础。”①在此模式下，联合国维和行动中兼采维持和平与解决冲突，包括协助塑造有利于国内和解的气氛、安排或监督选举以便成立新政府，甚至暂时代行当地政府的统治权。20世纪90年代，联合国在柬埔寨的维和行动具有代表性。从1991年10月到1993年9月，联合国驻柬先遣团与柬埔寨过渡时期联合国权力机构在战乱纷扰的柬埔寨发挥了关键作用。柬埔寨过渡时期联合国权力机构得到授权的任务涉及人权、组织和举行自由和公正的大选、军事安排、民政管理、维持法律和秩序、柬埔寨难民和流离失所者的遣返和重新定居，以及在过渡时期恢复柬埔寨基本的基础设施。可以说，联合国

---

① 联合国网站，http://www.un.org/zh/sections/what-we-do/maintain-international-peace-and-security/index.html。

几乎是在接手管理一个独立的国家。

第三代维和模式，即实施和平。在此模式下，安理会授权的维和行动，既不采取中立的立场，也无须有关国家的同意，通常是采取强制性的军事行动以实现政治目标。1990 年伊拉克入侵科威特之后，安理会授权采取的行动即属于此列。正如安理会第 678 号决议所要求的，伊拉克在 1991 年 1 月 15 日前必须完全遵守安理会第 660 号决议“以及之后的所有有关决议”，同时授权会员国“使用一切必要手段维护和执行第 660 号决议和之后所有有关决议，并恢复该地区的国际和平与安全”①。

（二）国际法院（ICJ）的作用

国际法院是联合国的六大机构之一，是联合国的主要司法机关。国际法院由 15 名法官组成。法官由联合国大会和安理会选举产生，法官候选人需要在联合国安理会和联合国大会分别获得绝对多数赞成票（且没有来自安理会常任理事国的否决票）才能当选。15 名法官必须全部来自不同的国家，代表世界各大文化与各主要法系。按照《国际法院规约》规定，当选国际法院法官，应是品格高尚并在各自国家具有最高司法职位的任命资格或公认的国际法专家。法官每届任期 9 年，每三年改选三分之一（5 人），以保持工作的连续性。②

国际法院依照国际法解决有关国家同意向其提交的法律争端，而其就法律争端中的各方“谁对谁错”的问题做出正式的、明确的、有法律约束力的判决，或者在判决之前“指示当事国应行遵守以保全彼此权利之临时办法”（《国际法院规约》第四十一条），从而影响国际关系和国家行为。需要指出的是，如果一国不履行国际法院判决应负之义务，他国可以向联合国安理会申诉。安理会“如认为必要时，得作成建议或决定应采办法，以执行判决”（《联合国宪章》第九十四条第二款）③。此外，国际法院还就联合国机

① 《安理会第 678 号决议（1990）》，https://undocs.org/zh/S/RES/678(1990)。

② 《国际法院规约》，http://www.un.org/zh/documents/statute/chapter1.shtml。

③ 《联合国宪章》，http://www.un.org/zh/sections/un-charter/chapter-xiv/index.html。

关和专门机构提交的法律问题提供咨询意见。

下面以三个案例对国际法院的作用予以具体说明。

白礁岛、中岩礁和南礁的主权归属案(马来西亚/新加坡)①

白礁岛、中岩礁和南礁的主权归属，自1979年以来一直是马来西亚、新加坡双边关系中的突出问题。由于领土主权争端的复杂性和敏感性，马来西亚、新加坡围绕此问题的外交谈判没有取得结果。

2003年7月24日，马来西亚和新加坡联合通知国际法院书记官长，它们于2003年2月6日在布城签署了《特别协定》，该协定于2003年5月9日生效。在《特别协定》中，双方要求法院确定白礁岛、中岩礁和南礁的主权是属于马来西亚还是新加坡。双方均在法院规定期限内正式提交了诉状、辩诉状和答辩状。时限是法院考虑到《特别协定》中有关书面诉状的规定确定的。《特别协定》规定，当事双方可以提交第四轮书面诉状。然而，2006年1月23日，当事双方共同致函法院，称它们一致认为不必交换答辩状。由于法院法官中没有马来西亚和新加坡籍法官，当事双方各自行使《国际法院规约》第三十一条第三款所赋予的权利，为本案各选定一名专案法官：马来西亚选定克里斯托弗·约翰·罗伯特·迪加尔德先生担任专案法官，新加坡选定佩马拉朱·斯雷尼瓦萨·劳先生担任专案法官。

2008年5月23日，国际法院就白礁岛、中岩礁和南礁的主权归属案(马来西亚/新加坡)做出裁决：(1)以12票对4票，裁定白礁岛的主权属于新加坡；(2)以15票对1票，裁定中岩礁的主权属于马来西亚；(3)以15票对1票，裁定南礁的主权属于其所在领水所属的国家。

---

① “白礁岛、中岩礁和南礁的主权归属案(马来西亚/新加坡)”，参见《国际法院判决、咨询意见和命令摘要(2008—2012年)》，https://www.icj-cij.org/files/summaries/summaries-2008-2012-ch.pdf。

维也纳领事关系公约案(巴拉圭诉美国)[①]

1992年9月1日,美国弗吉尼亚州警方以涉嫌谋杀逮捕了一名巴拉圭籍公民,并于1993年8月判处其死刑,定于1998年4月14日执行。在整个的逮捕和审判过程中,美国方面均未向这名巴拉圭籍公民告知其根据1963年《维也纳领事关系公约》所应享有的权利。1996年,该巴拉圭公民设法和本国驻美的领馆取得联系,并寻求帮助。但巴拉圭领事所进行的外交、法律等多方努力均告失败。最后,巴拉圭被迫于1998年4月3日向国际法院起诉美国违反《维也纳领事关系公约》的义务,并请求法院采取适当的临时措施,在本案结束前暂时中止美国对其公民的死刑执行。

1998年4月9日,国际法院一致通过一项命令,要求美国采取它可采取的一切措施,以便在巴拉圭提起的诉讼作出最后裁决之前,阻止处决乌拉圭公民。国际法院在其命令中还要求美国通知它为执行这一命令所采取的一切措施。

国际法院就联合国专门机构提交的法律问题提供咨询意见

2012年2月1日,国际法院对国际劳工组织(International Labour Organization,ILO)行政法庭就针对国际农业发展基金(International Fund for Agriculture Development,IFAD)的指控作出的第2867号判决提供了咨询意见。[②] 其中,国际法院认定它具有管辖权,并可根据请求发表咨询意见。法院指出,其所收到的请求是,要求法院对国际劳工组织行政法庭就赛斯·加

---

① "维也纳领事关系公约案(巴拉圭诉美国)(临时措施)",参见《国际法院判决、咨询意见和命令摘要(1997—2002年)》,https://www.icj-cij.org/files/summaries/summaries-1997-2002-ch.pdf。

② "国际劳工组织行政法庭就针对国际农业发展基金案的指控作出的第2867号判决",参见《国际法院判决、咨询意见和命令摘要(2008—2012年)》,https://www.icj-cij.org/files/summaries/summaries-2008-2012-ch.pdf。

西亚(Saez García)女士的雇佣合同所作判决的有效性提供咨询意见。

赛斯·加西亚自2000年3月15日在国际农业发展基金推动设立的全球机制(该机制的目的是为发展中国家调动和传送财政资源)担任方案干事(后为主管)。全球机制执行主任在2005年12月5日备忘录中通知她,她的员额将被裁,她的合同在2006年3月15日到期后不会被延长。赛斯·加西亚随后就执行主任的决定向基金联合申诉委员会提出上诉。2007年12月13日,基金联合申诉委员会一致建议恢复赛斯·加西亚原职,并补偿她损失的薪金、津贴和应享权利。2008年4月4日,基金总裁拒绝这些建议。赛斯·加西亚于2008年7月8日向国际劳工组织行政法庭提诉,要求法庭撤销"农发基金总裁拒绝接受控诉人上诉结果的决定"、命令恢复她的职位和裁定各项金钱补偿。法庭在其2010年2月4日的判决中裁定"撤销总裁2008年4月4日的决定",并命令赔偿损失和支付其他费用。

国际法院法官在其提供的咨询意见中一致认为,国际劳工组织行政法庭,根据其规约第二条规定,有权审理2008年7月8日委内瑞拉国民赛斯·加西亚女士对国际农业发展基金提出的指控;国际劳工组织行政法庭在其第2867号判决中所作的裁决是有效的。

自1946年成立以来,国际法院已审理了120多个案件。其中80%是国家之间的诉讼案件,20%是联合国机关或专门机构要求发表咨询意见的案件。历史表明,同国际局势高度紧张的时期相比,在缓和时期,诉诸法律更为经常。① 而在履行职能的过程中,国际法院加强了国际法在国际关系中的作用,而且促进了国际法的发展。② 最为典型的例子是海洋法的形成与发展。1958年《领海及毗连区公约》和1982年《联合国海洋法公约》的起草

① "国际法院常识问答",https://www.icj-cij.org/files/questions-and-answers-about-the-court/questions-and-answers-about-the-court-ch.pdf。

② 主权国家的活动曾是国际法发展的唯一源头。然而,这种现象在20世纪以来特别是第二次世界大战以后有了重大的变化。国际组织的实践与发展,不但构成国际法本身发展的一部分,而且成为促进国际法发展的主要动力之一。这主要体现在以下几种形式:多边条约(宪章、协定、规约等),决议,判决,编纂。

者都借鉴了国际法院的判例。[1] 与此同时,有关判例还明显影响了联合国为统一和编纂海洋法而举行的会议。

需要指出的是,国际法院或相关国际法庭,如常设仲裁法院(Permanent Court of Arbitration,PCA)、国际海洋法法庭(International Tribunal for the Law of the Sea,ITLOS),并不拥有国内法范畴中"最高法院"的地位。对于国际法院而言,其所受理的诉讼请求是由国家而不是由个人提出;而在执行方面,没有一个国际行政机构来确保相关各方服从国际法院的有关决定。

(三)国际原子能机构的作用

如果像大多数评论所描述的那样,国际原子能机构只是作为反对核武器扩散的先锋,这是不够准确的。事实上,该机构的主要使命是推动民用核技术活动。[2] 1957 年作为联合国的一个自治机构成立的国际原子能机构,是联合国系统内唯一拥有核技术专门知识的组织。因此,它有能力帮助所有国家特别是发展中国家从核科学技术的和平、安全和可靠利用中获益。正如《国际原子能机构规约》所申明的,"鼓励和援助全世界和平利用原子能的研究、发展和实际应用;遇有请求时,充任居间人,使机构一成员国为另一成员国提供服务,或供给材料、设备和设施;并从事有助于和平利用原子能的研究、发展、实际应用的任何工作和服务"。[3]

在实际层面,国际原子能机构在世界范围内有关核技术和平利用领域发挥了无以替代的作用。中美洲国家危地马拉是世界慢性营养不良率最高的国家之一,解决这个问题是政府的一个主要优先事项。国际原子能机构支持和帮助危地马拉和其他成员国获得制订或改善其营养计划所需的信息

① "国际法院常识问答",https://www.icj-cij.org/files/questions-and-answers-about-the-court/questions-and-answers-about-the-court-ch.pdf。

② Guillaume Devin, *Making Peace: The Contribution of International Institutions*, New York: Palgrave Macmillan, 2011, p.49.

③ 《国际原子能机构规约》,https://www.iaea.org/sites/default/files/statute_ch.pdf。

和数据。得益于此，危地马拉科学家和卫生工作者现在能够确定该国儿童营养不良的原因和后果，使决策者能够制订防治肥胖和发育迟缓的策略。2013 年，国际原子能机构派出了一个国际专家小组，帮助土耳其评估其实施安全和可靠的核电计划的准备情况。这次工作组访问涉及 25 个土耳其机构，提供了建议和意见，并确定了一些好的做法。①

除了上述方面，国际原子能机构又是制止核武器扩散、加强核安全保障的全球性平台。原子能机构通过其"视察体系"核查成员国根据《不扩散核武器条约》以及其他防扩散协定履行其将核材料与核设施仅用于和平目的的承诺情况。对此，《国际原子能机构规约》对其职权与成员国的义务作出明确的规定，即"派遣由机构与接受国商议后指定的视察员前往该国领土，视察员应能随时随地取得任何资料，并与因工作关系而涉及本规约规定必须实施安全保障的材料、设备或设施的任何人接触，以便对所供原材料与特种裂变材料及裂变产品进行衡算计量，并查明该国是否履行第十一条 F 款第 4 项所称不用于推进任何军事目的的承诺，是否遵循本条（第十二条）A 款第 2 项所称的健康与安全措施，以及是否履行机构与有关的一个或几个国家在协定中规定的任何其他条件。机构所指定的视察员，遇有关国家请求时，应由该国当局的代表随行，但不得因此拖延或以其他方式阻挠视察员行使职责"②。

需要指出的是，国际原子能机构在防止和制止核扩散领域的职能和效力，主要是依赖于成员国遵从的意愿和活动。在 20 世纪 90 年代，南非决定主动放弃核武器计划，并随后加入《不扩散核武器条约》。1991 年 11 月，国际原子能机构对南非派出小组进行检查，在经过 21 个月的核查之后，国际原子能机构肯定了南非对核装置硬件的拆除和销毁的彻底性，以及把双重用途的装备和设备重新安排到去核化或者核能的和平利用等方面。国际原子能机构还接收了南非剩余的浓缩核燃料并且将相关的设备封存，从而为

① 参见《国际原子能机构通报》（2015 年 3 月），https://www.iaea.org/sites/default/files/bull561_mar2015_zt.pdf。

② 《国际原子能机构规约》，https://www.iaea.org/sites/default/files/statute_ch.pdf。

非洲无核区的建立打下了坚实的基础。显然，南非去核化的过程代表的是个案和特例。而在大多数情况下，国际原子能机构会向签署了《不扩散核武器条约》的主权国家派出观察员，由这些观察员监督各国的核工业发展、做出评估，并向国际原子能机构提交报告。一旦发现有个别国家企图发展核武器，那么国际原子能机构就会对其进行核技术以及材料封锁；如果该国继续一意孤行，那么国际原子能机构总干事就会向联合国安理会提交报告，由安理会出台包括制裁在内的有关措施，而此时国际原子能机构则更多负责一些技术层面的事务。从这个角度来看，国际原子能机构在有效防止和制止核扩散领域的作用又是相对有限的。正如相关研究指出的，在处理伊朗核问题的进程中，国际原子能机构显示出"脆弱的自主权"，它甚至总是严重依赖于美国自身应对核威胁的战略需要。①

（四）上海合作组织的作用

在苏联解体、全球性冷战和两极格局终结之后，中亚地区的政治、经济形势以及安全环境发生了深刻变化。中国积极推动与俄罗斯和中亚地区邻国的合作从双边走向多边，积极推动"上海五国"合作机制发展为"上海合作组织"。

"上海五国"合作机制和"上海合作组织"建立后，成员国在平等参与和协商的基础上，不仅以合作的方式解决了历史遗留的争议边界问题，而且这一框架继续支撑各方在打击恐怖主义、分裂主义、宗教激进主义以及维护边境地区稳定等领域进行政策协调。这样一来，在一个存在不同文明背景、多个新生国家的中亚地区，国际性制度安排帮助汇聚了共识，培育并传播了合作理念。

"上海合作组织"在地区错综复杂的形势中迅速成形，其中，以组织机构和运行机制为核心的制度化建设发挥了重要作用。从一系列会议机制（如国家元首会议，政府首脑会议，外交部长会议，涉及能源、经贸、教育、科技等领域的各部门领导人会议等）的设立到两个常设性机构（北京的秘书

---

① Guillaume Devin, *Making Peace: The Contribution of International Institutions*, pp.64-65.

处和乌兹别克斯坦塔什干的反恐中心）的启动，“上海合作组织”迅速推进的制度化，既是成员国持续开展互动关系的基本依托，也是有关各方不断深化合作关系的有效保障。

在推进和拓展合作议程方面，在其成立之初，“上海合作组织”主要致力于地区多边协调性合作安全议题，即成员国通过对话、协调、合作，加强彼此信任，消除组织区域内的威胁，实现内部的稳定与安全。在此基础上，“上海合作组织”框架下的多边合作超越单纯的“反恐”和安全合作等议题，走向全方位和多领域，包括经济技术、能源、基础设施建设以及人文领域的合作。

在规范塑造方面，“上海合作组织”倡导新型安全观、新型国家间关系、新型地区合作模式。新型安全观倡导互信、互利、平等、协作，倡导共同安全的目标，并通过灵活和多样的、合作的方式实现成员在传统安全和非传统安全等方面的利益诉求。新型安全观是新型国家间关系的催化剂，后者要求“上海合作组织”成员国结伴而不结盟，包容而非排他，尊重多样文明，谋求共同发展。新型地区合作模式则意味着“上海合作组织”成员国在平等基础上的协调与合作，即不论国家大小或承担会费的多少，“所有成员国一律平等，在相互理解及尊重每一个成员国意见的基础上寻求共识；在利益一致的领域逐步采取联合行动。”①

在塑造成员国的双边关系层面，“上海合作组织”能够发挥显著作用。就中俄关系而言，由于“上海合作组织”的存在，中俄在中亚建立起携手合作的双边关系，减少了两国在这一地区可能的猜疑和冲突，为两国战略协作伙伴关系的发展准备了良好的基础。在印度和巴基斯坦加入后，“上海合作组织”为包括中印、印巴等八个成员国进行持续对话、沟通与合作提供渠道和平台，进而为各方在敏感和高级政治领域展开良性互动开辟通道。尽管有关各方的双边关系中不乏问题和挑战，但地区制度框架下的互动、合作具有内生性特征。

---

① 《上海合作组织宪章》（2002 年 6 月 15 日），http://www.sectsco.org/CN11/show.asp?id=162。

第四章　依附还是自主？国际组织的角色

美国历史学家入江昭(Akira Lriye)在《全球共同体:国际组织在当代世界形成中的角色》①一书中描述了两种情形:

那些通过考察外交(政治和经济)和战争来研究国际关系的著作似乎有这样一个基本的假定:国际事务被视为是各民族国家活动的综合,为了保障各自的利益,同时提高它们在世界上的权力地位,各民族国家一方面在相互间进行协商,另一方面也在为可能的利益冲突做准备。在这样一种无政府主义的形势下,国际组织只是用以实现国家利益的工具、促进国家利益的手段,而没有其他任何重要性。

重视考察国际组织作用的人们假定存在另一个世界,一个由跨越国家边界的各种力量生成的世界。这些力量创造出一个有着共同利益和关切的网络,它超越了各国不同的利益和关切。在这里,国际组织以不同于主权国家的方式发挥其影响。国际组织有效反映了跨国性的关切,推动跨国合作,并进而加强了人类全球范围内相互依存的意识。概言之,国际组织作为完全独立的国际行为体,能够自主运行并发挥作用。

本章集中探讨的问题是,在一个变化的世界中,国际组织到底扮演了什么样的角色?依附于国家还是自主行为体?哪些因素塑造了它的具体角色?

---

① [美]入江昭:《全球共同体:国际组织在当代世界形成中的角色》,刘青等译,社会科学文献出版社2009年版,第5—8页。

一、国家利益代言人

国际组织是国家及其利益的代言人？

正如研究国际组织的一种观点所认为的，国际组织不过是建立于国家之间的契约的产物，国家之间相互谈判以建立国际组织并赋予其明确的权力和规则；即使国家同意国际组织对其行动自由的某些限制，它们依然能够在考虑自身利益的时候，决定是否遵从相关的规则。① 显然，至少在“契约论者”看来，相对于处于中心地位的国家，国际组织处于从属地位，是国家权力的“衍生物”，是国家利益的“服务员”。

很多现实主义者明确认为，国际组织是国家行为体，尤其是大国实现国家利益和外交政策目标的工具。经典现实主义大师汉斯·摩根索提出，国际政治像一切政治一样，是追逐权力的斗争；无论国际政治的终极目标是什么，权力总是它的直接目标。因此，国际组织被认为是国家“保持权力、增加权力和显示权力”的手段；或者是充当了国家权力或有关战争行为的限制因素。② 在新现实主义者看来，尽管国际组织确实存在而且数量还在不断增加，但是它们将无力采取任何行动，除非它们得到了有关大国的支持，或者至少是默许；③“国际制度是由建立和维持这些制度的国家所塑造和控制的，制度自身几乎没有独立的影响力”④，其作用取决于最强大国家的意图。吉尔平的“霸权稳定论”则强调，国际机制是霸权国供应的公共产品，霸权国家提供国际机制的目的是维持国际秩序、以低成本保证自己的国家利益。这样一来，霸权国家的实力就成为国际机制存在与运行的基础。

① Ian Hurd, *International organizations: Politics, Law, Practice*, pp.25-27.

② 参见[美]汉斯·摩根索：《国家间政治：权力斗争与和平》，第 55、76 页。

③ [美]肯尼斯·华尔兹：《国际政治理论》，信强译，上海人民出版社 2003 年版，第 118 页。

④ Kenneth N.Waltz, “Structural Realism after the Cold War”, *International Security*, Vol.25, No.1, 2000, p.18.

从实际情况来看,研究认为,联合国在其成立后的前8年里(1945—1953年),由于以美国为代表的西方阵营国家在当时占据了多数席位,世界上最为重要的国际组织成为美国外交的工具。① 在此期间,美国利用联合国实施对苏"遏制"政策;利用联合国催生了印度尼西亚和以色列;利用联合国组建以其为首的"联合国军",进入朝鲜战争,并污蔑中国为"入侵者";美国还一再操纵联合国排除中华人民共和国在安理会的合法席位。

难以否认,联合国在冷战时期经常成为美苏争霸的工具,并且为两个超级大国的霸权利益和外交战略服务;但在当今,已没有任何一个国家力量完全掌控包括联合国在内的国际组织,并使其成为国家利益的代言人。

二、多边互动的场所

国际组织作为多边互动的场所,是对其角色的另一种描述。国际组织的这一角色,延续了历史上大多数国际会议所承载的功能,即让有关各方聚在一起就相互关切的利益纷争以及共同面对的挑战和问题等讨论、争论、合作或者提出不同意见。在此背景下,国际组织未必是一个正式的参与者,但它提供了组织经验、后勤保障,提供了支撑平台。

联合国大会是联合国的重要机构。联大一般性辩论给会员国提供了平等讨论国际问题的机会,各国代表均可利用这一良机展示自己,阐明立场和观点,发出呼吁和倡议。一般性辩论也是各国加强团结,从而共同应对困难和挑战,共建美好未来的重要场所。联大没有为一般性辩论发言时间做任何强制性限制,但为了给所有联大会员国平等表达的机会,联大建议一般性辩论期间所有发言者自愿把时间控制在15分钟以内。为帮助发言者按照时间进度发言,演讲台上会安装一个灯光提示装置!

当世界各国齐聚联合国讨论全球重大问题时,很多领导人总会留下一些值得纪念的演讲,有的热情洋溢,有的满怀深情,有的激动人心,甚至有的

① Clive Archer, *International Organizations*, 2001, p.69.

有些“过激”。古巴前领导人菲德尔·卡斯特罗（Fidel Castro）1960年在联合国大会一般性辩论中的初次演讲就持续了四个半小时，创造了最长演讲纪录。在2006年的一般性辩论发言中，时任委内瑞拉总统查韦斯（Hugo Rafael Chávez Frías）主要针对美国外交政策对美国总统小布什（George Walker Bush）进行了谴责。他在谈到前一天出席联大会议的小布什时说，“昨天，魔鬼来到这里。就在这里，就在这里。今天这里还有硫磺的气味，就在我面前的这张桌子那儿。”2009年，查韦斯则在联大演讲中笑言，奥巴马在这儿发过言，不过现在这儿可没有硫璜味，而有一种较好的气味：希望。

中国是联合国创始成员之一，中国国家领导人曾多次在联合国大会上发表演讲。1974年，时任国务院副总理邓小平出席联合国大会第六届特别会议并在大会一般性辩论中发言，成为首位登上联合国讲坛的中国领导人。他在会上详细阐述了“三个世界”理论，庄严声明，中国是一个社会主义国家，也是一个发展中的国家，属于第三世界，中国坚决反对任何形式的霸权主义，自己也决不搞霸权主义。这个表态震动全场，尤其是使广大发展中国家得到了极大鼓舞。

显然，作为多边互动的场所，国际组织的这一角色是中性的，既没有上文所述的从属性，也没有下文分析的自主性。

三、自主行为体

（一）自主性

所谓自主，简单地说，就是自己作主，不受他人支配。自主不仅是一种权利，更是一种能力。国际组织作为自主行为体，意味着它拥有依法独立地享受权利并且承担义务的一种资格，享有为达成其宗旨、执行其职能所必需的权利能力和行为能力。国际组织的自主性和独立性，又是相对的。一方面，国际组织在一定范围内作出并执行其决策时，能够不受外部力量（如国家行为体）的干扰和支配；另一方面，国际范围内各种政治力量之间的相互影响(或干扰)又是一个不争的事实,绝对意义上的独立是不存在的。

毫无疑问,在我们谈论"联合国应该在维护国际安全领域发挥更大作用"、"石油输出国组织(Organization of the Petroleum Exporting Countries, OPEC)提高了石油价格"时,相关国际组织被认为是自主行为体。与之类似,2009 年 3 月,当苏丹总统巴希尔(Omar Hasan Ahmad Al-Bashi)因被指控犯有战争罪和危害人类罪而受到通缉时,国际刑事法院(International Criminal Court,ICC)的自主性得到充分体现;这也是该组织自 2002 年成立以来首次对一个国家的现任元首发出逮捕令。在此之后,国际范围内许多国家作出了不同的反应。有些国家接受 ICC 的决定并准备予以执行,有些国家予以漠视或者不认同 ICC 的决定。无论如何,相关事实显示出 ICC 是独立于国家之外的自主行为体。

就其国际地位而言,作为国际法主体之一,国际组织拥有与国家行为体或相互之间缔结条约的"缔约权"、"使节权"(国际组织有权接受成员国常驻或临时代表机构以及非成员国、其他国际组织的观察员机构;同时,国际组织也有权向成员国、非成员国、其他国际组织和国际会议派遣常设使团或特别使团)、"继承权"、"求偿权"和"国际责任"等。此外,国际组织已越来越多地取代主权国家成为有关国际会议的发起者和主办方;国际组织为职员履行国际职能之必要和便利,向他们颁发用作出入有关国家通行证的旅行证件。上述事实是国际组织法律人格的具体体现,同时显示出国际组织的自主性。

(二)权威性

如果说自主性是国际组织独立发挥作用的前提条件,那么权威性则是国际组织自主性的根源和保障。国际组织代表了世界政治中的一种"权威",并在此基础上影响世界政治。权威不仅包括促使人们去做那些他们在其他情况下不会做的事情的能力,它还经常包括告诉人们什么是正确的事情;权威最突出的特征之一就是它需要其他行为体某种程度的同意,即尊重、默许甚至是屈服。[①] 借鉴相关研究提供的分析框架，下文对国际组织作为一种权威的四种具体表现形态予以阐释。

1. 理性—合法权威

一般而言，理性是对目标与手段之间关系的描述。正如塔尔科特·帕森斯(Talcott Parsons)所说的，理性行为意味着对条件允许的目标进行追求，其手段被经验科学证明属于可选范围和本质上最适合于对这个目标的追求。[②] 当联合国安理会一致通过了关于朝鲜核试验问题的第1718号决议(2006年)、要求朝方放弃核武器和核计划并决定对朝采取相关制裁措施时，或者当联合国及其相关机构推动《巴黎气候变化协定》(2015年)的签署、为2020年后全球应对气候变化行动作出安排时，我们认为，上述以联合国为代表的国际组织的行为是理性行为，即其目标是可取的，而实现目标的手段或方式是可行的。类似地，"亚洲基础设施投资银行"的权威性乃在于切实有能力满足有关方面的需求，即通过在基础设施及其他生产性领域的投资，促进亚洲经济可持续发展、创造财富并改善基础设施互联互通。

合法性指的是一个行为体对一种统治或者一项制度应当被遵守的信念；这种信念必然是规范性的和主观性的，且并不必然与其他行为体所共享；它对于行为是有影响的，因为它的存在改变了行为体关于如何应对统治或者制度的战略考量。[③] 国际组织作为理性—合法的权威，是因为其建立与运行是建立在国际法、国际规则的基础之上的。一方面，宪章、协定、规约等保障了相关国际组织建立的合法性；另一方面，国际组织在具体运行过程中，"输入合法性"与"输出合法性"保障和提升了国际组织的权威性。[④]

在此，"输入合法性"主要涉及制度设计中的决策程序，强调组织成员可以平等地参与到规则的制定中，可以对国际组织的决策公平地施加影响；

---

① [美]迈克尔·巴尼特、玛莎·芬尼莫尔：《为世界定规则：全球政治中的国际组织》，第29页。

② Talcott Parsons, *The Structure of Social Action*, New York: Free Press, 1966, p.19.

③ [美]伊恩·赫德：《无政府状态之后：联合国安理会中的合法性与权力》，第40页。

④ See Jens Steffek, "The Output Legitimacy of International Organizations and the Global Public Interest", *International Theory*, Vol.7, No.2, 2015, pp.263-293.

“输出合法性”意味着国际组织可以产生出符合公共利益的结果，即国际组织本身是一种满足各国需求、改善各国福祉的公共物品，国际组织产出的结果符合其成员的共同利益，而不是仅仅为个别成员的利益服务。

2. 授予性权威

对于大多数政府间国际组织而言，其权威性的来源之一是成员国以某种形式的“授权”，国际组织代表成员国的集体意志而拥有一定的权威。比如，联合国安理会的权威。《联合国宪章》第二十四条载明，“为保证联合国行动迅速有效起见，各会员国将维持国际和平及安全之主要责任，授予安全理事会，并同意安全理事会于履行此项责任下之职务时，即系代表各会员国。”①

国际组织的相关研究尤其是“委托—代理”（Principal-agent）理论对其授予性权威提供了较为丰富的认识。研究认为，基于“效率”、“合法性”等考虑，国家愿意赋予国际组织以实质的独立性；②国家经常把那些自己解决不了和所掌握的知识有限的任务委托给国际组织。国际组织作为国家（即委托人）的代理人，为了完成被委托的任务，也必须通过某些方式成为自主性的行为体；否则，国际组织就无法胜任其角色。此外，国家给予国际组织的指令经常是模糊的、宽泛的或者冲突的。国际组织可能在自行裁量的范围自主地采取行动，在国家利益不明确或者比较脆弱的时候推动国家的利益观或者判定政策趋向，有时甚至推动与某些国家利益相反的政策。③

当然，从道理上讲，作为委托人的国家可以随时收回其“授予性权威”，然而，这样做往往会有很高的成本，而且在操作层面上较为困难；毕竟，作为

① 《联合国宪章》（第五章），http://www.un.org/zh/sections/un-charter/chapter-v/index.html。

② Kenneth W.Abbott and Duncan Snidal, “Why States Act through Formal International Organizations”, *The Journal of Conflict Resolution*, Vol.42, No.1, 1998, p.5.

③ 参见张建宏、郑义炜：《国际组织研究中的委托代理理论初探》，《外交评论》2013 年第 4 期；刘宏松：《国际组织的自主性行为：两种理论视角及其比较》，《外交评论》2006 年第 3 期；[美]迈克尔·巴尼特、玛莎·芬尼莫尔：《为世界定规则：全球政治中的国际组织》，第 32 页。

代理人的国际组织同时拥有多个而不是一个“委托人”。

3. 道义性权威

1994 年 6 月，英荷皇家壳牌石油公司不顾舆论反对，要把高 140 米的废弃的海洋油井平台沉入大西洋海底。国际非政府组织“绿色和平”的四名勇士横卧于即将葬身海底的平台上，用自己的血肉之躯捍卫海洋环境的清白。“绿色和平”的行动最终赢得公众舆论和五个欧洲国家政府的支持，壳牌石油公司被迫放弃了就地销毁石油井架的念头。壳牌石油事件的胜利极大地鼓舞了“绿色和平”及其支持者。

上述事实以及类似的情况，显示出国际组织所拥有的道义性权威。事实上，国际组织的创立经常旨在体现、服务或者保护某种广泛共享的原则，并且经常利用这种地位作为权威性行动的基础；它们经常宣称自己是国际社会利益的代表或者国际社会价值的捍卫者，而这样的代表性立场有助于产生某种自主性；此外，国际组织经常通过把它们对世界的关切与国家服务自我的诉求加以比较的方式，强调它们的中立性、公正性和客观性。①

需要指出的是，人们对道义或道德的内涵通常难以寻求完全的一致，因为其含义的界定往往因人而异，尤其是因文化的不同而不同，但“不同阶级的道德论还是有一些共同的东西的”（恩格斯语）。当代，伴随着技术的进步和全球性问题的凸显，道义问题变得更加重要，也更容易引起人们的关注。由此，道义性权威将赋予国际组织在更大范围的自主性和影响力。

4. 专家权威

很多国际组织的实质性工作是由各专业或专家委员会来完成的。比如，经济合作与发展组织（Organization for Economic Co-operation and Development，OECD）共有约 200 个委员会、工作组和专家小组，700 多名经济学家、律师、科学家和其他专业人员从事研究和分析工作，帮助成员国政府制定和协调有关政策，促进成员国经济和社会的发展。国际海事组织（Inter-

---

① ［美］迈克尔·巴尼特、玛莎·芬尼莫尔：《为世界定规则：全球政治中的国际组织》，第 33 页。

national Maritime Organization，IMO）设有海上安全、法律、海上环境保护、技术合作、便利运输等5个委员会，制定和修改有关海上安全、防止海洋受船舶污染、便利海上运输、提高航行效率及与之有关的海事责任方面的公约；交流上述有关方面的实际经验和海事报告；为会员国提供本组织所研究问题的情报和科技报告。

国际组织因其在功能性合作领域拥有专业知识和专门人才而赢得权威的地位。正如相关研究指出的，一方面，我们希望重要的社会性任务由那些具有相关的详细和专业知识的人员完成：核武器的扩散得到物理学家和工程师的监控，医生和公共卫生专家掌控流行疾病等；另一方面，国际组织的工作人员通过强调他们所掌握知识的“客观性”，能够使得自己表现为技术统治者，能够使得国际组织通过形成非政治化的外观而变得强大。①

综上所述，我们认为，国际组织可能有几种不同角色。一种情况下，国际组织的权威来自成员（尤其是成员国）的授予，没有保障政策执行的直接物质手段，缺乏行之有效的强制机关，只能依靠成员的协商一致，采取间接手段，行为能力不足，甚至经常成为个别成员处理对外关系的工具；另一种情况下，建立在超越个体的共同利益基础上的国际组织能够起到单个国家无法发挥的独特的作用，是国际关系的独立参与者和自主行为体。当然，我们还应该注意到：随着时间的流逝，国际组织会获得属于自己的活力和自主性。此外，国际组织也作为多边互动的场所而存在。毫无疑问，国际组织的多种角色反映了变化世界的现实。

---

① ［美］迈克尔·巴尼特、玛莎·芬尼莫尔：《为世界定规则：全球政治中的国际组织》，第34—35页。

第五章　一种结构性权力：国际组织中的权力分布

传统上，国家一直被认为是国际社会的主要行为体，国际关系研究以国家行为体为中心。当代国际社会的一个重要特点，是形形色色的国际组织的存在与发展，并对人类生活的各个领域产生着深刻的影响。毫无疑问，以国际组织为本体，分析国际组织的作用和角色是理解全球政治的重要维度。然而，我们一直注意到：国际组织与国家行为体存在密切的互动，这不仅彰显于国际组织的运行特点，而且融入了有关国家的对外战略。

本章使用权力以及相关概念作为分析工具，探讨国际组织中的权力分布，并在此基础上以代表性的国际组织（机制）为例具体考察各国参与其中的深度与广度，比较分析有关国家在国际组织中的权力地位和影响力。

一、国际组织中的国家权力

（一）权力与结构性权力

权力经常被认为是某行为体为改变其他行为体的行为而施加的影响或施加影响的能力，而这种能力改变各种特定的未来事件的模式。正如罗伯特·达尔（Robert A.Dahl）指出的，权力在某种程度上意味着“让别人去做某些他们自己本不会去做的事情的能力”①。在这里，一种“关系性权力”会在行为体的行动或者行为体间的互动中直接显现出来，即“国际行为体实现了关于偏好和预期的信息的互动，并完成了对各自所拥有的资源和事件的控制权的交易，从而获得了解决自身所面临问题的行动能力，同时还实现了对他者行动的影响、控制和支配”②。由于影响、控制或支配其他国家行为体的能力常常和某些资源的占有联系在一起，现实主义学者倾向于将权力定义为资源的占有。这些资源包括人口、领土、自然资源、经济规模、军事力量和政治稳定性等。

对于无政府体系下的国家而言，权力意味着一国能够依托其拥有的物质资源以实现对外政策目标，尤其表现为“使得他国去做某些否则不会去做的事情”。如结构现实主义指出的，在体系中享有更大权力的国家可以拥有更为广阔的行动余地和安全余地，并对于进行何种博弈以及如何进行更具有发言权；巨大的权力使其拥有者在体系中具有重大利益，并赋予其为实现利益而采取行动的能力。③

然而，难以否认的是，那些拥有一定资源的国家并不总是能够在战略互动或谈判博弈中得到他们想要的结果，进一步来看，一个国家日益提升的经济和军事实力并不会自然而然地转化为它在国际社会中的权力和影响力。事实上，很多因素决定了国家权力的来源和形式，有些因素是有形的、直接的，有些因素则是间接的或可称为“结构性”的。

正如苏珊·斯特兰奇(Susan Strange)指出的，结构性权力是形成和决定全球各种政治经济结构的权力，其他国家及其政治机构、经济企业、(同样重要的是)科学家和别的专业人员，都不得不在这些结构中活动。④ 与此同时，

---

① Robert A. Dahl, “The Concept of Power”, in *Behavioral Science*, Vol. 2, No. 3, 1957, pp. 202-203.

② 马骏：《国际关系中的“权力”问题——关系性权力观的视角》，《国际政治研究》2007年第4期。

③ [美]肯尼斯·华尔兹：《国际政治理论》，第262—263页。

④ [英]苏珊·斯特兰奇：《国家与市场》，杨宇光等译，上海人民出版社2012年版，第21页。

结构还赋予行为体以不同的位置和角色,将不同的能力和权益分配给各主体,而且塑造相关行为体的自我认知和主观利益。① 由于既定结构的存在,国家行为体的行为方式和政策选择就会受到不同程度的影响。这就意味着,“如果秩序失衡或互动机制结构不利,即使拥有显而易见的硬权力和软权力,一个国家也会被其他国家的结构性权力所掣肘;与此同理,即使一个国家的硬权力和软权力相对下降,它也可通过有利的结构杠杆力在国际较量中取胜”②。因此,对于国家而言,结构性权力乃是形成和决定与其他行为体之间互动关系框架结构的能力,是决定办事方法、影响事态走向的能力。显而易见,如果有一方在相互关系中也能决定周围环境的结构,无论是制度性的还是规范性的,那么各方在相互关系中的相对权力就会增大或减少。

冷战结束之后,在主权国家间的互动关系日益“制度化”的背景下③,一系列覆盖不同互动领域的国际组织和多边机制已成为结构性权力的重要载体,因此也是结构性权力在国家之间分配的主要场所。这种结构性权力尤其体现为制度性话语权。制度性话语权融合了制度性权力和话语权两个部分,两者相辅相成。制度性权力主要是指通过规则、程序及其所界定的正式或者非正式的制度来指引、约束他者的行动(或非行动)的能力。④ 话语权则意味着一方有能力去影响和塑造他者思考问题或议程的方式,尤其是有能力倡导和传播一套话语和理念作为集体行动的向导,并借助它们对于互动进程中的规范和规则予以解释和再解释。

(二)国家权力在国际组织中的表现形态

1. 国际组织的参与和构建

从体系层面来看,国际组织和机制的产生和发展,通常反映了国际权力

① Michael Barnett and Raymond Duvall, eds., *Power in Global Governance*, p.18.

② 蔡亮、宋黎磊:《从“和”到“和谐世界”的变奏:中国结构性权力中的知识性权力和外交战略刍议》,《国际观察》2010 年第 3 期。

③ Lisa L.Martin, “An Institutionalist View: International Institutions and State Strategies”, in V.Paul and John A.Hall(ed.), *International Order and the Future of World Politics*, Cambridge University Press, 1999, p.78.

④ Michael Barnett and Raymond Duvall, eds., *Power in Global Governance*, p.15.

结构的新变化,同时承载着制度性话语权的再分配。正如人们所观察到的,“行为体利用框架来对事件加以定位,对问题进行解释,塑造对世界的共同理解,通过鼓动情绪来动员和指导社会行动,并且对目前的困境提出可能的解决方案。”①

国际组织与国家权力存在密切联系。一方面,国际组织能够为国家的权力和影响力的发挥提供支撑平台与联系渠道,有关国家只有参与其中,才有机会获得;另一方面,国际组织的建立不仅反映国家权力以及国家之间权力的分配,而且更为长久地维系了某些国家权力和影响力的持续。因此,那些在国际结构中处于有利地位的国家通常是既有制度框架的提供者和维护者。对于崛起中的国家而言,“改变结果的方式有两种:或者通过改变行为体可供利用的资源,或者通过改变规范行为的制度”②。由此,推进制度框架的延展,乃是有关国家拓展影响力的渠道和建构权力竞争的方式。

2. 互动议程的设置权

制度框架在其建立之后,客观上为各方寻求合作以更好应对它们共同关心的问题提供了场所和平台,但相关问题通常牵涉到不同国家的利益关切和发展战略,这就为互动进程中的议程设置提供了博弈空间。正如罗伯特·基欧汉等指出的,在国际层次上,国家和行为体“在各种论坛展示自己的观点”,并力图使自己关注的问题在国际组织中提出来,通过议程的扩大或缩小追求自身优势的最大化。③ 显然,在多边制度框架下的互动进程中,如何通过对合作议题的设计、提出、动员支持和组织落实等赢得集体行动中的主动权,进而实现自己偏好的国际目标,对于国家而言,这无疑是重要的,它甚至被看作是一个国家“维护和拓展权力

---

① ［美］迈克尔·巴尼特、玛莎·芬尼莫尔:《为世界定规则:全球政治中的国际组织》,第46页。

② Stephen D. Krasner, *Structural Conflict: The Third World Against Global Liberalism*, Berkeley: University of California Press, 1985, p.14.

③ ［美］罗伯特·基欧汉、约瑟夫·奈:《权力与相互依赖》,门洪华译,北京大学出版社2002年版,第34—35页。

的首要工具”①。

可以认为,一个国家在国际组织中的权力突出体现为议程设置权,即通过采取积极措施(如程序性措施)使得自己重视或偏好的议题得到充分考虑,从而有机会成为有关各方在制度框架下合作的基点,进而推动确立行动的方向和建立可接受的行动的界限。这样一来,国家的利益诉求和目标偏好就得到有效延伸和体现。

对于国家而言,制度框架下的议程设置以及对潜在议程的控制同样重要;这不仅意味着什么议题可以进入国际议程,可以获得优先关注,而且意味着哪些议题被排除于谈判进程和决策程序,或者将会处于边缘地位。巴克拉克(Peter Bachrach)和巴拉兹(Morton S. Baratz)就将后者称为“权力的第二层面”。②

3. 共享理念的倡导(话语权)

对于各种形式的制度框架而言,其建立与顺畅运行,需要一整套相应的“原则、规范、规则和决策程序”,这些是在国际关系某一特定问题领域里由各行为体的愿望或偏好汇聚而成的。偏好的汇聚无疑是一个谈判、说服和相互吸引的进程;而在此进程中,国家的权力就会以一种“软”和“拉”的形式更为深刻地显示出来。正如约瑟夫·奈所指出的,我们不需要强迫他人就可以得到自己想要的结果,“你可以通过塑造他人的偏好来影响其行为,而不是在事态变得严重时才依赖胡萝卜和大棒去改变其行为,得到自己想要的结果”。③

因此,在制度框架下的互动进程中,有关国家要想更为有效地发挥自身的话语权和影响力,就需要成为偏好结构的塑造者,尤其是共享理念的倡导者。相关理念不仅帮助界定了集体行动的目标指向,而且塑造了行动的具体进程,并深远地影响结果。如果某一个国家所倡导的原则、规范、规则和

① Steven G. Livingston, “The Politics of International Agenda-Setting: Reagan and North-South”, *International Studies Quarterly*, Vol.36, No.3, 1992, p.313.

② Peter Bachrach, Morton S. Baratz, “Two Faces of Power”, *The American Political Science Review*, 1962(4), p.948.

③ [美]约瑟夫·奈:《权力大未来》,王吉美译,中信出版社2012年版,第15页。

决策程序等具有吸引力，那么，在赢取合作的谈判进程中将不需要过多地行使代价高昂的强制性权力或者硬权力。如果某一个国家所倡导的理念得到广泛接受，成为制度框架下的主导性理念，那么，对于拥有共享理念的其他行为体而言，所谓的“权力关系”，即“A 让 B 去做一些 B 原本不会做的事情”，就不一定是或不需要是违反自身偏好或利益的事。换句话说，“通过塑造他者的认知、认识和偏好，使其接受在现存秩序中的角色”，你就能够让自己想要的结果也成为他人想要的结果。在史蒂文·卢克斯（Steven Lukes）看来，这是“权力的第三层面”①。

二、各国参与国际组织（机制）的比较分析

（一）联合国体系下的各成员国及其权力地位

1. 联合国安理会的制度设计

根据《联合国宪章》，安全理事会负有维护国际和平与安全的首要责任。安全理事会率先断定对和平的威胁或侵略行为是否存在；安理会促请争端各方以和平手段解决争端，并建议调整办法或解决问题的条件；在有些情况下，安全理事会可以实行制裁，甚至授权使用武力，以维护或恢复国际和平与安全。

安理会有 15 个理事国，包括中国、美国、俄罗斯、英国和法国等 5 个常任理事国，以及 10 个非常任理事国。每一个理事国有一个投票权，且每一理事国都必须始终有一名代表驻在联合国总部。

安理会 5 个常任理事国拥有否决权，即其拥有无限的权力以否定表决的内容或者禁止一项动议的通过。在联合国的历史上，否决权的实际使用及其不断被使用的可能性，都是安理会功能的一个核心特征，也是大国意志的表现。②

---

① Steven Lukes, *Power: A Radical View*, Basingstoke, Palgrave Macmillan, 2005, p.11.

② 应当认识到，否决权的实际使用，即联合国安理会任一常任理事国实际使用手中的“权杖”，有可能同时意味着该国实际权力和影响力的缺乏或衰落。

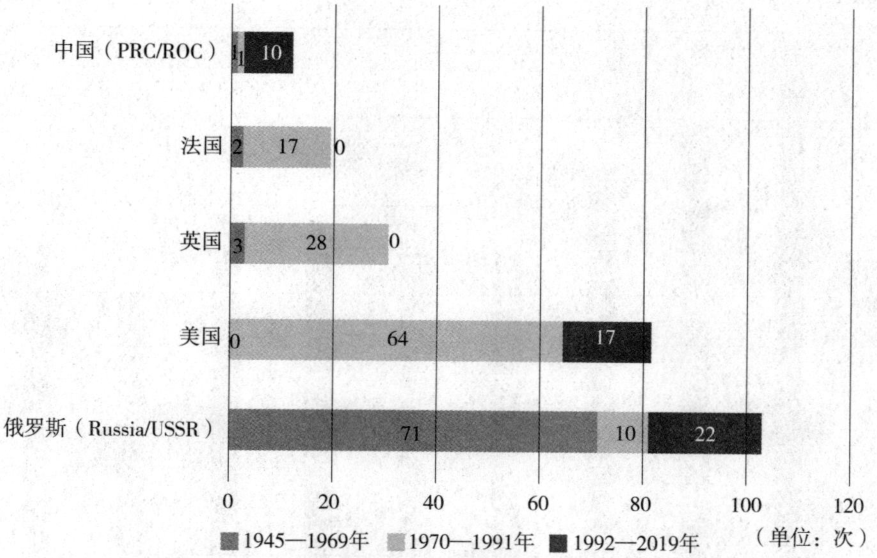

安理会五大常任理事国否决权的使用（1945—2019 年）

安理会非常任理事国由联合国大会选举产生，最初为 6 个，1965 年开始增加到 10 个。10 个非常任理事国，任期两年，每年更换 5 个，不能连选连任。联合国大会每年秋天选举产生 5 个非常任理事国，席位按地区分配，即亚洲 2 个、非洲 3 个、拉美 2 个、东欧 1 个、西欧及其他国家 2 个，并且需要获得联大三分之二多数票赞同。尽管非常任理事国在安理会不拥有否决权，但安理会作出决定需要获得包括常任理事国在内的 9 个理事国的赞成，因此非常任理事国在安理会当中仍有一定话语权。此外，非常任理事国和常任理事国在商定安理会日程和轮流担任安理会主席方面地位平等。同时，安理会的附属机构，如根据相关决议设立的各制裁委员会的主席都由非常任理事国担任。截至目前，有 60 多个联合国会员国从未担任过安理会非常任理事国，而一国担任非常任理事国席位的次数，大体可视为其国际地位的测量仪。

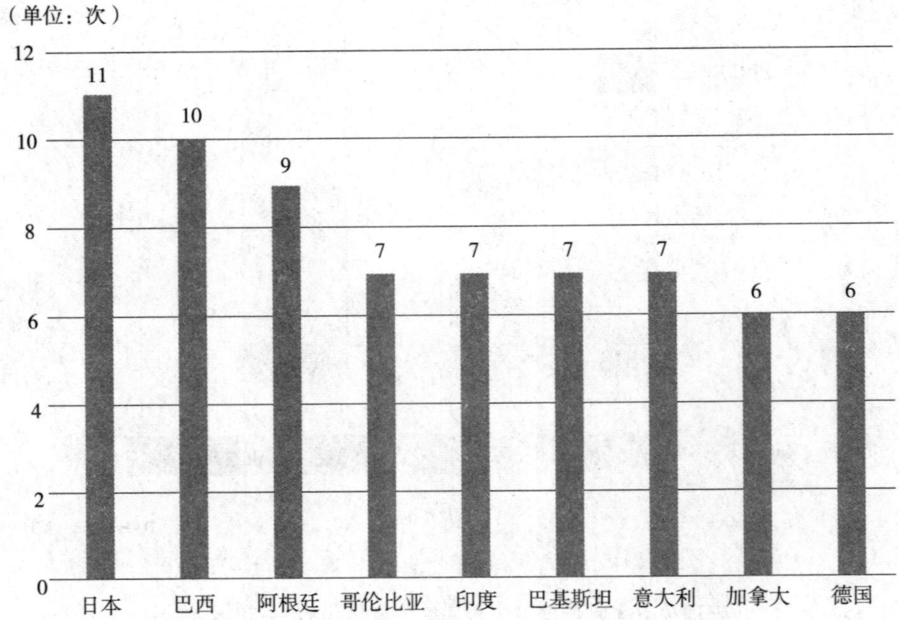

当选安理会非常任理事国次数较多的国家（1945—2019 年）

2. 联合国大会的制度设计①

联合国大会是联合国六大机构之一，是一个所有会员国拥有平等代表权的机构。联合国 193 个会员国都有代表出席这个特别的论坛，就发展、和平与安全、国际法等一系列宪章范围内广泛的国际问题进行讨论和合作。每年 9 月，所有会员国都会相聚纽约大会堂举行大会年会。

从制度设计的角度来看，在联合国的主要机构中，联合国大会最强烈地表达了主权平等的原则：每一会员国都有平等的机会参与有关议程的设置和谈判，在表决时都有且只有一个投票权。然而，每一个会员国的实际影响力未必是一样的。由于 193 个会员国之间客观存在的差异，诸如经济和财政资源、人力资源以及外交和谈判能力等因素将发挥作用。

在议程设置阶段，由一国单独或几个会员国共同向联大提出建议草案，

① Diana Panke，"The Institutional Design of the United Nations General Assembly：An Effective Equalizer?"，*International Relations*，Vol.31，No.1，2017，pp.3-20.

都是允许的,但不同国家的关注范围肯定是有差别的。相对而言,某些国家有动机和意愿,有资源和能力,提出更多的草案,以发起议程。在谈判阶段,各方将围绕建议草案交换看法,讨论有关文本的修改,相关工作通常是在联大的某一委员会①进行的。谈判阶段充满各种博弈,为会员国发挥各自的权力和影响力提供空间。在决策阶段,联大是在非正式、协商一致原则的基础上运作的,但每个国家都有权要求表决,一国一票。

正如下图所示,即使联大明确建立在"主权平等,一国一票"的基础上,但并不能避免在其运行过程中各国实力、利益和影响力的差异所带来的后果。

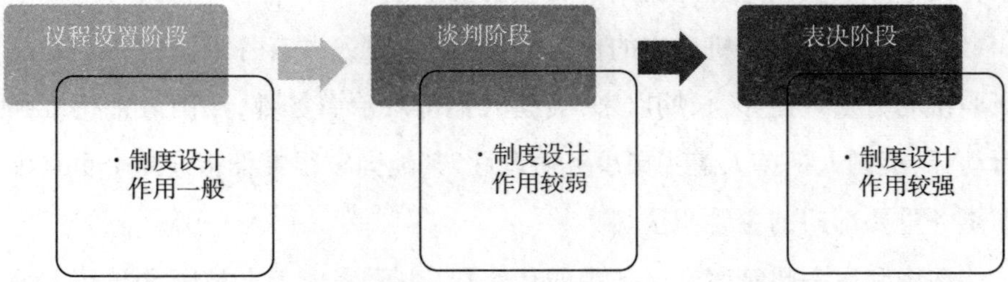

3. 联合国维和事务话语权②

何银认为,联合国维和事务是国际政治和全球治理的重要领域,许多会员国都希望得到尽可能多的相关话语权以实现自身的国家利益。各国根据联合国规范和国际政治相关游戏规则,在联合国制度体系中可能得到的话语权份额并非话语权本身,而仅是话语权资源。只有在有效的权力配合下,这些话语权资源才能够充分转化为实际的话语权。也就是说,会员国在联合国应当得到的话语权份额仅仅是理想状况下可以得到的话语权(应得话语权),而与之对应的则是在具体的外交战略的配合下实际得到的话语权(实得话语权)。

---

① 联大设有6个主要委员会:裁军和国际安全委员会(第一委员会);经济和财政委员会(第二委员会);社会、人道主义和文化委员会(第三委员会);特别政治和非殖民化委员会(第四委员会);行政和预算委员会(第五委员会);法律委员会(第六委员会)。

② 参见何银:《联合国维和事务与中国维和话语权建设》,《世界经济与政治》2016年第11期。

联合国会员国的维和事务“应得话语权”主要由三个因素决定：该国在联合国主要政治平台（尤其是安理会）中的地位、国家实力（即其有更多的资源参与国际事务，能够对具体的议程施加更大的影响力）以及对联合国维和事务在政治、人力（派出维和人员的数量）和财力（维和摊款比额）等方面的支持力度。

联合国会员国的维和事务实得话语权主要体现在安理会和秘书处两个层面。在以安理会为中心的维和事务政治层面，重大问题的磋商过程是国际政治的“黑箱”，外界很难直接了解到会员国的实得话语权。而在秘书处层面，会员国的维和事务实得话语权主要体现为在秘书处各级官僚机构、政策咨询事务以及利益分配机制中的代表权。

在维和事务官僚机构中的代表权，主要表现为占有各级职位特别是高级职位的数量。比如，长期以来，美国人把持政治事务部，法国人把持维和行动部，英国人把持人道主义事务协调厅，其他国家很难染指这几个负责维和事务重要部门的主管职位。

在维和事务政策咨询事务中的代表权，主要表现为会员国参与秘书处组织的维和事务问题咨询活动的机会。秘书处在处理维和事务日常工作时，经常需要制定各种具体政策或者规则。制定这些政策或者规则的通常做法是向会员国政府和智库咨询，或者任命由来自会员国的代表组成的专家小组撰写报告。会员国参与这些政策咨询活动，可以借机表述对维和事务问题的看法和利益诉求，甚至直接将己方观点写进各种报告，从而切实地获得话语权。政策咨询事务中的代表权主要涉及两个方面：一个是会员国的政府或者学界参与联合国维和事务咨询；另一个是派出代表参加维和事务专门问题咨询小组。

维和事务利益分配中的代表权主要表现为联合国对会员国的反哺程度。联合国从会员国得到维和事务所需的资源，又通过各种方式进行回馈，这就是一个反哺过程。反哺既包括雇佣会员国的公民，也包括在会员国设立办公机构以及从会员国购买商品和服务。

在联合国政治的现实中，一些国家的应得话语权可能大于实得话语权，而另一些国家的应得话语权可能小于实得话语权，并且还可能出现某些国家的两种话语权基本相当的情况。

4. 联合国会费分摊

联合国会费是联合国主要的经费和正常预算的来源，用于支付维持联合国机构正常运转所需要的经常性开支。联合国会费是由各会员国缴纳。根据《联合国宪章》的规定和长期的做法，联合国会费分摊比例坚持支付能力原则，实行比额计算方法，即根据经济总量和人均国民收入确定各国分摊比例。同时，考虑"低人均收入宽减"和债务调整这两个要素，对人均国民收入低于世界平均值的国家给予一定的宽减。此外，联合国会费还有最高和最低摊款限额的规定。从 1974 年开始，最高摊款限额不能超过整个预算的 25%，最低不能低于 0.001%；2000 年再次调整后最高摊款限额降到 22%，最低不能低于 0.001%。

联合国大会第五委员会（行政和预算委员会）每三年对会费分摊进行一次核查和调整。首先由联合国秘书长向联大五委提交预算案，通过了五委的审查之后，最后还得交由联大进行审批。每到这个时候，各成员国和区域集团及发达国家与发展中国家两大阵营，总是会就预算的额度、计划和投放重点，进行一番争论和"较量"。

部分国家联合国会费分摊比例（2010—2021）　（单位：%）

年度	2010—2012	2013—2015	2016—2018	2019—2021
美国	22%	22%	22%	22%
中国	3.19%	5.15%	7.92%	12.01%
日本	12.53%	10.83%	9.68%	8.56%
德国	8.01%	7.14%	6.38%	6.09%
英国	6.60%	5.18%	4.46%	4.43%
法国	6.12%	5.59%	4.86%	4.43%
俄罗斯	1.60%	2.44%	3.09%	2.41%
印度	0.53%	0.67%	0.74%	0.83%

由于联合国遵循主权平等的原则，会费多少不会等同于权力大小。会费分摊比例显示出会员国在联合国财政方面所承担的国际责任。会费分摊比例的变化反映出各国在国际舞台上的相对实力的变化与国家角色的变化。

中国在联合国的会费分摊比例经历了一个明显的变化过程，这是中国自身成长的过程，是中国在联合国舞台上角色变化的过程，同时也是中国国际影响力上升的体现。

中国承担联合国会费比例（1972—2021 年）

年份	比例	年份	比例
1972—1973	4%	2000	1.00%
1974—1979	5.50%	2001	1.54%
1980—1982	1.62%	2002	1.55%
1983—1985	0.88%	2003	2%
1986—1991	0.79%	2004—2006	2.05%
1992—1994	0.77%	2007—2009	2.67%
1995	0.72%	2010—2012	3.19%
1996	1%	2013—2015	5.15%
1997	0.74%	2016—2018	7.92%
1998	0.90%	2019—2021	12.01%
1999	0.97%		

5. 各国公民担任联合国有关职位的情况

在经常进出联合国总部大楼的人员当中，除了各国常驻联合国代表团的外交官和从各国国内临时派去开会的人员外，大部分都是受聘于联合国秘书处的国际职员，其中级别较高的又统称为国际公务员。根据联合国秘书长潘基文于 2015 年 12 月 11 日向联大提交的一份秘书处职员统计报告，秘书处总共雇用了 41081 名职员。① 其中，不同国籍的人员在秘书处的任

① 何银：《联合国维和事务与中国维和话语权建设》，《世界经济与政治》2016 年第 11 期。

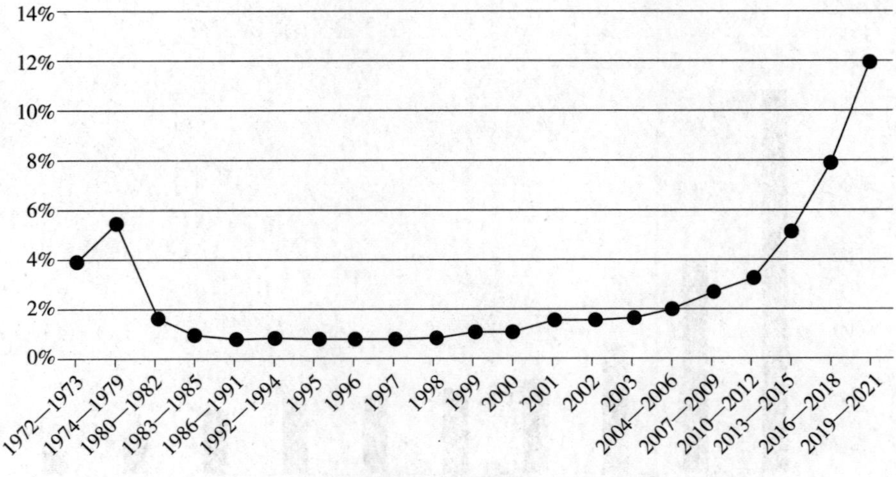

中国承担联合国会费比例变化曲线(1972—2021 年)

职情况(2015 年)如下表、下图所示。

各国在联合国秘书处任职人数(2015 年)

国家	人数	比例
美国	2636	6.42%
法国	1470	3.58%
英国	907	2.21%
加拿大	660	1.61%
印度	593	1.44%
俄罗斯	551	1.34%
德国	537	1.31%
中国	461	1.12%
日本	259	0.63%
巴西	174	0.43%

根据联合国的招聘制度,一个国家到联合国任职人员的多寡是由三个因素综合决定的:会费、会籍和人口,其中会费因素最重要。联合国所有专

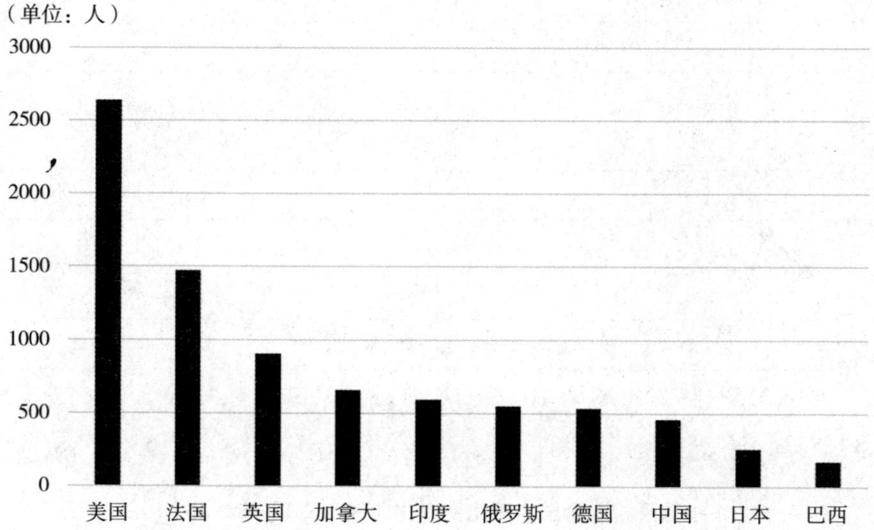

业级以上人员总数当中,约55%的份额由会费因素决定。其次,40%的名额是按会籍因素分配的,也就是说,所有会员国都可以得到一定的在秘书处任职的份额。最后是人口因素,比重只占5%。

理论上讲,秘书长是联合国秘书处的首席执行官。在十余位副秘书长当中,联合国安理会五个常任理事国按照惯例均有权推荐一位本国国民占据其中一席,然后由秘书长正式任命。通常情况下,联合国秘书处下面主管政治、维和、人事、财务、法律、新闻等事务的重要部门往往由西方大国举荐的副秘书长(有时也会有变化)分管。此外,一些业务部门的负责人,如主管安理会制裁委员会的干事,在为会员国服务的同时,其独特的地位也赋予他们相当大的权力,可以利用熟悉的情况以及人脉广泛的优势对联合国处理问题施加影响。普遍认为,一个国家的公民在联合国秘书处任职的多寡,特别是其职位的高低,所任职务的重要性,是否可以在维护本国权益问题上发挥作用,可以直接反映出这个国家在联合国秘书处的地位和影响。①

① 万经章:《联合国里的中国人》,2007 年 7 月,http://cpc.people.com.cn/GB/64162/82819/86594/86604/5979973.html。

总的来说,如果会员国的“公民”在某一国际组织中的代表性不够,这就会削弱其利用非正式网络获得信息,进而塑造政策结果的能力。由此,正如相关研究指出的,在国际机构中的高级职位受到各国政府的高度竞争,各国政府都希望本国国民担任公职,一旦担任这些职位,就有证据表明官员的行为符合其所在国的利益;与此同时,那些更有能力影响国际组织的国家,也更为成功地使其国民占据高级职位,这是国家权力的重要表现方面。①

(二)世界贸易组织框架下的谈判

国际制度框架下的合作显然不是一个自然而然的结果,通往“帕累托最优”的道路注定是谈判磋商的征程。从这个意义上说,谈判权充斥于国际组织从产生到消亡的全过程。

在世贸组织框架下,多边贸易谈判实际上是一个努力制定出国际自由贸易规则的过程。各国聚集一堂,从获取自身利益最大化的角度,在相互博弈和谈判磋商的过程中达成共识。在此,值得注意的是,在寻求共识的过程中谈判权的分配及其变化。

在多边自由贸易谈判问题上,自 GATT 时期,美国、欧共体、日本和加拿大四方构成了作为决策核心的“四方集团”(the Quad),即所谓“绿屋会议”(the Green Room Meeting)的最初成员国。“四方集团”一度主导了“东京回合”(1973—1979 年)和“乌拉圭回合”(1986—1994 年)的谈判,他们提出议程和草案,并推动一些对发达国家更为有利的协定。这种情况不断激起发展中国家的不满。伴随着自身经济和贸易实力的增强,以印度和巴西等为代表的新兴国家试图在 WTO 框架下的谈判进程中发挥更大作用。“他们寻求根本的程序改革,而不仅仅是为发展中国家提供特殊待遇;他们宣布的

---

① Paul Novosad and Eric Werker, “Who Runs the International System? Nationality and Leadership in the United Nations Secretariat (October 31, 2017)”, *Center for Global Development Working Paper No.*376, Available at SSRN, https://ssrn.com/abstract=2622700 or http://dx.doi.org/10.2139/ssrn.2622700.

目标是使决策过程更具包容性，并能兼顾发达国家和发展中国家的利益。”①

新兴国家对贸易规则制定权等方面的诉求一度遭到“四方集团”的抵制，这直接导致了“西雅图会议”（1999 年）和“坎昆会议”（2003 年）没有能够达成具有实质性的贸易协议。面对以印度和巴西等为代表的发展中国家日益提升的贸易力量以及坚定的谈判立场，以美欧为代表的发达国家不得不做出妥协。2004 年 4 月，美国和欧盟邀请巴西、印度、澳大利亚共同磋商，以克服 WTO 框架下的谈判僵局。随后，这几个国家代表之间的会面事实上取代了“四方集团”。在 2005 年香港举行的世贸组织第六次部长会议期间，作为决策核心的新的国家集团完全取代了旧的“四方集团”。包括美国、欧盟、日本、澳大利亚、印度、巴西和中国等有关各方的代表参加了所谓的“绿屋会议”，并且在“所谓小型部长级”（so called mini-ministerials）会议期间成为主导力量。②

（三）国际货币基金组织的制度设计：份额与特别提款权

国际货币基金组织的资金来源于各成员认缴的份额。各成员享有提款权，即按所缴份额的一定比例借用外汇；在美元与黄金脱钩之后，1969 年又创设特别提款权，作为原有的普通提款权以外的一种补充。特别提款权是国际货币基金组织创设的一种储备资产和记账单位，亦称“纸黄金”。它是基金组织分配给会员国的一种使用资金的权利。会员国在发生国际收支逆差时，可用它向基金组织指定的其他会员国换取外汇，以偿付国际收支逆差或偿还基金组织的贷款，还可与黄金、自由兑换货币一样充当国际储备。但由于 SDR 只是一种记账单位，不是真正的货币，使用时必须先换成其他货

---

① Bernhard Zangl, et al., “Imperfect adaptation: how the WTO and the IMF adjust to shifting power distributions among their members”, *The Review of International Organizations*, 2016, Vol.11, No.2, p.180.

② Bernhard Zangl, et al., “Imperfect adaptation: how the WTO and the IMF adjust to shifting power distributions among their members”, p.183.

币,不能直接用于贸易或非贸易的支付。

特别提款权创立初期,曾与黄金直接挂钩,当时规定 35 特别提款权单位等于 1 盎司黄金,即与美元等值。1974 年,IMF 宣布特别提款权与黄金脱钩,改用"一篮子"16 种货币作为定值标准。1980 年,SDR 货币篮子的货币简化为 5 种西方国家的货币(美元、马克、法郎、英镑和日元);1999 年欧元诞生之后,欧元取代马克和法郎进入货币篮子 SDR。SDR 货币篮子每五年复审一次。2016 年 10 月 1 日,人民币正式加入 SDR 货币篮子。这是中国经济融入全球金融体系的重要里程碑,是人民币国际化进程中的重要一步。

SDR 货币篮子的权重为美元 41.73%,欧元 30.93%,人民币 10.92%,日元 8.33%,英镑 8.09%。

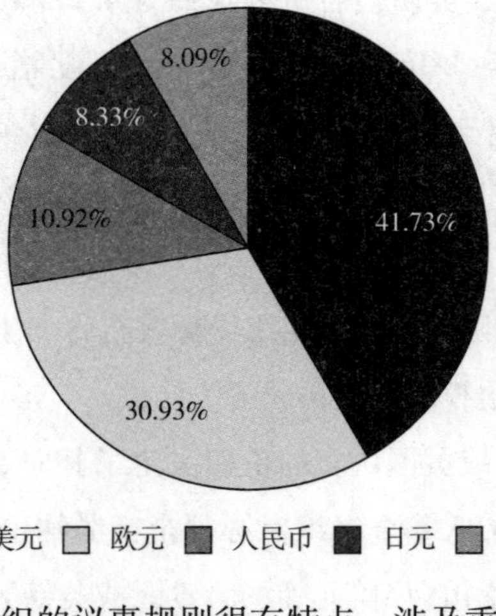

国际货币基金组织的议事规则很有特点。涉及重大议程需要总投票权的 85%,超过 3/5 的成员国的同意;执行加权投票表决制①。投票权由两部分组成,每个成员国都有 250 票基本投票权,以及根据各国所缴份额所得到的加权投票权。据统计,基本投票权曾经超过 IMF 所有投票权的 15%,2008 年的改革将基本票固定为占总投票的 5.502%,这几乎是 2008 年改革

① 加权投票制度的产生可追溯至 1815 年建立的"保护莱茵河国际委员会"(ICPR)。该委员会规定,表决权的大小由成员国境内的河流长度确定。

之前基本票数比重(约 2%)的三倍。由于各国的基本票数一样,因此在实际决策中起决定作用的是加权投票权。

国际货币基金组织的问题由来已久,21 世纪以来随着全球经济格局的变化,改革国际货币基金组织的呼声日益高涨。2010 年,国际货币基金组织理事会通过了份额和治理改革的一揽子方案①,但因为成员国之间的分歧,具体执行迟迟难以实现。2015 年,美国国会参众两院批准了国际货币基金组织 2010 年份额和治理改革方案,这意味着久拖未决的这项改革将正式实施。

2010 年改革方案生效后,美国的份额降 0. 263 个百分点至 17. 407%。日本降 0. 092 个百分点至 6. 464%,排名第二。中国的份额占比增加 2. 398 个百分点至 6. 394%,排名从并列第六跃居第三。德国降 0. 524 个百分点至 5. 586%,降至第四。法、英调整后份额水平为 4. 227%,并列第五。意大利降 0. 145 个百分点至 3. 161%,仍排第七。印度增 0. 309 个百分点至 2. 751%,从第十一位升至第八位。俄罗斯增 0. 212 个百分点至 2. 706%,从第十位升至第九位。巴西增 0. 533 个百分点至 2. 316%,从第十四位升至第十位。

值得注意的是,国际货币基金组织份额改革将产生重大影响,②这其实是有关各方制度性话语权的一次再分配。

首先,份额比重。成员国认缴的份额决定了其向基金组织提供资金的最高限额。成员国在加入基金组织时必须全额缴纳份额:25%必须以特别提款权或广泛接受的货币(如美元、欧元、日元或英镑)缴付,其余以成员国

---

①　根据改革方案,国际货币基金组织的份额将增加一倍,189 个成员国的联合份额从约 2385 亿特别提款权(约合 3340 亿美元)增加到 4770 亿特别提款权(约合 6680 亿美元),成员国的份额比重也将进行调整,约 6%的份额将向有活力的新兴市场和发展中国家转移。此外,国际货币基金组织还提议改革执董会,以促成一个更具代表性、全部由选举产生的执董会。执董会改革完成后,欧洲国家将让出两个席位,以提高新兴市场和发展中国家在执董会的代表性。执董会改革方案需要投票权占 85%的成员国批准,而份额改革方案需要占份额不少于 70%的成员国批准。

②　参见国际货币基金组织网站,https://www.imf.org/zh/About/Factsheets/Sheets/2016/07/14/12/21/IMF-Quotas。

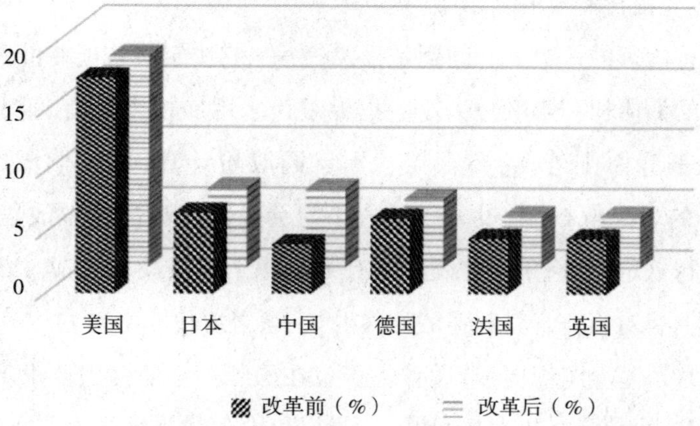

本币缴付。

其次,投票权比重。份额基本上决定成员国在基金组织决策中的投票权。基金组织每个成员国的投票权由基本票加上每10万特别提款权的份额增加的一票构成。由此,在国际货币基金组织涉重大议程(如确立新总裁人选)的决策(投票)中,美国一票的权重为17.407%。

再次,获得贷款。成员国可从基金组织获得的融资数额(贷款限额)以其份额为基础。例如,在备用和中期安排下,成员国每年可以借入份额145%以内的资金,累计最多为份额的435%。然而,特殊情况下的贷款限额可能更高。

(四)世界银行的制度设计:股份原则和加权投票

世界银行按股份公司的原则建立。成立初期,世界银行法定资本为100亿美元,全部资本为10万股,每股10万美元。凡是会员国均要认购银行的股份,认购额由申请国与世界银行协商并经世界银行董事会批准。一般来说,一国认购股份的多少根据该国的经济实力,同时参照该国在国际货币基金组织缴纳的份额大小而定。会员国认购股份的缴纳有两种方法:(1)会员国认购的股份,先缴20%。其中,2%要用黄金或美元缴纳,18%用会员国本国的货币缴纳。(2)其余80%的股份,当世界银行催缴时,用黄金、美元或世界银行需要的货币缴付。①

世界银行治理的一个核心问题是投票权——它决定着各国在世界银行主要事务中的话语权和影响力大小。世界银行采用加权投票制,即表决时除考虑主权平等原则外,还要根据各国认购股份计算,由此形成"基本票+份额票"的表决权机制,投票权的大小与会员国认购的股本成正比。②根据世界银行规定,任何重大决议必须有85%以上的投票方可通过,因此,美国实际上拥有对不符合其利益的方案的"一票否决权"。

与国际货币基金组织同步,世界银行也在国际社会的强烈要求下推进改革,改革的一个核心是投票权问题。下图(2010年世界银行投票权改革)反映了各主要经济体在2010年世界银行改革前后的投票权变化。

(五)欧洲共同体的制度设计:投票权与决策权

作为集体行动的重要方式和条件,表决制度是国际组织决策的核心内容,并直接影响到国际组织的工作效率和履行职能的效果。各成员方能够参与国际组织的投票(表决),代表其投票权。

决策权是国际组织中各成员对重大事务的决定权,而投票则是各成员行使决策权的主要活动。通常人们会把投票权大小,即投票票数的多少,作为衡量权力的标准。显然,合理分配成员的决策权乃是提升合作效率、保障国际组织可持续运行的核心内容。但值得注意的是,投票权与决策权之间并不存在明确的线性关系。

相关的研究提供了一个有趣的案例。③ 欧盟的前身欧共体于1958—

---

① 《世界银行章程》,http://web.worldbank.org/WBSITE/EXTERNAL/EXTABOUTUS/0,contentMDK:20049564~pagePK:51123644~piPK:329829~theSitePK:29708~isCURL:Y,00.html。

② 世界银行每一会员国拥有250票基本投票权,每认购10万美元的股本即增加一票。有关国家在国际货币基金组织的份额决定其在世界银行的股份。

③ 罗杭、杨黎泽:《国际组织中的投票权与投票权力——以亚洲基础设施投资银行为例》,《世界经济与政治》2018年第2期。

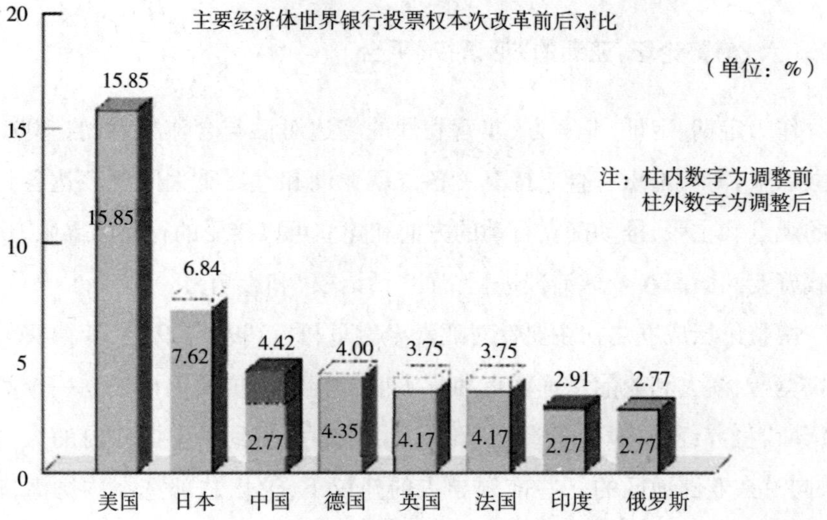

2010 年世界银行投票权改革

1972 年间，其六个创始国采用了这样一套投票系统：法国、德国、意大利各 4 票，比利时、荷兰各 2 票，卢森堡 1 票。卢森堡的人口规模只有联邦德国的 0.6%，但其所拥有的票数却是联邦德国的 25%。然而，这并不意味着卢森堡拥有了更大的决策权。

按照规定，欧共体任何提案都至少需要获得 12 票的支持方可通过（即达到总票数 17 票的 2/3 以上）。除卢森堡外，其他 5 个国家的投票权均为 2 或 2 的倍数，这就导致卢森堡的 1 票不可能对投票结果产生任何实际影响。这是因为，任何一个原本无法获胜的投票联盟都不会因为卢森堡的加入而变成一个可以获胜的投票联盟：（1）若其他 5 个国家的总赞成票为 10 票，这是最接近获胜的情况，那么即使卢森堡再投赞成票，也只能使总赞成票上升为 11 票，仍不能使提案通过；（2）当其他 5 国的总赞成票只有 8 票及以下，卢森堡的加入则更是“于事无补”；（3）如果其他 5 个国家的总赞成票达到 12 票及以上，则无论卢森堡是否投赞成票提案都将通过。所以，在由其他 5 国构成的所有可能的投票选择的组合（2 的 5 次方，共 32 种）中，卢森堡的加入在任何一种情况下都不可能成为影响决策结果的“关键票”，它通过行使投票权而能够对表决结果产生影响的能力其实为 0。

（六）博鳌论坛：亚洲的“话语权”平台

作为定期、定址、非官方、非营利性的多边对话与合作机制，自 2001 年成立以来，博鳌论坛一直支持有关各方就亚洲和世界重大问题表达各具特色的观点和主张，推动确立行动的方向和建立可以接受的行动的界限，从而承载着亚洲国家在全球治理进程中的“话语权”和影响力。

博鳌论坛成立之初主要针对亚洲金融危机。1998 年 9 月，菲律宾前总统拉莫斯、澳大利亚前总理霍克和日本前首相细川护熙倡议成立一个类似达沃斯“世界经济论坛”的“亚洲论坛”。该倡议得到了中国政府的大力支持，同时在亚洲地区的一些前领导人的建议下，论坛总部选在中国海南博鳌。论坛由此成为一个真正由亚洲人主导，从亚洲的利益和观点出发，专门讨论亚洲事务，增进亚洲各国之间、亚洲各国与世界其他地区之间交流、对话与合作的高层次平台。它不仅仅是国家元首会晤的平台，而且还能让很多其他参与者发出自己的声音。在此基础上，有关各方积极利用博鳌论坛来对共同关心的事件加以定位，对不断出现的问题进行解释，塑造对地区和世界的共同理解，通过鼓动情绪来动员和指导集体行动，并且对不时面临的困境提出可能的解决方案。

近年来，随着亚洲和中国在全球经济中的权重不断加大，以及中国政府给予的大力支持，博鳌亚洲论坛日益成长为中国引领并且传递亚洲声音的重要方式。“亚洲寻求共赢”、“绿色亚洲”、“亚洲可持续发展”、“包容性发展”以及中国的“和平崛起”、“和谐社会”、“共建共享共赢”、“命运共同体”等理念得以通过博鳌论坛引起国际社会的关注。这是亚洲和中国向世界贡献的、具有说服力和吸引力的智慧与理念，代表着亚洲和中国在全球治理进程中日益提升的话语权和软力量。2018 年 4 月，中国国家主席习近平应邀出席论坛年会开幕式并发表重要主旨演讲。习近平把握时代潮流和世界大势，直面人类社会发展面临的现实难题，就进一步推动构建亚洲地区和人类命运共同体，开创亚洲和世界美好未来鲜明地发出中国声音、阐明中国立场。

在逆全球化思潮抬头、贸易和投资保护主义上升、全球化局部受挫的背景下,亚洲和世界比以往任何时候都更加需要开放、创新、联动,需要包容、合作、共赢。显然,这绝不是一个轻而易举就能够确定的共同行动的方向。共同行动需要共享理念的支撑,共享理念往往是国际话语权竞争的结果。尤其是面对当下暗潮涌动的全球化和地区一体化形势,世界需要最大限度地凝聚共识,让理性的声音成为全球治理进程中的共享理念。以“开放创新的亚洲,繁荣发展的世界”为主旋律,博鳌论坛的声音,承载着最具发展活力的亚洲的“话语权”,如乘风破浪、拨云见日,将引领全球治理的重要思路。

第六章　国际组织与安全

战争与和平,冲突与合作,这是国际关系研究的永恒命题。国际组织是否能够维护世界和平、促进国际安全？那些关注国际组织的思想家和学者们一直对相关问题抱以很高的研究热情和学术旨趣,然而,相关研究并不能提供直截了当的答案。比如,很多政府间国际组织往往是在两次世界大战之后的相对和平时期建立的,但这并不意味着国际组织与世界和平之间存在着必然的因果关系。当然,在康德式的"民主和平论"中,国际组织是三大支柱之一;然而,一直有观点认为,国际组织只能反映而不能影响国际政治变化,当然也就不能影响国际安全。此外,研究认为,国际组织的制度结构、目标与宗旨以及成员内聚力等方面差别很大,因此它们在冲突与和平问题上的作用是不同的。①

我们认为,思考国际组织在安全领域的作用与角色,需要回归到一些更为基本的问题,即什么是安全？谁的安全？如何去实现安全？国际组织如何在安全领域发挥作用？基于此,本章将致力于不同视角下的具体分析。

---

① See Charles Boehmer, Erik Gartzke, Timothy Nordstrom, "Do Intergovernmental Organizations Promote Peace?", *World Politics*, Vol.57, No.1, 2004, pp.1-38; Bruce Russett, John R. Oneal, David R. Davis, "The Third Leg of the Kantian Tripod for Peace: International Organizations and Militarized Disputes, 1950-85", *International Organization*, Vol.52, No.3, 1998, pp.441-467.

一、现实主义的安全观与国际组织的作用与角色

(一)现实主义的安全观

在国际关系领域,所谓安全,传统上是指一个国家免于外部威胁或伤害的客观状态。正如沃尔特·李普曼(Walter Lippmann)所说的,国家是安全的,因为它不必为免于战争而牺牲核心价值,或者在其受到挑战时,它有能力通过战争的胜利予以维护。① 这种以"战争"来界定"安全与否"的认识此后被进一步扩展了。阿诺德·沃尔弗斯(Arnold Wolfers)认为,"安全指的是对先前获得的价值的某种程度的保护",即"从客观上来说,衡量的是对已获取价值的威胁的缺失状况,从主观上来说,衡量的是对这些价值将遭受攻击所抱有的恐惧的缺失状况"②。当然,社会制度、意识形态、生活方式以及国家发展的物质与非物质要素等,都可以抽象为某种特定的价值。

新现实主义者进一步认为,安全就是国家的生存,这才是无政府状态下"国家的最高目标"。"只有生存得到保证的情况下,国家才能去安全地追求诸如安宁、福利和权力这些目标。权力只是手段,而非目的。"③新现实主义思考安全问题的基本出发点,是所谓"安全困境"的存在,即约翰·赫兹(John H.Herz)所说的,"当国家努力赢得安全以免遭受攻击时,国家就被迫攫取越来越大的权力以便躲避其他国家权力的影响。反过来,这又使得其他国家感到更不安全,促使它们为了应付最坏的情况而有所准备。在一个无政府世界里没有一个国家可以感到彻底的安全,权力的竞争将会接踵而至,安全以及权力积累的恶性循环由此绵延不绝"。④

---

① Walter Lippmann, *US foreignt policy: shield of the Republic*, Boston: Little, Brown, 1943, p.51.

② [美]阿诺德·沃尔弗斯:《纷争与协作——国际政治论集》,于铁军译,世界知识出版社 2006 年版,第 132—133 页。

③ [美]肯尼斯·华尔兹:《国际政治理论》,第 167 页。

④ John H.Herz, "Idealist Internationalism and the Security Dilemma", *World Politics*, Vol.2, No.2, 1950, p.157.

如何去实现安全？对于现实主义者而言，赢得安全的做法主要表现为一个国家基于自身或依赖集体而增强政治、外交和军事能力。而组建和扩展国际组织被认为能够增强上述能力，也因此成为实现安全的重要手段。

（二）以联合国为中心的集体安全

联合国在制定宪章时，确立了全球性的集体安全保障原则。正如《联合国宪章》第一条所申明的，“维持国际和平及安全；并为此目的采取有效集体办法，以防止且消除对于和平之威胁，制止侵略行为或其他对于和平之破坏；并以和平方法且依正义及国际法之原则，调整或解决足以破坏和平之国际争端或情势。”①

在此，“采取有效集体办法”，是指联合国体系下的所有成员承诺和平解决争端，放弃使用武力手段；每个国家都承认一国的安全涉及所有国家，并且同意加入到对侵略的集体回应中，以集体力量威慑或制止其内部可能出现的侵略者和侵略行为以保障国家的安全，实现国际社会的和平与稳定。“一国为大家，大家为一国”乃是集体安全的主旨。因此，在集体安全体系下，“可能的违法国家必须随时想到自己有可能与由所有国家组成的共同阵线处于敌对状态，这个共同阵线自动采取捍卫国际法的集体行动”②。从设计理念上来看，集体安全体系能够以压倒性优势对付可能出现的侵略者，这样，和平就不是建立于不可靠的、不确定的、不稳定的权力平衡。

从实施的过程来看，联合国维护集体安全的主要手段包括：军备控制和裁军倡议；“预防性外交”和维和行动；联合国授权的武力使用，如针对伊拉克入侵科威特的678号决议；非暴力制裁，制裁的范围包括全面经济与贸易制裁和（或）一些更为具体的定向措施，如军火禁运、旅行禁令以及冻结那些被点名的掌权政治人物或政治实体的资产等；联合国大会或安理会采取的其他行动，如声明、呼吁、决议等。

---

① 《联合国宪章》，http://www.un.org/zh/sections/un-charter/chapter-i/index.html。

② ［美］汉斯·摩根索：《国家间政治：权力斗争与和平》，第331页。

从实践的结果来看，全球性集体安全往往面临“集体行动的困境”，即国际社会难以就“和平之威胁”、“侵略或破坏行为”达成共识；即使能够取得一定程度的共识，有关各方尤其是大国也往往不能兑现其承诺，担负其责任。国际联盟的失败和联合国成立以来遭受的各种挫折都表明了这一点。

（三）地区军事同盟

除了以联合国为中心的全球性集体安全体系，还存在许多地区层次上的集体安全安排，如美洲国家组织（Organization of American States，OAS，1947）、海湾合作委员会（Gulf Cooperation Council，GCC，1981）、独联体集体安全条约组织（CIS Collective Security Treaty Organization，2002）。其中，一些地区性的集体安全安排运转良好，能够依靠集体的力量或“制度制衡”的方式较为有效地维护地区安全利益，而一些地区性集体安全安排实质上是地区性军事集团或者军事同盟。

在此，尤其值得注意的是冷战时期的“北约”（North Atlantic Treaty Organization，NATO）和“华约”（Warsaw Treaty Organization）。两个国际组织带有明显的外部指向性，各以组织成员为界，划分敌友关系。一方是以美国为首的“北大西洋公约”组织，15 个国家的军队有近 600 万兵力；另一方是以苏联为首的“华沙条约”组织，8 个国家的军队也有 600 万兵力。双方千万大军在近 40 年的时间里处于战略对峙状态，相互瞄准对方成员国的军事、政治、经济目标。假设对峙中的任何一方启动了“核按钮”，也许今天的世界就不复存在了。

基于现实主义视角下的分析，可以认为，在维护集体安全领域，由于在原则与共识、承诺与责任、自身能力等方面的局限，国际组织还不能充分实现其使命。而在保障国家安全领域，如果国际组织失去其独立性和自主性，那么它就容易成为有关国家尤其是大国手中的工具，从而加剧了无政府状态下的“安全困境”。

二、新自由主义的安全观与国际组织的作用与角色

（一）新自由主义的安全观

与现实主义不同，新自由主义者在思考安全问题时深刻认识到国际经济和安全形势的变化，即随着自由贸易和经济全球化的扩展，各社会之间多渠道联系的增加，国家之间及其在不同领域的相互依赖加深了。在此背景下，大量的次国家和非国家行为体构成了一个远比通常仅由国家构成的世界更为复杂的世界：非国家行为体直接参与世界政治；各问题之间不存在明确的等级区分；武力或军事力量的使用不再是一种有效的政策工具。①

新自由制度主义思考安全问题的另一个出发点是，假定各个国家主要关心它们本身的绝对收益，而不关心其他国家获益多少。② 相反，新现实主义（结构现实主义）假定国家主要关注相对获益而非绝对获益。正如肯尼斯·华尔兹指出的，“当面对为共同获益而开展合作的机会时，感到不安全的国家必须询问将如何对收益进行分配。它们必须要问的并非‘我们双方都能获益吗？’而是‘谁将获益更多？’”③新自由主义者虽然同意相对收益的重要性，但也强调绝对收益的普遍性以及可能性；这就为国家之间在安全领域的合作以及国际组织发挥积极作用开辟了更为广阔的通道。

新自由主义尤其是新自由制度主义思考安全问题的又一个出发点在于，“制度效应”有助于缓解、克服“安全困境”的消极作用以及权力制衡的脆弱性。其一，通过提供信息，减少交易成本，更重要的是减少欺骗，制度能够缓和“无政府状态”和“安全困境”。其二，通过确定原则、规范和

① 参见［美］罗伯特·基欧汉、约瑟夫·奈：《权力与相互依赖》，第25—30页。
② ［美］大卫·A.鲍德温主编：《新现实主义与新自由主义》，第209页。
③ ［美］肯尼斯·华尔兹：《国际政治理论》，第139页。

有关决策程序等，国际组织约束或限定国家的安全行为，从而促进国际安全。

（二）制度框架下的合作安全

简而言之，合作安全就是通过合作实现安全。也就是说，国际社会（包括国家和非国家行为体）通过正式或者非正式的组织或机制，就政治、经济、军事、社会等广泛的安全议题进行平等的多边或双边对话和磋商，以渐进的方式，增加互信，减少猜疑，预防而不是威慑，在此基础上共同维护国际和平与安全。

欧洲安全与合作会议（欧安会）是冷战时期两大阵营寻求在安全领域对话与合作的机制。1975 年 7 月欧安会首届首脑会议在芬兰首都赫尔辛基举行。会议签署《最后文件》（又称《赫尔辛基最后文件》）。根据文件规定，与会国家的代表应定期举行续会检查各国执行会议规定的情况，并就“增进欧洲安全与合作”的问题交换意见。1990 年 11 月欧安会在巴黎举行第二次首脑会议。会上，北约和华约 22 国签署了《欧洲常规武装力量条约》，并发表一项联合声明，宣布两大军事集团“不再互为对手”，“相互将建立新的伙伴关系并友好相处”。从 1995 年 1 月 1 日起，欧安会更名为欧洲安全与合作组织（Organization for Security and Co-operation in Europe, OSCE）。欧洲安全与合作组织成员包括欧洲国家、苏联解体后的国家以及美国和加拿大，主要使命是为成员国就欧洲事务特别是安全事务进行磋商提供平台。

制度框架下的合作安全在亚太地区亦有富有意义的实践。其中之一，便是东盟地区论坛（ASEAN Regional Forum, ARF）推动下的多边安全对话与合作。东盟地区论坛于 1994 年正式创立后，在短短的几年间，便赢得了亚太地区大多数国家的支持和认同。东盟地区论坛的目的是“建立与他者的安全，而不是与他者的对抗”，“发展友谊和信任，而不是识别敌人”。由于该机制的出现，多边安全对话与合作在范围广泛的亚太地区形成了制度化的安排。东盟地区论坛认识到多样性的现实，强调通过对话和磋商达成共识,而不是动辄通过决议要参加国接受。东盟地区论坛的“进程导向”,“一轨”与“二轨”相互结合、相辅相成,使建立信任措施、预防性外交等倡议得到了不同程度的发展。

(三)国际组织作为“信息提供者”

在国际安全领域,一直存在一个十分棘手的问题:为什么在有关各方都不希望发生冲突的情况下、在本来可以合作的条件下,会发生冲突和争斗,会拒绝合作而走向战争?对此,一种解释是:国家决策者在不确定的国际条件下,很容易发生错误知觉,并且大多数这样的错误知觉是夸大对方的敌意,将对方国家视为具有冲突意图的对手。由于互动的双方都趋于发生这样的错误知觉,冲突的几率可能明显地大于合作的几率。①

上述困境在一定程度上是因为信息的匮乏或者信息的不对称。因其可以向成员提供可靠的信息以及信息交流的渠道,国际组织在缓解信息不确定的状况以及改善合作条件等方面的作用已经得到重视。

进一步的问题是,国际组织在国际安全事态变化中具体可以做什么?正如研究指出的,尽管国家之间经常会产生不一致和分歧,权力又无所不在;然而,国际冲突更多是外交谈判失败的产物。当各国对权力和利益的看法不同时,外交失败以及冲突与战争便会接踵而至。作为“第三方”的国际组织,能够提供可靠的信息,或者通过谨慎地干预,从而有效地促进和平。因此,如果有关国际组织能够及时发出信息,让冲突中的各方洞悉使用武力或者威胁使用武力的消极后果(如经济制裁、外交谴责等),那么就有机会约束武力的使用或者防止冲突的升级;如果有关国际组织能够向冲突中的一方及时提供另一方在能力、意图和决心等方面的可靠信息,那么外交谈判中必要的妥协和让步就是可能的,和平的机会就会更大。②

---

① [美]罗伯特·杰维斯:《国际政治中的知觉与错误知觉》,第11—12页。

② Charles Boehmer, Erik Gartzke, Timothy Nordstrom, “Do Intergovernmental Organizations Promote Peace?”, pp.1-38.

三、建构主义的安全观与国际组织的作用与角色

（一）建构主义的安全观

按照建构主义的逻辑，如果安全意味着“威胁”的存在、作用或者后果，那么，这些“威胁”首先不是对一个国家的物质存在构成的客观伤害，而是这个国家对于“什么是受威胁”的观念的作用。如亚历山大·温特（Alexander Wendt）指出的，国家对敌人与朋友的反应不同，因为敌人是威胁，而朋友则不然。无政府状态与实力分配并不足以告诉我们：哪一个国家具有威胁性，哪一个不具有威胁性。实力的分配可能总是影响着国家的战略考量，但是，如何发生影响作用，则取决于主体间的理解和预期，取决于国家在界定自我与他者时的“知识分配”。①

例如，在解释冷战为什么发生时，传统的理论强调的是苏联对西方世界的意识形态和战争威胁，但建构主义认为，冷战的起源是因为苏联和美国之间的身份或认同对立：美国将苏联的存在从国内到国际都视为是对美国主导的社会秩序的威胁，而苏联同样将美国视作威胁；北约的形成不但是为了抵御共同的威胁，更是基于大西洋两岸对维护自由秩序的共同认同。② 同样的逻辑，在美国的观念中，英国是朋友，而朝鲜不是，对同样是巨大杀伤力的核武器，美国对拥有大量核武器的英国并不担心，但对仅仅是有可能拥有核武器的朝鲜，却深深忧虑。③

显然，观念和身份（“我们是谁”、“自我与他者是如何区别的”）等因素

---

① Alexander Wendt, “Anarchy is What States Make of it: The Social Construction of Power Politics”, *International Organization*, Vol.46, No.2, 1992, p.397.

② 参见［美］彼得·卡赞斯坦主编：《国家安全的文化：世界政治中的规范与认同》，宋伟、刘铁娃译，北京大学出版社 2009 年版；See Alexander Wendt, “Collective Identity Formation and the International State”, *The American Political Science Review*, Vol.88, No.2, 1994, p.386。

③ See Alexander Wendt, “Constructing International Politics”, *International Security*, Vol.20, No.1, 1995, p.73.

在建构主义安全观中占据了核心位置。由此,只要国家间的认同和观念等有所改变,那么,国际体系的"无政府状态"也就可以被改变,国家间的"安全困境"等在新现实主义安全范式中对国家安全行为不可避免地起到决定性作用的因素,也将随之改变。

观念和身份(认同)等因素则主要是通过"实践",并在互动进程中建构的。进一步来看,形成或者改变认同和观念的最有效的方法,是有关国家在国际制度框架内能够不断地接受国际规范,并通过彼此之间的互动扩大安全问题领域内的共识,进而形成新的安全观念。正如温特指出的,一个国家在国际制度框架内如何能够不断地接受具有"约束性作用"的国际规范,进而通过相互之间的互动产生和扩大具有"构成性作用"的共有知识,并在共有知识的基础上产生和培养出个体国家的集体安全认同。①

最终,国际组织的作用在于:它是国际规则和国际规范的重要载体,也是国家间互动的平台、场所和推动者,它在某种程度上可以建构国家的认同,因而它对于塑造国家的安全利益和政策发挥了重要的乃至无以替代的作用。

(二)"东南亚国家联盟"(ASEAN)与地区安全

"东南亚国家联盟"的前身是马来亚(现马来西亚)、菲律宾和泰国于1961年7月31日在曼谷成立的"东南亚联盟"。1967年8月7—8日,印度尼西亚、泰国、新加坡、菲律宾四国外长和马来西亚副总理在曼谷举行会议,发表了《曼谷宣言》(《东南亚国家联盟成立宣言》),正式宣告东南亚国家联盟成立。20世纪80年代至90年代,文莱(1984年)、越南(1995年)、老挝(1997年)、缅甸(1997年)和柬埔寨(1999年)5国先后加入该组织,使东盟由最初成立时的5个成员国扩大到10个成员国。

在20世纪60年代,"东南亚国家联盟"成员国之间尚存领土纠纷,严重的意识形态分歧、安全疑惧甚至是近乎战争的紧张状态(如菲律宾和马

① See Alexander Wendt,"Collective Identity Formation and the International State",p.390.

来西亚之间的沙巴冲突，印度尼西亚和马来西亚、泰国和马来西亚、马来西亚和新加坡之间的边界争端）。因此，东南亚地区当时被称为“东方的巴尔干”。然而，经过数十年的发展，东盟覆盖下的东南亚地区如今却被誉为“和平的堡垒”。“东盟在调解地区内部的冲突以及降低战争冲突的可能性方面发挥了重要的作用。东盟原来的成员，印度尼西亚、马来西亚、新加坡、泰国以及菲律宾，从 1967 年成为一个集团之后相互之间就一直没有发生战争。除此之外，在 1991 年签署关于柬埔寨问题的《巴黎和平协定》时，东盟宣称已经具备了一种管理地区秩序的能力，即通过东盟的领导作用来影响和平进程。”①

“东盟”作为地区性国际组织对 10 个成员国以及东南亚地区安全的塑造突出表现为：

一方面，“东盟”一系列的制度安排、原则和规范等对成员国安全行为的约束和限制。比如，《东南亚友好合作条约》第二条明确规定，在处理国与国之间的关系时，缔约国将遵循以下基本原则：各国相互尊重彼此的独立、主权、平等、领土完整和民族特性；每个国家都有维护其民族生存、反对外来干涉、颠覆和强制的权力；互不干涉内政；用和平方式解决分歧和争端；不以武力相威胁或使用武力；在缔约国间进行有效的合作。② 其中，互不干涉内政（即不干涉成员国的内部事务）是一个关键因素。在操作方面，东盟互不干涉原则强加于其成员国的义务主要有四个方面：(1)禁止对成员国政府对待其人民的行动进行批评，包括违反人权的行动在内，禁止把国家的国内政治体系和政府风格作为决定成员国资格的基础；(2)批评被认为是侵犯了不干涉原则的行为（如 1978 年越南入侵柬埔寨）；(3)禁止认可、庇护或以其他形式支持任何试图破坏或推翻邻国政府的反叛组织；(4)对成

---

① ［加］阿米塔·阿查亚：《构建安全共同体：东盟与地区秩序》，王正毅、冯怀信译，上海人民出版社 2004 年版，第 7 页。

② 《东南亚友好合作条约》，https://assets.publishing.service.gov.uk/government/uploads/system/uploads/attachment_data/file/228909/8472.pdf。

员国开展的反对颠覆性和破坏性的行动提供政治支持和物质援助。①

另一方面,“东盟”提供了互动的平台和场所,通过频繁而密切的互动和社会化过程,成员国逐渐“内化”了“东盟方式”(ASEAN Way)②,在此基础上,成员国的安全利益观念、实现安全利益的方式和手段都发生了变化。

对于“东盟方式”,有的学者认为,它通常是指一种独特的政策制定方式,并将其界定为“规范和风格”的混合;有些学者则强调其在决策过程要以尊重主权为基础、以协商一致为特征。但是对它的核心内涵的阐述却是大同小异的,即“东盟方式”是指自东盟创立以来,“其成员国在处理内部事务时逐渐形成的一种基本原则、外交方式和行为规范”。③

具体来看,东盟国家在处理东南亚次区域安全问题时普遍遵循的基本原则和规范在于:在多边场合相互尊重国家主权,互不干涉对方内部事务;成员国通过对话磋商、耐心渐进、在决策过程中协商一致和寻求共识的方式,而不是诉诸传统的集体安全或者正式的机制化的办法;共识的建立同时得益于该地区政治领导人以及高级官员之间形成的较为密切的人际关系和非正式联系,且各方之间的分歧力求私下解决,而避免见诸公开场合。可以认为,“东盟方式”作为一种地区规范,不仅塑造了成员国的安全利益观念,而且在很大程度上帮助确定了行动的方向以及建立起可以接受的行动界限。

(三)ARF 机制下中国的“适应”与“学习”

作为东亚乃至整个亚太地区官方唯一的多边安全对话与合作机制,东盟地区论坛提倡开放的地区主义、软性的地区主义,倡导合作安全。它的突

---

① [加]阿米塔·阿查亚:《构建安全共同体:东盟与地区秩序》,第 81—82 页。

② 阿米塔·阿查亚认为,不使用武力与和平解决争端、不干涉国家内部事务等规范,尽管对东盟的政治和安全作用极其重要,但它们本身并不是独特的;而使东盟真正具有独特性的是那些以“东盟方式”著称的规范。参见[加]阿米塔·阿查亚:《构建安全共同体:东盟与地区秩序》,第 87 页。

③ 转引自苏浩:《从哑铃到橄榄——亚太合作安全模式研究》,世界知识出版社 2003 年版,第 465—466 页。

出特点是：协商一致地讨论共同关心的安全问题，不讨论具体涉及成员国安全利益的敏感问题，讨论不针对具体的国家，会议不签订明确的协定，会议的声明对成员国没有强制与约束性，会议以各方感到舒适的进度发展。①

分析认为，中国参与东盟地区论坛的基调和质量在互动进程中发生了实质性的变化。中国在初期主要是出于防御的目的来参与东盟地区论坛，往往重申已有的官方立场，包括对良好的意图与和平共处五项原则的阐述②；但并没有使用过与共同安全或合作安全相关的术语、概念和措词。③随后，中国参与东盟地区论坛的进程表明，中方的态度变得更为积极和热情，（外交官）越来越坦然、自信和成熟老练；中方的举措、安全话语和理念起了变化。

1996 年 7 月，第 3 届东盟地区论坛外长会议在印度尼西亚首都雅加达召开，中国在会上正式提出愿意主办亚太地区建立信任措施的会间会。会议同意了中国的要求，并决定由中国与菲律宾共同举办下一届信任措施会间会。该专题会随后于 1997 年 3 月在北京召开，这是中国首次举办关于安全问题的多边国际会议。1997 年 7 月，在第 4 届东盟地区论坛外长会议上，时任外交部长钱其琛就"如何维护地区的持久和平与安全"的问题指出，"在新的国际形势下，应当有新的安全观。安全不能依靠增加军备，也不能依靠军事同盟。安全应当依靠相互之间信任和共同利益的联系"，"我们应共同努力培养一种适合本地区多样性特点的新型地区安全观"④。在 2002 年 7 月 31 日举行的东盟地区论坛外长会议期间，中国代表团向大会提交了"中国关于新安全观的立场文件"，全面、系统地阐述了中方在新形势下的安全观念和政策主张。中国方面认为，新安全观的核心应是互信、互利、平等、协作。互信，是指超越意识形态和社会制度异同，摒弃冷战思维和

---

① 苏浩：《从哑铃到橄榄——亚太合作安全模式研究》，第 213 页。

② ［美］阿拉斯泰尔·伊恩·约翰斯顿、罗伯特·罗斯主编：《与中国接触——应对一个崛起的大国》，黎晓蕾、袁征译，新华出版社 2001 年版，第 331—332 页。

③ Alastair Iain Johnston, *Social States: China in International Institutions, 1980-2000*, p.168.

④ 钱其琛：《在第四届东盟地区论坛会议上的讲话》（1997 年 7 月 27 日），http://www.people.com.cn/electric/hh50/4/4_1_20.html。

强权政治心态,互不猜疑,互不敌视。互利,是指顺应全球化时代社会发展的客观要求,互相尊重对方的安全利益,在实现自身安全利益的同时,为对方安全创造条件,实现共同安全。平等,是指国家无论大小强弱,都是国际社会的一员,应相互尊重,平等相待,不干涉别国内政,推动国际关系的民主化。协作,是指以和平谈判的方式解决争端,并就共同关心的安全问题进行广泛深入的合作,消除隐患,防止战争和冲突的发生。新安全观实质是超越单方面安全范畴,建立在共同利益基础上,以互利合作寻求共同安全。①

可以认为,在以 ARF 等为代表的地区安全制度框架下的互动进程中,中国自身经历了“适应”与“学习”②的阶段;因为 ARF,中国“学会了一种新的合作形式”,“更愿意通过和平方式处理有关的争端”。③ 事实上,中国不仅能够更新自己的安全理念和行为,而且帮助塑造了地区安全事态并引导了发展的趋向。

结　　语

安全是国际关系研究的核心领域之一。在这一领域,国际组织能够做什么?做得如何?本章认为,回答上述疑问,需要回归到一些更为基本的问题,即什么是安全?谁的安全?如何去实现安全?借鉴现实主义、新自由主义和社会建构主义有关安全问题的阐释逻辑,本章进一步考察和分析了国际组织的运行特点和作用机制。在此,对于国际组织是否能够维护国际安全的问题,我们提供了具有操作性的分析路径和具体解答。

---

① 《中国关于新安全观的立场文件》(2002 年 7 月 31 日),https://www.fmprc.gov.cn/web/ziliao_674904/tytj_674911/zcwj_674915/t4549.shtml。

② 如果说,“适应”只是行为体基于成本与收益的考量而在变化的外部条件下进行的策略性调整;那么,在进一步互动的过程中,“学习”的效果就可能出现了。这会带来观念和政策的改变,不断完善对外部世界的认识,从而提升制度参与的广度与深度以及制度框架下国家角色的积极性与主动性。

③ Alastair Iain Johnston, *Social States: China in International Institutions, 1980-2000*, p.178.

第七章　国际组织与贸易、发展

在人类历史上，人们对更为美好事物的追求一直激励着全球范围的人口流动、贸易往来和思想文化的交流。以经济活动超越国界为主要内容和推动力量的经济全球化，是科技进步和社会生产力发展的客观过程，是当代世界的基本特征，也是影响人类社会发展的重大趋势。国家、国际组织、跨国公司等成为全球化进程中的重要行为体。全球化呼唤全球经济治理的拓展与深化。国际组织作为全球经济治理的主要平台，在全球经济治理过程中发挥着无以替代的作用。

本章重点关注经济全球化进程中的贸易和发展问题，考察相关国际组织在其中的作用与角色，分析国际组织在全球经济治理进程中的运行特点及其面对的问题和挑战。

一、贸易和发展领域的制度框架

在当代世界的经济全球化进程中，世界贸易组织、国际货币基金组织和世界银行构成了贸易和发展领域的基本制度框架。与此同时，广泛存在于各个地区的国际组织也在发挥重要作用。

（一）世界贸易组织

世界贸易组织是当代最重要的国际经济组织之一，目前拥有 164 个成员，成员贸易总额达到全球的 98%，有“经济联合国”之称。世界贸易组织的前身是“关税及贸易总协定”。尽管 GATT 在促进国际贸易自由化和调整世界经济关系方面发挥了巨大作用，但它基本上是“一个临时性的国际协议”，管理范围过于狭窄（主要是货物贸易的关税和配额），且不具有国际法主体资格。①

WTO 继承和加强了 GATT 的某些特点，是一个正式的协定性政府间国际组织；WTO 管辖范围除货物贸易外，还扩展到服务贸易与知识产权领域；GATT 的许多重要协议仅仅以守则方式实施，只对协议的签字方有约束力，WTO 成员则必须以“一揽子”方式接受所有协定和协议，WTO 更具约束力；WTO 的贸易争端机制比 GATT 更具权威性，在行动上更具有效性，裁决一般不受阻挠。

在其机构设置上，WTO 主要由三个部分组成。部长会议是 WTO 最高权力机构和决策机构，也是最重要的谈判场合，履行 WTO 各项职能并采取必要行动；部长会议是非常设机构，由各成员方部长参加，定期举行会议并作出有关决策。总理事会在部长会议休会期间执行其各项职能，负责 WTO 的日常领导与管理；总理事会是 WTO 常设决策机构，由成员方代表组成，在其认为适当的时候召开会议，自行拟订议事规则及议程；总理事会下设各理事会和专门委员会以及贸易争端解决机构、贸易政策机制审议机构，履行其解决贸易争端以及审议各成员贸易政策的职责。大约由 500 人组成的秘书处是 WTO 的日常办事机构，由部长会议任命的总干事领导，其他工作人员则由总干事任命，两者的职责具有完全的国际性，即只代表 WTO 的利益，而非任何国家的利益。

WTO 作为一个“合约”组织，其决策机制是“协商一致”，“协商一致”意味着在某项谈判或会议中，只有在所有成员方都不反对的情况下，该项决策才能够被通过。但是，“协商一致”并不要求一致同意或一致赞成，成员方还可以选择放弃发表自己的意见，“协商一致”的实行底线是没有成员方正式反对

---

①　Kelly-Kate S. Pease, *International Organizations: Perspectives on Global Governance in the Twenty-First Century*, New York: Longman, 2010, p.158.

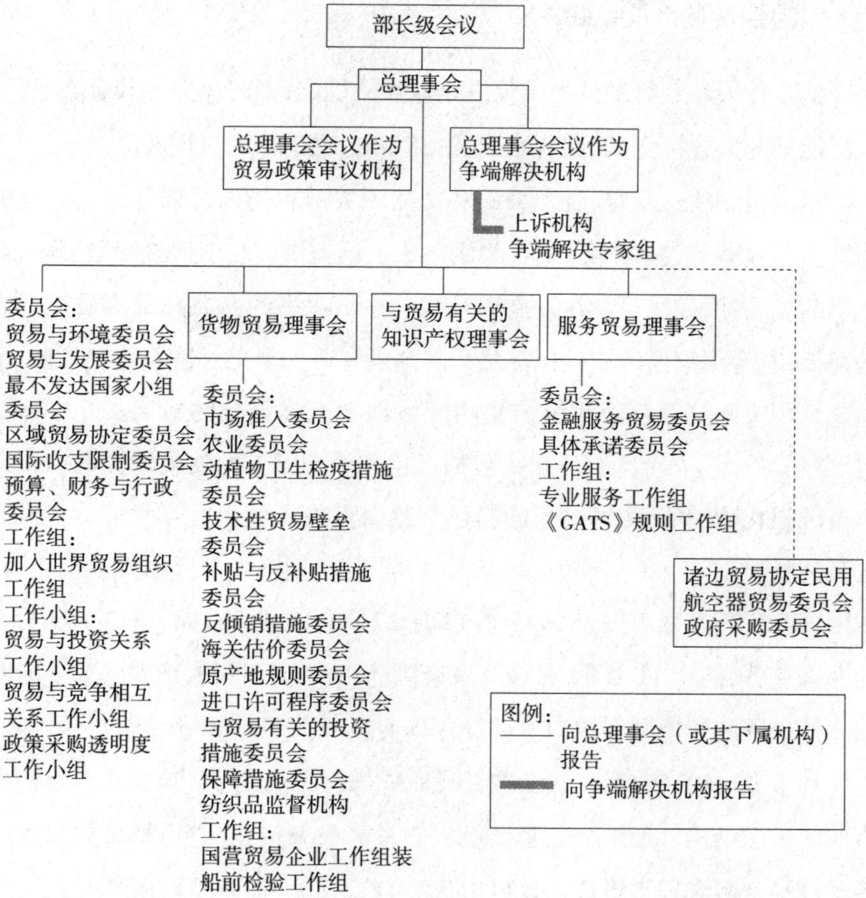

WTO 机构图

拟议的决定。而当有关协议难以达成共识时，则采用投票方式作决定。①

---

① 对于 WTO 一般的决议如果不能达到一致同意，则采用简单多数规则，但《世界贸易组织协定》另有规定的除外。下列事项采用三分之二多数通过：第一，对《世界贸易组织协定》附件 1 中的多边货物贸易协定和与贸易有关的知识产权协定的修改建议；第二，对《服务贸易总协定》一至三部分以及附件的修改建议；第三，对《世界贸易组织协定》和多边贸易协定的某些条款修改意见提交成员方接受的决议；第四，新成员方加入 WTO；第五，财务和年度预算决议。对于非常重大事项，如果成员方不能达成一致同意，则采用四分之三多数通过：(1)条款的解释；(2)各项协定的修改；(3)豁免义务。

（二）国际货币基金组织

国际货币基金组织致力于促进全球经济稳定，即避免经济和金融危机、经济活动的大规模变动、高通胀以及外汇和金融市场的过度波动。

基金组织通过监督、技术援助和贷款等关键职能以帮助各国实施稳健和适当的政策。具体来看，基金组织向成员国提供有利于促进稳定、降低对危机的脆弱性、鼓励可持续发展以及提高生活水平的经济和金融政策的有关建议；基金组织监测影响国际货币和金融体系的全球经济趋势和发展，推动成员国之间关于各国政策产生的区域性和全球影响的对话。除了这些“监督活动”外，基金组织还提供包括建议和培训等方面的技术援助以帮助成员国强化体制能力，并向他们提供贷款以促进在发生国际收支危机时的政策调整。①

国际货币基金组织于 1945 年 12 月 27 日正式成立，1947 年 3 月 1 日开始办理业务，同年 11 月 15 日成为联合国的一个专门机构，但在经营上有其独立性。国际货币基金组织总部设在华盛顿，目前有 189 个成员。

理事会、执行董事会、总裁和常设职能部门等组成了国际货币基金组织当前的治理结构。理事会是基金组织的最高决策机构，它由每个成员的一名理事和一名副理事组成。理事由成员自行任命，通常是财政部长或中央银行行长。由 24 名成员组成的基金组织执董会负责开展基金组织的日常业务，并行使《基金组织协定》所授予的权力。基金组织总裁既是基金组织执董会主席，也是基金组织工作人员的首领。总裁由执董会任命，任期五年，可连任，并由一位第一副总裁和三位副总裁协助。

（三）世界银行

世界银行通常是指国际复兴开发银行（IBRD），它是世界银行集团

---

① 国际货币基金组织网站，https://www.imf.org/zh/About/Factsheets/Sheets/2016/07/27/15/22/How-the-IMF-Promotes-Global-Economic-Stability。

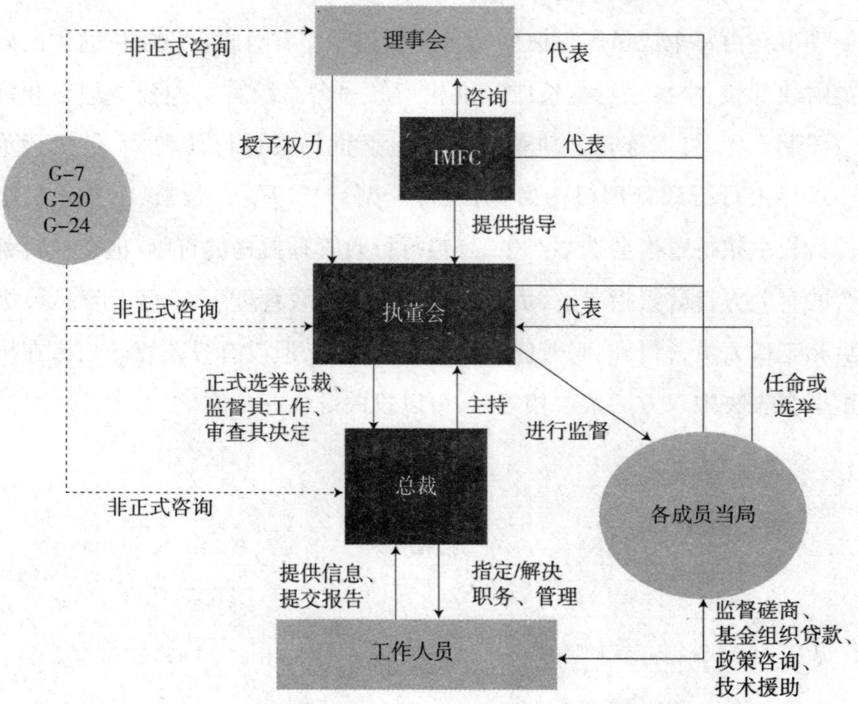

国际货币基金组织当前治理结构程式图

(WBG)的组成部分。除了国际复兴开发银行,世界银行集团还包括国际开发协会(IDA)、国际金融公司(IFC)、多边投资担保机构(MIGA)和国际投资争端解决中心(ICSID)等机构。世界银行不是一般意义上的银行,而是给发展中国家提供资金支持、政策咨询和技术援助的国际组织。世界银行向发展中国家提供低息贷款、无息贷款和赠款,用于支持对教育、卫生、公共管理、基础设施、金融和私营部门发展、农业以及环境和自然资源管理等诸多领域的投资。部分世界银行项目由政府、其他多边机构、商业银行、出口信贷机构和私营部门投资者联合融资。①

世界银行成立于1945年,1946年6月开始营业,目前共有189个成员国。成员国通过理事会和执行董事会管理世界银行集团。各机构的所有重

① 世界银行网站,http://www.shihang.org/zh/about/what-we-do。

大决策均由理事会和执董会作出。

理事会由每个成员国任命的一名理事和副理事组成。该职位通常由该成员财政部长、中央银行行长或级别相当的一名高级官员担任。理事和副理事任期五年,可以连任。执董会成员包括世界银行行长和25名执行董事。世界银行行政管理机构由行长、若干副行长、局长、处长、工作人员组成。行长由执行董事会选举产生,是银行行政管理机构的首脑,他在执行董事会的有关方针政策指导下,负责银行的日常行政管理工作,任免银行高级职员和工作人员,行长同时兼任执行董事会主席,但没有投票权。只有在执行董事会表决中双方的票数相等时,可以投关键性的一票。

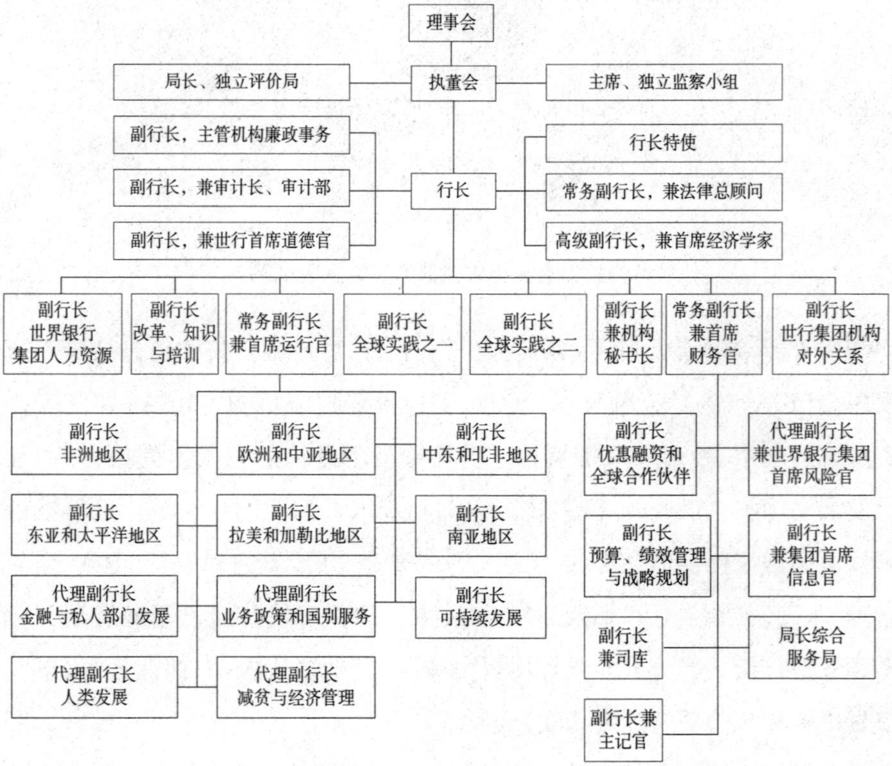

世界银行组织架构图

除了上述三大国际经济组织之外,还有其他一些国际组织和机制在贸易和发展领域发挥各自的影响力。同时,主要由于世界政治经济发展的不平衡,不同的制度框架显示出不同的关注重点和运行特征。比如,主要由发达国家推动的“七国集团”、“经济合作与发展组织”;由发展中国家推动的“联合国贸发会议”、“七十七国集团”;由新兴国家推动的“金砖国家机制”,以及在当代全球治理进程中日益重要的“二十国集团”等。

(四)经济合作与发展组织

经济合作与发展组织(经合组织)正式成立于 1961 年,目前是全球 36 个市场经济国家组成的政府间国际经济合作组织,总部设在巴黎。[①] 经济合作与发展组织的前身是欧洲经济合作组织(OEEC)。该组织在美国和加拿大的支持下作为“北约”的经济对应体而创建于 1947 年,目的是协调二战后重建欧洲的“马歇尔计划”。

经合组织常被称作“智囊团”、“监督机构”、“富人俱乐部”或“非学术性大学”。经合组织并不提供基金援助。它提供一个思考和讨论问题的场所,在大约 300 个委员会、工作组和专家组的支持下,在数据收集、分析、讨论的基础上,帮助各国政府制定和完善社会经济政策。这些政策可能促使成员国政府间达成正式协议,并在国内或其他国际场合实施。经合组织还通过政府间的双边审查、多边监督和平行施压,促使各成员国遵守规则或进行改革。经合组织成员国提供了全世界近 60%的商品和服务,且是实行市场经济和多元民主国家,但经合组织不是一个严格意义上的排他性俱乐部。

---

① 经济合作与发展组织现有 36 个成员,包括 1961 年的创始成员:美国、英国、法国、德国、意大利、加拿大、爱尔兰、荷兰、比利时、卢森堡、奥地利、瑞士、挪威、冰岛、丹麦、瑞典、西班牙、葡萄牙、希腊、土耳其;以及后来加入的成员:日本(1964 年)、芬兰(1969 年)、澳大利亚(1971 年)、新西兰(1973 年)、墨西哥(1994 年)、捷克(1995 年)、匈牙利(1996 年)、波兰(1996 年)、韩国(1996 年)、斯洛伐克(2000 年)、智利(2010 年)、斯洛文尼亚(2010 年)、爱沙尼亚(2010 年)、以色列(2010 年)、拉脱维亚(2016 年)、立陶宛(2018 年)。http://www.oecd.org/about/membersandpartners/list-oecd-member-countries.htm。

（五）联合国贸易和发展会议

联合国贸易和发展会议（贸发会议）是一个成立于1964年12月的联合国常设机构。人们普遍认为这是一个发展中国家享有控制权的经济组织，它的主要职能是处理有关贸易与经济发展问题，其宗旨是最大限度地促进发展中国家的贸易、投资机会，并帮助发展中国家应对全球化带来的挑战以及在公平的基础上融入世界经济。

不同于国际货币基金组织和世界银行，联合国贸易和发展会议是以一国一票为基础的，因此能够最大化地反映出“南方国家”在国际舞台上扮演的重要角色——毕竟它们占有数量上的优势。自其成立以来，贸发会议已先后在日内瓦（瑞士）、新德里（印度）、圣地亚哥（智利）、内罗毕（肯尼亚）、马尼拉（菲律宾）、贝尔格莱德（南斯拉夫）、日内瓦、卡塔赫纳（哥伦比亚）、米德兰（南非）、曼谷（泰国）、圣保罗（巴西）、阿克拉（加纳）、多哈（卡塔尔）、内罗毕（肯尼亚）等举行过14届大会；除了日内瓦，会议举办地基本是在发展中国家。

冷战时期，集团体系成为联合国贸易和发展会议决策过程中的最大特征。当时，主要有四个集团：A集团包括亚、非各国以及南斯拉夫；B集团是经合组织的成员国；C集团由拉美及加勒比各国组成；D集团则代表了东欧社会主义国家。A和C共同构成了七十七国集团。联合国贸易和发展会议的政治一直围绕这些集团进行。该组织中所有的商谈都是以这种集团体系为基础的，联合国贸易和发展会议变成了一个集团内部的相互一致重于集团间协议的组织。冷战结束以来，贸发会议在南北对话中的姿态更加具有合作性，但总体而言，它在贸易和发展领域的重要性并没有更加突出。

从历史的观点来看，联合国贸易和发展会议为有关国家尤其是后发的国家开拓不同的发展道路作出了重大贡献。一方面，它在20世纪六七十年代提出了有别于布雷顿森林体系下的自由主义的经济发展模式，其意义十分重大。另一方面，联合国贸易和发展会议提供了一个谈判场所，尽管也达成了一些协议,但总体作为仍令人十分失望。曾有人嘲讽说,该组织的英文名称 UNCTAD 简直就是"Under No Circumstance Take Any Decision"(在任何情况下都无所作为)六个英文单词的首字母缩写。①

(六)BRICS 和 G20

进入 21 世纪后,"金砖国家"和"二十国集团"日益显示其在贸易和发展以及更为广泛的全球治理领域的重要性。

传统"金砖四国"(BRIC)引用了巴西、俄罗斯、印度和中国的英文首字母。这个词是高盛公司的吉姆·奥尼尔于 2001 年首次提出的。由于该词与英语单词的砖(Brick)类似,因此被称为"金砖四国",南非加入后,其英文单词变为"BRICS",并改称为"金砖国家"。金砖国家作为一个平台、一种新的合作机制,最初关注的是全球经济治理改革,希望在世界银行、国际货币基金组织中有更大的话语权,寻求更加多元和民主的全球经济治理。金砖国家之间的合作已进一步扩展到应对全球气候变化、联合国改革等问题领域;而目前的议程越来越关注内部合作,例如建立新开发银行(New Development Bank,NDB)和应急基金。

二十国集团由七国集团财长会议于 1999 年倡议成立,成员包括中国、阿根廷、澳大利亚、巴西、加拿大、法国、德国、印度、印度尼西亚、意大利、日本、韩国、墨西哥、俄罗斯、沙特阿拉伯、南非、土耳其、英国、美国以及欧盟等。G20 初期运行机制为财长和央行行长会议机制,即参与方财长和央行行长定期对话。2008 年国际金融危机后,G20 开始举行领导人峰会,并于当年 11 月 15 日在华盛顿举行了首次峰会。G20 峰会采用协调人和财金渠道"双轨机制"②,按照协商一致原则运作,目前无常设机构。G20 主席采取

---

① [英]马克·威廉姆斯:《国际经济组织与第三世界》,张汉林等译,经济科学出版社 2001 年版,第 186 页。

② 协调人由各成员方领导人任命,多由各成员负责外交、经济、金融事务的高官担任。协调人每年召开 3—6 次会议,讨论峰会各项筹备工作,重点是政治筹备工作,包括峰会成果磋商。财金渠道负责就具体经济金融问题进行磋商,并提出建议。

轮换制,前任、现任、候任主席组成“三驾马车”,共同参与当年 G20 峰会进程。G20 成员涵盖面广,代表性强,兼顾了发达国家和发展中国家以及不同地域的利益平衡。迄今为止,G20 已举行过 13 次峰会,主要讨论全球重大经济金融热点问题,为推动世界经济复苏及国际金融体系改革作出了重要贡献。

二、贸易和发展领域的机制保障

至此,我们认为,一系列全球性或地区性国际组织在贸易和发展领域构建了组织框架,搭建起互动与合作的支撑平台,从而推进自由贸易的顺畅运行,或者有效解决发展问题,同时需要原则、规范、规则和决策程序等作为互动与合作进程中的机制保障。

(一)原则

所谓原则,是指对事实、因果关系和公正的信念。在贸易领域,人们认为,贸易是好的;自由贸易比受到约束的贸易更好;商品的自由流动可以实现全球福祉的最大化;自由贸易还可以促进和平。在发展领域,人们认为,发展是人类社会永恒的主题,寄托着生存和希望;任何地方的贫困都是对人类良知和共同命运的挑战;等等。上述种种,代表了人们在贸易和发展问题上的原则性信念,是很多国际组织建立的深层基础,也是其顺畅运行的根本保障。

具体来看,世界贸易组织的建立和运行,始终秉持非歧视原则、公平贸易原则、透明度原则等。

所谓非歧视原则,即在世贸组织各成员之间进行贸易时不得对任何一方进行歧视或给予特殊的优惠待遇。非歧视贸易原则主要表现为最惠国待遇原则和国民待遇原则。最惠国待遇原则,要求某一成员方应在货物贸易、服务贸易和知识产权领域给予任何其他国家的优惠、豁免或特权应立即地、无条件地、自动地给予所有成员方。国民待遇原则,意味着一个国家给予其境内的外国公民、企业和商船民事权利方面与其国内公民、企业、商船一样享有同等的待遇。公平贸易原则即反对倾销和出口补贴，并允许征收反倾销税、反补贴税。它意味着企业不得以低于国内售价或成本价向国外出口产品，政府不得出资补贴出口商，使其产品以低于正常价格向国外销售。透明度原则是指缔约方政府应提前公布与进出口贸易有关的法律和规章，未公布前不能实施。

在地区发展领域，正如前文指出的，亚洲基础设施投资银行作为一种多边主义的制度形式，首先要建立在明确的原则基础之上。因此，《亚投行协定》申明，通过在基础设施及其他生产性领域的投资，促进亚洲经济可持续发展、创造财富并改善基础设施互联互通；与其他多边和双边开发机构紧密合作，推进区域合作和伙伴关系，应对发展挑战。

总的来看，无论是在贸易领域还是在发展领域，相关国际组织都要求建立在多边主义原则的基础之上。按照约翰·鲁杰的解释，多边主义是一种在广义的行动原则基础上协调三个或者更多国家之间关系的制度形式。除了非歧视性，多边主义还具有不可分割性以及扩散的互惠性等特点。不可分割性被认为是一种社会建构，而不是一种技术性的状态。在贸易中，对最惠国待遇的遵守，而不是贸易自身所具有的一些内在属性，使得贸易体系对集体所有成员来说总体上具有不可分割的特性。扩散的互惠性意味着有关成员所达成的协定随着时间的推移会在量上给它们带来大致平等的收益，而不需要即时的平衡。①

（二）规范与规则

一般而言，规范是国际社会中的一种“应然”，即为国际社会中的大多数行为体所认可的“好的”和“应该”的行为方式和行为表现，是藉由权利和义务所确定的行为标准。比如，权利与义务平衡是 WTO 的显著特点。

① ［美］约翰·鲁杰主编：《多边主义》，苏长和等译，浙江人民出版社 2003 年版，第 3—54 页。

WTO 成员要履行 WTO 的义务，如遵守 WTO 的基本规则，履行承诺的减让义务，确保贸易政策法规的统一性和透明度。与此同时，WTO 成员也享受一系列 WTO 赋予的权利。类似的，IMF 成员认缴的份额决定了其在 IMF 决策中的投票权和贷款数额，也被认为是一项通行的规范。

规范与规则在概念的边缘地区上是融为一体的。但是规则更具有专门性，规则是对行为的特别规定或禁令，更加详细地包含其成员特定的责任和义务。

贸易机制的规则从细节上规定了有关规范所指的含义，也规定了这些规范所允许的例外情形。比如，最惠国待遇原则的例外，主要有以下几种情形：区域经济安排，如关税同盟、自由贸易区等①；边境贸易，即在距边境线 15 公里以内的贸易；普惠制②，即发达国家给予发展中国家的优惠关税待遇；因健康、道德、环保和安全等原因采取措施限制特定来源的进口；若某国对出口给予补贴或者某一贸易实体倾销其产品，进口国可对有关进口征收反补贴税等。

GATT 时期的《多种纤维协定》（MFA）比较典型地代表了自由贸易的“例外情形”。

从 20 世纪 50 年代起，许多新独立国家的纺织业获得了很大的发展。由于纺织品和服装工业只需要较少的投资，这些国家便把纺织和服装业作为工业化的先行部门，大量纺织品涌入国际市场。美国等发达国家大量进口纺织品，本国的纺织业抵挡不住来自中国香港、泰国、印度等低工资国家和地区的纺织品的竞争，要求政府采取数量限制措施，保护本国的纺织业。

在关贸总协定的主持之下，20 世纪 70 年代纺织品贸易国经过艰苦的谈判后达成《多种纤维协定》。该协定实质上是美国等发达国家为了保护

① 关税同盟和自由贸易区是 WTO 文件中规定的两个具有代表性的区域贸易安排模式，具有合法性。

② 普惠制，即普遍优惠制，是指工业发达国家对发展中国家或地区出口的制成品和半制成品给予普遍的、非歧视的、非互惠的关税制度。1968 年第二届联合国贸易与发展会议上通过了建立普惠制的决议。1971 年 7 月，欧洲共同市场首先制定了普惠制方案，开始实施。享受普惠制待遇的有 170 多个发展中国家和地区。

本国的纺织业免受冲击而针对发展中国家实施的一项纺织品贸易的数量限制措施。

《多种纤维协定》最显著的特点就是配额制度,而配额与关贸总协定规则是有冲突的,因为关贸总协定更喜欢使用关税而不是数量限制措施。配额也是对关贸总协定平等对待所有贸易伙伴原则的例外,因为它们规定了进口国从每个出口国进口的数量。

自1995年起,WTO《纺织品与服装协议》取代了《多种纤维协定》。到2005年1月1日,该领域将完全纳入正常的WTO贸易规则之中。特别是配额将最终被取消,进口国将再也不能对出口国实施歧视性待遇。《纺织品与服装协议》本身也将不复存在,它是WTO协议中唯一规定了自行废止内容的协议。

(三)决策程序

所谓决策程序,是制定和执行集体选择时通行的做法。比如,WTO框架下的决策力求"协商一致";一般的决议如果不能达到一致同意,则采用简单多数表决通过;而对于新成员方加入WTO,采用三分之二多数通过;对于非常重大事项,如条款的解释或各项协定的修改,如果成员方不能达成一致同意,则采用四分之三多数通过。世界银行采用加权投票制,即表决时除考虑主权平等原则外,还要根据各国认购股份计算,由此形成"基本票+份额票"的表决权机制,投票权的大小与会员国认购的股本成正比。根据世界银行规定,任何重大决议必须有85%以上的成员投票通过。显然,各种通行的做法,一方面是要保障制度框架的顺畅运行,另一方面是要提升解决问题的效率。客观来看,公平与效率的问题,始终是其中的关键挑战。

除了以投票与表决为核心的决策程序,在一个不同层次上,世界贸易组织宪章中所规定的贸易争端解决机制和程序代表了一种通行的做法。

WTO贸易争端解决程序如下。

磋商。世界贸易组织争端解决机构规定,争议各方首先要通过磋商解决争议。被要求磋商的成员应在接到磋商请求之日后的10天内作出答复,并应在接到请求之日后不超过30天的时间进行磋商。磋商应在被要求方接到磋商请求之日后60天内完成。DSB规定60天的期限是希望争端各方在此期限内能够通过外交磋商的友好方式解决争端。

专家组。各方有关贸易争议的磋商若60天后未获解决，一方可申请成立专家组。DSB在接到申请后的第一次会议上决定是否需要成立专家组；①第二次召开会议时则确定专家组的人员组成、工作范围等。专家组一般由3人组成。小组成员由争议双方共同选择，如有不同意见，由总理事选定。专家组提出裁决报告的期限一般是6个月，可以延长但无论如何不能超过9个月。

上诉。DSB建立了常设的上诉机构，处理争端当事方对专家组决定不服提出的上诉请求。上诉机构由7名成员组成，任何一件上诉案件将由其中的3人审理。

执行（或报复）。解决争端机构通过专家组或上诉机构的报告后，当事各方应予执行。若争议各方继续就补偿问题等达不成一致，申诉方可请求DSB授权其对被诉方进行报复或跨领域的交叉报复。

案例分析：印度诉欧盟对发展中国家实施关税优惠措施的条件②

自1971年起，欧共体开始对发展中国家给予普惠制，以关税优惠待遇为主要形式，并且每隔数年就以条例的形式对普惠制安排进行调整，其范围包括受惠产品、关税削减幅度、管辖模式、受惠国等。欧盟2001年12月10日通过第2501/2001号理事会条例（有效期从2002年1月1日至2004年12月31日），除包含对关税优惠的一般性安排、对最不发达国家的特殊安

① 按照WTO反向协商一致的表决方式，只要不是全体成员一致反对，争端解决程序就应继续进行下去，不能因一个或几个成员的否决而停顿。这意味着专家组比较容易成立，世贸组织解决争端的机制在加强；因为在关贸总协定机制下，可以"协商未完"为借口拖延专家组的成立。

② 参见朱榄叶编著：《世界贸易组织国际贸易纠纷案例评析（2003—2006）》，法律出版社2007年版，第3—18页。

排,还规定了三种特别奖励安排:“反毒品生产与贩卖”特殊安排、“环境保护”特殊安排、“劳工权益”特殊安排。条例规定,对于特殊奖励安排只有符合欧盟自定标准的发展中国家才能获得其中的优惠。比如,“劳工权益”特殊安排,要求发展中国家证明自己已经将国际劳工组织的核心劳工标准(主要是废除强迫劳动、就业与职业中的非歧视和童工规定等)纳入其国内法,并加以有效执行。

就上述条例中的“反毒品生产与贩卖”特殊安排,印度认为,相关安排既违反“最惠国待遇”原则,也不符合“非歧视”要求。2002 年 12 月 9 日,印度提出与欧盟进行磋商,以解决后者对发展中国家实施关税优惠措施的条件问题。双方磋商未果,应印度的请求,2003 年 1 月 16 日,专家组成立。同年 10 月 28 日,专家组提交报告。

专家组报告裁定被诉措施不符合关贸总协定第 1 条第 1 款的规定,并认为欧盟有义务“援引”授权条款并证明“反毒品生产与贩卖”特殊安排与其相符;基于专家组对授权条款“非歧视”要求的理解,报告裁定欧盟方面未证明其“反毒品生产与贩卖”特殊安排符合授权条款。随后,欧盟方面提出上诉,声称专家组的裁定建立在对关贸总协定第 1 条第 1 款和授权条款的错误解释上。在复审后,2004 年 3 月 18 日上诉机构发布了报告,推翻了专家组就授权条款要求“无差别地向所有发展中国家提供相同关税优惠规定”的结论,但依然裁定欧盟方面的“反毒品生产与贩卖”特殊安排并不符合授权条款“非歧视”要求,违反了关贸总协定在 1994 年的相关规定。

作为本案的后续,欧盟理事会于 2005 年 6 月 27 日通过了新的普惠制方案:第 980/2005 号条例。该条例对争议涉及的第 2501/2001 号条例作了重大修正,并于 2006 年 1 月 1 日起开始实施至 2008 年底。值得注意的是,新条例在修正原先不足的同时,另外增加了受惠国必须是“经济脆弱国家”的规定,即其在普惠制下的出口必须低于所有受惠国出口额的 1%。这一份额要求实际上已经将中国、印度(2002 年其占普惠制下进口的 11.5%,仅次于中国)排除在特别奖励机制的申请范围之外。

三、治理进程中的问题与挑战

(一)权力与规范的博弈

正如前文已经指出的,有关成员方在国际组织中的权力、地位和影响力存在差别;有关差别可能产生于国家之间、国家与国际组织之间相互依赖的"非对称性",也可能是各国在国际体系中实力地位的变化所造成的结果。不管具体什么原因,但从结果上来看,那就是:权力与规范的博弈,前者往往压倒后者。

世界贸易组织是建立在"协商一致"的基础之上的,但在实践中,所谓"协商一致"的规范并不是那么明确。一个或几个小国事实上并无能力阻止一套新规则,如果它们这么做,很可能会被排除在贸易体系之外;相比之下,美国或欧盟更有能力阻止任何贸易协定的达成;而且,只要这些贸易大国或贸易强国认为不利于自身利益,它们就不会迁就任何"协商一致"或"共识"的规范。

在国际货币基金组织的贷款计划中,往往对贷款国不适当地提出附加条件。尽管各个国家的状况不同,但国际货币基金组织的"要求"却大同小异,主要包括紧缩性的财政和货币政策、提高利率、压缩开支、减少进口、人权和法治等。这些政策处方在很大程度上来自于所谓的"华盛顿共识";这些政策处方虽然在短期内使有关国家摆脱了国际收支逆差,但对其长期的发展并没有产生积极的影响。从这一点可以看出,国际货币基金组织援助的目的并不是帮助借款国的长期发展,而只是恢复和维持其国际清偿能力,保证国际支付链的完整,从而保护发达国家债权人的利益。①

联合国贸发会议推动的国际政治经济变革,制约因素还来自发展中国

---

① 1997 年亚洲金融风暴中,马来西亚向 IMF 求援。但 IMF 为马来西亚获得贷款开出了一系列苛刻条件,其中包括开放金融市场、放松外汇管制、最大限度紧缩通胀并削减财政开支,甚至要求政治改革。这剂"猛药"显然侵犯了马来西亚的国家主权。因此,当听到 IMF 的这些条件,时任马来西亚总理的马哈蒂尔怒不可遏:"这样还不如让康德苏(时任 IMF 总裁)来马来西亚当总统算了。"

家在贸发会议上的投票权与发达国家在国际经济体系中的实际权力的不平等。一方面，发展中国家在大多数情况下控制了贸发会议，因为他们拥有压倒性的成员国数量，从而有利于他们制定该组织的议事日程和工作计划。另一方面，成员国数量上的优势以及对议事日程的控制并未能转化为对该组织的有效控制。西方发达国家在贸发会议中的实力不仅表现在其投票权上，而且更是源于其在全球政治经济中的地位。西方发达国家在外部环境中的实力使得他们可以对任何不喜欢的决议置之不理。例如，联合国贸发会议的一大主要成就，就是提出采用国民收入的0.7%作为官方援助目标，然而它并不能强迫西方国家履行这一义务。[①] 而且，只要作为发达国家的B集团愿意，他们可将贸发会议上所提出的主要问题都转移到另一个国际经济组织中进行。

（二）经济问题政治化

在当今支撑经济全球化的制度框架下，世界贸易组织主要负责贸易事务，世界银行主要负责资本流动和发展援助，而国际货币基金组织主要负责货币合作和国际收支的平衡。这些国际组织是联合国的功能性机构，但它们尽可能地独立于安理会和其他涉及“政治性”事务的机构。然而，相关国际组织在其实际运行中的问题更加复杂，经济问题或治理问题经常会被卷入政治化的漩涡。

按照《国际复兴开发银行协定》的有关规定，银行及其官员不得干预任何会员国的政治，其一切决定也不应受到有关会员国政治性质的影响。一切决定只应与经济方面的考虑有关，权衡此种考虑时应无所偏倚，以期达到银行的宗旨。[②] 然而，在实际运行过程中，世界银行的很多贷款决策“政治化”。这主要是服务于美国的自身利益。作为世界银行最大的股东，美国

---

① 目前，有5个国家——丹麦、卢森堡、荷兰、挪威和瑞典——达到了0.7%的标准。

② “IBRD Articles of Agreement：Article IV”，http://web.worldbank.org/WBSITE/EXTERNAL/EXTABOUTUS/0，contentMDK：20049603～pagePK：51123644～piPK：329829～theSitePK：29708～isCURL：Y，00.html.

拥有最大的投票权，它的外交战略目标、它与有关国家双边政治关系的好坏往往决定贷款是否发放。比如，在冷战时期的 1970 年，智利以阿连德为代表的左翼政治力量上台执政，美国政府视之为“第二个古巴”，操纵世界银行和国际货币基金组织切断了对这个南美国家的贷款项目。

在世界贸易组织框架下，有关新成员方的加入、贸易自由化谈判等，双边关系或者更大范围内的政治和外交因素往往在其中扮演重要角色。比如，俄罗斯在 1993 年 6 月正式申请加入世贸组织前身关税及贸易总协定，直到 2011 年，也就是历时 18 年的谈判后，俄罗斯才最终成为世贸组织的“局内人”。俄罗斯的入世历程之所以艰难漫长，除了有关各方的经济考虑外，俄罗斯与世贸组织成员国格鲁吉亚的双边关系状况、俄罗斯与欧美国家的关系变化等因素，起到了显著的“掣肘”作用。

（三）治理能力不足

在全球经济治理进程中，国际组织是发挥调节性而非管理性的作用。世界银行除了少量的运行资本外，没有自己的资金，但它可以通过商业方式募集资金、按照商业利率给国家提供贷款，以此来补充私人贷款和政府间的信贷。国际货币基金组织不是一个世界性的中央银行，没有发行国际货币的能力，而是一个调节性机构，维持一系列规则，这要求各国货币可兑换性以及国家维持汇率。国际货币基金组织协助国家应付收支危机的平衡，但它也会为提供帮助设定一定的条件。世界贸易组织调节成员国的贸易政策和贸易争端，确保限制配额和促进关税减退等规则得到执行。然而，值得注意的是，相关国际组织一直面对着治理能力方面的挑战。

世贸组织框架下的“多哈回合”谈判步履维艰。2001 年 11 月，在卡塔尔首都多哈举行世界贸易组织第四次部长级会议，决定启动新一轮的多边贸易谈判。人们称之为“多哈发展议程”（“多哈回合”）。各方原计划在 2005 年 1 月 1 日前结束谈判，但因分歧严重，不得不多次延长谈判时间。事实上，西方贸易大国凭借自身经济实力操纵多边贸易体制决策进程，十分积极地推动与其自身利益有关的贸易协议，而对于有利于发展中国家、最不发达国家的相关协议则采取敷衍、拖延态度。“多哈回合”谈判，问题的关键集中在发达成员与发展中成员在农业领域的利益分歧。多年来，美国和欧盟通过实施巨额农业补贴和高关税壁垒保护着自身农业利益。这种做法严重扭曲了国际农产品贸易，不仅导致发展中国家本应具有成本优势的农产品无缘于发达国家市场，而且让享受补贴的美国等发达国家农产品在国际市场上大行其道，严重挤压了发展中国家农业的发展空间。因此，发展中国家一直要求美国和欧盟削减农业补贴和降低关税。但美国和欧盟出于自身利益考虑，不仅提出的削减额度有限，还往往以此为筹码要求发展中国家降低工业品进口关税，开放工业品市场。2001 年至今，历时 18 年，裹足不前的“多哈回合”谈判，彰显了世界贸易组织在推进贸易自由化和全球治理进程中的局限性。

对于国际货币基金组织而言，基金规模是决定其贷款能力的重要因素。这其中，成员国认缴份额是最主要的资金来源，其规模大小和分配比例则需要最高决策机构基金组织董事会进行评估表决。基金组织成立以来，针对份额规模，基金组织董事会共进行了 14 次评估，其中有 9 次达成提高总份额的决议。2008 年国际金融危机爆发，在二十国集团峰会的推动下，基金组织董事会在 2010 年的第 14 次份额评估达成决议，决定将总份额增加一倍至 4768 亿特别提款权，并决定将超过 6%的份额从高估国家向低估国家转移。此次扩容，显然是国际货币基金组织提高自身能力的重要举措。但历史地来看，该组织在面对全球经济、金融危机时常显得力不从心，或者处置失当。

1994 年墨西哥爆发的金融危机迅速蔓延至拉美其他国家。巨大的资金需求使国际货币基金组织提供的 200 亿美元不敷使用，由于美国不希望家门失火和维护北美自由贸易协定的有效运转，慷慨解囊 300 多亿美元，才帮助此次拉美金融危机较快得到化解。发端于 1997 年 7 月泰国货币动荡的东南亚金融危机持续时间之长，规模之大，影响的国家和地区之多，堪称战后之冠。在控制货币危机至关重要的最初几个星期中，国际货币基金组织的行动显得迟缓而无力。直到 1997 年 8 月 11 日，当泰国货币危机已经引发成东南亚货币危机后,由国际货币基金组织主持的援助泰国国际会议才在东京举行。经过协商,确定了对泰国提供大约160亿美元的资金援助,以稳定泰国的金融秩序。其中,国际货币基金组织仅提供40亿美元,其余大部分援助贷款都来自亚洲国家和地区。

(四)反全球化浪潮的冲击

随着经济全球化的迅猛推进,反对全球化的浪潮日趋活跃。1999年11月,美国西雅图世界贸易组织部长会议期间的大规模反全球化示威,抗议世贸组织成立以来推动的贸易自由化政策,被认为是"反全球化现象"的开始。2000年4月,美国华盛顿五一劳动节前夕发生游行,两万名工会、劳工组织和环保人士反对世界银行和国际货币基金组织;同年5月在泰国,有数千名群众抗议在清迈举行的亚洲开发银行第33届年会。2018年7月在德国汉堡召开G20峰会,会议举办地同时涌进了来自全欧洲的15万名抗议者,致使峰会几乎无法如期举行。

当前,由于受到各种形式的贸易保护主义和"逆全球化"的消极影响,全球贸易额下降的趋势明显,建立在多边主义基础上的自由贸易秩序正在经受新一轮考验。而作为反全球化的表征,有些行为体(包括某些大国)抵制贸易和发展领域的制度构建,不愿承担或者消极逃避相关国际组织中的责任和义务,甚至以影响国家利益为借口退出或者威胁退出相关国际组织和机制。显然,上述现象对于推进全球经济一体化和全球经济治理的国际组织构成压力和挑战,同时也对相关国际组织的改革提出了要求。

结　语

本章旨在为当代以贸易和发展为核心的全球经济运行提供一个制度视角下的审视。通过对世界贸易组织、世界银行、国际货币基金组织等的分析,我们认为在经济活动日益全球化进程中,多个全球及地区层面的国际组织构建起了贸易与发展领域的基本组织框架,为全球经济的平稳运行和有效治理提供了重要平台。有关国际组织所汇聚的诸多原则、规范、规则与决策程序等则为全球经济的运行与治理提供了机制保障。正是倚重于全球和地区层面的国际经济组织，当今经济全球化才能够较为顺利地展开，但同时由于国际组织自身力量的局限、经济和政治的复杂纠葛等多个原因，当前全球经济治理存在许多问题和挑战。

第八章　国际组织与人权、主权

一、国际人权领域的历史进步

人权是所有人与生俱来的权利，它不分种族、性别、国籍、族裔、语言、宗教或任何其他身份地位。人权包括生命和自由的权利，不受奴役和酷刑的权利，意见和言论自由的权利，获得工作和教育的权利以及其他更多权利。人人有权不受歧视地享受这些权利。①

享有充分的人权，是长期以来人类追求的理想；在国际社会实现这一目标，无疑是一个历史的过程。

正如相关研究已经指出的，第二次世界大战之前，大多数法学家和政府都肯定这个一般性主张，即国际法并不妨碍每个平等的主权国家对其臣民施暴的自然权利。像草率处决、严刑拷打、任意逮捕和拘禁等官方暴行，只有当受害者是另一国的臣民时，它们才会成为在法律上具有重要影响的跨国事件。在此种场合，国际法并没有把他们视为个人权利的享有者，而是其政府（归根结底是它所代表的国家）权利的附属。实际上，从国家间关系的角度看，个人不过是一个符号和一种资产。另一国的代表对其个人所实施或默许的攻击，会被看作是对他所属的国家的尊严和物质利益的攻击，必须作出补偿。② 可以认为，所谓"人权"，它在相当长时期内并不是一个问题，

---

① 《人权》，http://www.un.org/zh/sections/issues-depth/human-rights/index.html。

② ［英］亚当·罗伯茨、［新西兰］本尼迪克特·金斯伯里主编：《全球治理——分裂世界中的联合国》，吴志成等译，中央编译出版社 2010 年版，第 235—236 页。

至少不是一个跨越国界的问题。当然,每一个时代都不会缺少爱心和正义。即便在久远的过去,那些心怀怜悯之心的人士也从不愿纵容任何侵犯"人权"的行为。比如,基督教传教士在欧洲起到了唤起正派舆论的作用,他们反对非洲奴隶贸易的种族灭绝特征,呼吁给予殖民地当地的人民某种最低限度的体面的对待。

17 世纪和 18 世纪英国、法国和美国等国的资产阶级革命及其成果,无疑宣告了一个人权的新时代。英国《权利法案》(1689 年)、美国《独立宣言》(1776 年)、法国《人权宣言》(1789 年)等对于随后国际人权事业的发展都具有重大意义。其中,法国的《人权宣言》以美国的《独立宣言》为蓝本,采用 18 世纪的启蒙学说和自然权论,宣布自由、财产、安全和反抗压迫是天赋不可剥夺的人权,肯定了言论、信仰、著作和出版自由,阐明了司法、行政、立法三权分立,法律面前人人平等,私有财产神圣不可侵犯等原则。

其后的历史发展显示,人权继续得到国内与国际的关注。在第一次世界大战后的有关决议中,包含平等对待少数民族的条款,尤其是针对奥匈帝国和奥斯曼土耳其帝国解体后出现的那些新生国家。在第二次世界大战的尾声,获胜的盟国决定对纳粹领导人提起诉讼,不仅因为他们发动战争和残杀被占领土地的人民,而且因为他们对德国国民(犹太人)的迫害和屠杀。同盟国用"反人类罪"的名义来宣告这一点。

20 世纪中期以来,通过正式协议以及宣言和声明等,国家自我约束不对其公民进行严刑拷打、草率处决或奴役;不因种族或宗教而对他们区别对待。除了自我约束的声明之外,许多国家还不同程度地承诺,本国具有保障其公民免受经济、社会和文化贫困的积极义务。但是,在具体实践的层面上,对于人权的具体定义,保障人权的具体方式,以及人权和主权的关系等都存在着相当大的争议,甚至引发了很严重的冲突。人权在抽象理解方面的共识和在具体实践中的分歧,形成了强烈的反差。

在上述背景下,本章重点分析以联合国为代表的相关国际组织在国际人权领域的作用与角色,并探讨其所面对的问题与挑战。

二、人权规范框架的构建

自其初创之日起，联合国似乎就注定要扮演人权助推器的角色。就其作用而言，联合国的最大的成就之一，是构建了日益全面的人权规范框架。联合国对公民、文化、经济、政治和社会权利等一系列国际公认的权利做了界定，同时还建立促进和保护这些权利的机制，协助会员国履行各自的责任。

国际人权规范框架的基础是联合国大会于1945年通过的《联合国宪章》和1948年通过的《世界人权宣言》。《联合国宪章》中指出，"不分种族、性别、语言或宗教，增进并激励对于全体人类之人权及基本自由之尊重"（第一条）；联合国"大会应发动研究，并作成建议……助成全体人类之人权及基本自由之实现"（第十三条）；"经济及社会理事会应设立经济与社会部门及以提倡人权为目的之各种委员会，并得设立于行使职务所必需之其他委员会"（第六十八条）。[①] 由此，在联合国体系下，推进国际人权事务的目标和主旨、负责此项事务的具体机构就明确了。

依据《联合国宪章》的上述规定，联合国经社理事会在1946年初设立"人权委员会"[②]，随后将起草一项"国际权利法案"作为该委员会的第一要务。起草工作注定充满争论，争执的焦点在于，对人权的国际关注是否或者在何种程度上应该打破国家主权的藩篱。1947年末，面对因政治和意识形态分歧而陷入僵局的危险，"人权委员会"宣布将拟议中的"国际权利法案"分为三个部分：一份能够为联合国大会所采纳的原则宣言；一份认可"宣言"的国家需服从明确法律义务的公约；以及一份详述强制执行机制的单独协定。

---

① 《联合国宪章》，https://www.un.org/zh/sections/un-charter/chapter-i/index.html。

② 2006年3月15日，第60届联合国大会以170票赞成、4票反对、3票弃权的表决结果通过一项决议，决定设立共有47个席位的人权理事会，总部设在瑞士日内瓦，以取代人权委员会。

1948 年 12 月 10 日，联合国大会以 48 票赞同、8 票弃权和 0 票否决的结果通过了《世界人权宣言》。《世界人权宣言》包括序言和 30 项条款，其中 19 项涉及公民和政治权利，6 项涉及经济、社会和文化权利。《世界人权宣言》宣称，“人人生而自由，在尊严和权利上一律平等”，“人人有权享有生命、自由和人身安全”等。[①]《世界人权宣言》是第一个系统提出尊重和保护基本人权（或基本权利，因其为人而应享有的权利）的国际文件，对二战后人权的国际保护起到了非常深远的影响。《世界人权宣言》颁布后，联合国大会要求所有会员国广为宣传，并且“不分国家或领土的政治地位，主要在各级学校和其他教育机构加以传播、展示、阅读和阐述”[②]。由于该文件是由联合国大会通过的，《世界人权宣言》并非强制性的国际公约。然而，许多学者、律师和法庭判决书依然经常引述《世界人权宣言》中的一些条款来佐证自己的立场。

《世界人权宣言》通过之后，旧有的对立——人权与主权、个人自由与公共需要——继续阻碍着共识的达成。前者具体体现在国际强制执行的问题上，后者主要导致了两个问题上的争议。其中之一是，经济、社会和文化利益是否应该被赋予诸如言论自由、宗教自由、出版自由、结社自由等传统的自由价值观一样的权利地位。公约中是否应该包括一项财产权的问题也产生了类似的两派对峙。起草者们最终打破僵局取得了以下共识：第一，将起草两份公约，一份涉及政治和公民权利，另一份涉及经济、社会和文化权利。第二，就执行机制而言，国家可以批准两项公约中的一项或全部，但不能就此推断其具有除了提交一份定期报告以外的任何其他法律义务。

1966 年 12 月 16 日，第 21 届联合国大会通过了《经济、社会和文化权利国际公约》和《公民权利和政治权利国际公约》，奠定了人权国际保护的法律基础。这两个国际人权公约，前者简称为人权 A 公约，后者叫作人权 B 公约。1976 年，A、B 两个公约正式生效，现今已经有 100 多个国家批准了

---

① 《世界人权宣言》，http://www.un.org/zh/universal-declaration-human-rights/。

② 《世界人权宣言》，https://www.ohchr.org/EN/UDHR/Documents/UDHR_Translations/chn.pdf。

《世界人权宣言》文本

两个国际人权公约。

《经济、社会和文化权利国际公约》第 1 条规定，所有人民都有自决权，有权自由决定他们的政治地位，并为他们自己的目的自由处置他们的天然财富和资源，谋求经济、社会及文化的发展。①《经济、社会和文化权利国际公约》第一次以法律形式对经济、社会及文化权利加以确认，推动了发展中国家倡导的民族自决权等集体人权的形成、发展和完善，突破了西方国家只承认个人人权、片面强调公民权利和政治权利的传统人权观的局限，反映了广大发展中国家要求同等重视两类人权的强烈呼声，是一项具有积极意义的国际人权文书。

《公民权利和政治权利国际公约》首先申明，公民权利和政治权利源于人身固有的尊严，只有在创造了使人人可以享有其公民和政治权利的条件的情况下，才能实现自由人类享有公民及政治自由和免于恐惧和匮乏的自

① 《经济、社会和文化权利国际公约》，http://www.un.org/chinese/hr/issue/ccpr.htm。

由的理想。[①] 该公约具体规定了公民个人应享有的权利和自由，包括生命权；人身自由和安全；人道及人格尊严；所有的人在法律面前平等，并有权受法律的平等保护，无所歧视；等等。

在实践中，签署两个国际人权公约并不影响签署国原有的人权保障方式，但至少可以敦促签署国以积极的方式研究两个国际人权公约的有关规定，并为批准两个国际人权公约提供理论上和制度上的准备。至于从签署到批准两个国际人权公约时间长短问题，要视各国具体情况而定。有的国家在签署了两个国际人权公约后很快就加以批准。有的国家则在签署了两个国际人权公约后，经过了许多年才批准，有的甚至长期束之高阁。例如，美国在 1977 年签署了《公民权利和政治权利国际公约》和《经济、社会和文化权利国际公约》，但却花了 15 年时间于 1992 年才批准加入《公民权利和政治权利国际公约》，并且至今仍未批准加入《经济、社会和文化权利国际公约》。再如，英国签署了《经济、社会和文化权利国际公约》，8 年后才于 1976 年批准了该公约。中国政府于 1997 年 10 月 27 日和 1998 年 10 月 5 日先后签署了《经济、社会和文化权利国际公约》和《公民权利和政治权利国际公约》。2001 年 2 月 28 日，第九届全国人民代表大会常务委员会第二十次会议决定：批准我国政府签署的《经济、社会及文化权利国际公约》。至于《公民权利和政治权利国际公约》，中国将继续进行立法和司法、行政改革，使国内法更好地与公约规定相衔接，为尽早批准该公约创造条件。

三、人权保障的形式和实施

包括联合国在内的国际组织在促进和保护人权领域的相关举措，除了上文所述的内容，还至少包括以下三种类型：研究特定人权或特定地点的人权，并提出充分实现它们的措施；对犯有人权罪行的个人行使刑事管辖权，惩治严重侵犯人权的罪犯；实施“人道主义干预”，履行所谓“保护的责任”。

① 《公民权利和政治权利国际公约》，http://www.un.org/chinese/hr/issue/ccpr.htm。

（一）研究特定人权或特定地点的人权，并提出充分实现它们的措施

难民问题是当今国际社会面临的重要问题之一，以联合国为代表的众多国际组织推动了对于难民地位的国际保护。

广义来说，难民是指由于天灾或人祸而生活无着落、流离失所、需要离开原居地的人。严格意义上的“难民”，则是根据联合国1951年7月28日在日内瓦签订的《关于难民地位的公约》以及联合国1967年1月31日在纽约修订的关于难民身份的《难民议定书》所共同订立的。在这两份文件的基础上，“难民”被认为是：基于一种可以证明成立的理由，由于种族、宗教、国籍、身为某一特定社会团体的成员或具有某种政治见解的原因而畏惧遭受迫害并留身在其本国之外，并由于这样的畏惧而不能或不愿意受该国保护的人，或者一个无国籍的人，并由于上述事情留在他以前经常居住国以外而现在不能，或由于上述畏惧而不愿意返回该国的人。①

联合国帮助难民的机构主要是联合国难民事务高级专员办事处，即联合国难民署（United Nations High Commissioner for Refugees，UNHCR）。难民署成立于第二次世界大战结束后的1950年12月14日，目的是帮助受二战影响的欧洲流离失所人士。最初拟定在三年内完成所有工作，然后解散。1951年《关于难民地位的公约》通过并成为帮助难民以及指导难民署基本工作的法律基础，此后难民署一直开展难民扶持工作。

在保护难民权力问题上，联合国难民署等机构积极倡导国际社会应当坚持“不推回”、“自愿遣返”、“吸纳”、“第三国安置”等原则。所谓“不推回”，即任何《关于难民地位的公约》的缔约国不得以任何方式将难民驱逐或送回至其生命或自由因为他的种族、宗教、国籍、参加某一社会团体或具有某种政治见解而受威胁的领土边界；所谓“自愿遣返”，即尊重难民自主决定愿意回国，同时确保他们在返回原籍后能够正常地享有各项基本权利，或者为难民的自愿遣返提供相应的便利；所谓“吸纳”，即缔约国应尽可能

① “The 1951 Refugee Convention”，https://www.unhcr.org/3b66c2aa10.

便利难民的入籍和同化;所谓“第三国安置”,即难民在不能遣返回国、不能定居在第一接收国或在避难国有危险的情况下,可以选择另外一个国家重新安置。

值得注意的是,在难民保护和救助等问题上,各国际组织之间存在着较为密切的合作,并且提供各种形式的人道主义援助。世界粮食计划署(World Food Programme,WFP)依靠各国政府自愿捐献的物资、现金和劳务等,并以粮食为手段帮助世界范围内的难民,以满足他们在食物和生存等方面的基本需求。世界卫生组织(World Health Organization,WHO)提供和改进公共卫生设施、疾病医疗条件,促进流行病和地方病的防治等,以尽量满足难民在健康方面的基本需要。

在地区范围内,一些国际组织,如总部位于法国斯特拉斯堡的欧洲人权法院(European Court of Human Rights)、总部设在哥斯达黎加圣荷西市的美洲人权法院(Inter-American Court of Human Rights),在促进和保护人权领域承担着重要角色。此外,大量的国际非政府组织,如国际红十字会、无国界医生组织(Doctors Without Borders)等,对于特定情况下的人权给予了高度关注,并推动相关人权保护的举措。

(二)对犯有人权罪行的个人行使刑事管辖权,惩治严重侵犯人权的罪犯

促进和保护人权,不仅需要国际社会界定和明晰个人的权利、需要及时有效的人道主义援助,同时需要对侵犯人权的行为进行惩戒,即不让犯罪者逍遥法外。最初是在 1948 年,即第二次世界大战后的纽伦堡和东京审判之后,联合国大会确认有必要建立一种常设性机制以起诉屠杀平民的人和战犯,但相关努力一直未能奏效。

1993 年,联合国安理会审议和通过了第 808 号决议,表示深信在南斯拉夫的特殊情况下,成立一个国际法庭,制止严重的违反国际人道主义法的行为,将犯有这种罪行的人绳之以法,有助于恢复与维持和平。同年 5 月 25 日,安理会通过了附有《前南国际法庭规约》的第 827 号决议,前南斯拉

夫问题国际刑事法庭（前南法庭）成立，专门负责审判自 1991 年以来在前南联盟境内违反国际人道主义法律的犯罪嫌疑人。1994 年，联合国安理会通过第 955 号决议，设立了卢旺达问题国际刑事法庭。卢旺达问题国际刑事法庭的成立，是针对卢旺达国内出现的严重违反国际人道主义法的罪行。显然，上述两个机构的设立只限于特定的时间和地点，它们不是用来处理在其他地方发生的侵犯人权的行为，也不是为了防止将来发生违法行为。

1998 年 7 月 17 日，有关国家在意大利罗马投票决定设立一个常设性的国际刑事法院，用以审判那些犯了种族屠杀罪、危害人类罪、战争罪等引起全球关注的最严重罪行的个人。许多人认为，相关协定（即《罗马规约》）的重要性不亚于《联合国宪章》，时任联合国秘书长的科菲·安南（Kofi Annan）称之为“朝着向普遍人权和法治迈进的巨大一步”①。

在上述基础上，国际刑事法院（International Criminal Court，ICC）于 2002 年 7 月正式成立，其主要的功能是对犯有种族屠杀罪、危害人类罪、战争罪、侵略罪的个人进行起诉和审判。到 2010 年 6 月，已经有 114 个国家加入了《国际刑事法院罗马规约》，成为国际刑事法院的成员国，另外有 37 个国家签署了该规约，但是并未得到各自国家立法机构的批准。作为联合国安理会常任理事国的中国、俄罗斯和美国，以及印度、巴基斯坦、以色列等国均未加入该规约。

国际刑事法院已经在国际社会产生了显著的影响力。2009 年 3 月，ICC 以涉嫌在苏丹达尔富尔地区犯有“反人类罪”和“战争罪”为由，对苏丹总统巴希尔发出逮捕令。科特迪瓦前总统巴博 2011 年 12 月在 ICC 首次出庭受审，他因此成为 ICC 自 2002 年成立以来首位被审判的前国家元首。2019 年 1 月，国际刑事法院法官宣布巴博无罪释放。2012 年 3 月，ICC 对刚果民主共和国前武装领导人卢班加被控战争罪一案做出有罪的裁决，成为 ICC 成立近十年来做出的首例此类判决。

① Giulio M.Gallarotti and Arik Y.Preis，“Toward Universal Human Rights and the Rule of Law：The Permanent International Criminal Court”，*Australian Journal of International Affairs*，Vol. 53，No.1，1999，p.95.

显然,相比于以联合国为中心的"宪章机制"、"条约机制"①,国际刑事法院拥有一定的权威和能力以调查和起诉犯罪嫌疑人,从而更好地维护和保障人权。此外,国际刑事法院可以改变或影响政府和决策者的行为,因为有关的调查和可能的起诉必定会带来相应的政治成本,不论是在国内政治舞台上,还是在国际声誉方面。②

需要指出的是,国际刑事法院并非不为人所诟病,一些比较突出的批评意见在于:调查和起诉对象相对集中于非洲地区,而针对欧美国家的犯罪嫌疑人采取惩治行动的尝试通常都会遭到有效抵制。

(三)实施"人道主义干预",履行所谓"保护的责任"

1. 人道主义干预

冷战结束以后,国际社会在维护和保障人权领域的行动与举措,显示出一些值得注意的动向,即为阻止或反对在某国境内发生的对最基本人权的大规模侵犯(特别是大规模的屠杀和种族灭绝行为)、在未得到该国政府同意的情况下对该国运用强制手段尤其是军事手段,这就是所谓的"人道主义干预"。"人道主义干预"显然是在保障和实施人权的前提下对主权国家内部事务的"专横干涉";它既包括非强制性措施,也包括强制性措施。前者包括经济制裁、中止援助或为反对党提供资金等措施;后者是指未经同意而在目标国的领土管辖范围内使用军事力量。③

---

① 相关研究认为,以联合国为中心的人权机制可以分为两大类:一类是以《联合国宪章》为基础、以联合国负有人权职责的机构为依托建立起来的宪章机制。宪章机制旨在将《联合国宪章》中规定的人权原则纳入联合国整体的工作框架,以人权理事会的人权保障工作为核心,通过与联合国大会、安理会、秘书处等主要机构以及专门机构的合作,共同推进对人权的尊重与保障。另一类是以国际人权公约为基础、以其条约机构为依托建立起来的条约机制。条约机制旨在通过条约机构及其监督机制促进国际人权公约在国际和国内层面的实施。参见孙萌:《论联合国人权机制的整合》,《世界经济与政治》2017 年第 7 期,第 120 页。

② Benjamin J.Appel,"In the Shadow of the International Criminal Court:Does the ICC Deter Human Rights Violations?",*Journal of Conflict Resolution*,Vol.62,No.1,2016,pp.1–26.

③ Kelly-Kate S.Pease,*International Organizations:Perspectives on Global Governance in the Twenty-First Century*,p.264.

在“人道主义干预”的背景下,20 世纪 90 年代以来相关国际组织在非洲索马里、乌干达、卢旺达、苏丹、津巴布韦,以及波斯尼亚、科索沃等的人道主义援助或干预行动中,人权与主权的争议一直是一个严重的问题。争议的核心是:“覆巢之下无完卵”? 抑或是主权“不能承受的生命之轻”?

1991 年的伊拉克事件。当时联合国安理会以 10 票对 3 票(另有 2 票弃权)通过第 688 号决议,要求伊拉克停止侵害其国内库尔德人及什叶派,并谴责伊拉克迫害平民造成对国际社会地区和平的威胁。事件最终由美国与其盟友部署军队并建立安全区来保护难民,并援引第 688 号决议,明确强调人道主义干预的目的。就第 688 号决议及随后的事件来看,未经当事国政府同意而使用武力显然挑战了主权不可侵犯的传统观点,显示出一种新规范的雏形诞生,即国际社会(联合国)应该基于安全的“不可分割性”而采取人道主义干预行动,因为一国内部的人权问题可能会波及邻近国家而造成跨境问题,影响所及可能威胁国际安全。

1992 年对索马里的军事干预。联合国安理会于 1992 年 12 月 3 日通过第 794 号决议,当时安理会参照《联合国宪章》第七章(“对于和平之威胁、和平之破坏及侵略行为之应付办法”),会议集中讨论人道主义干预行动上,安理会明确授权给予会员国使用一切必要手段建立安全的环境以达人道救济的目的,并强调索马里丧失治国能力,缺乏能力去要求或接受国际社会的人道主义援助与干预。1992 年索马里事件说明一种新规范的产生,即主权国家有责任保护本国公民免遭可以避免的灾难、免遭大规模屠杀与免遭饥饿,若国家无此能力,必须由更广泛的国际社会来承担。

1999 年“北大西洋公约组织”轰炸南联盟事件。1998 年 3 月联合国安理会通过第 1160 号决议,谴责塞尔维亚警察部队对科索沃平民与和平示威者使用过分的武力。9 月 23 日,安理会通过第 1199 号决议,除了确认科索沃情况之恶化外,援引了《联合国宪章》第七章并要求双方停火促进人道措施,强调将考虑为维持或恢复该区域的和平与稳定而采取进一步行动和其他措施。同年 10 月 24 日,在俄罗斯与中国弃权的情况下,安理会做出了第 1203 号决议,要求南斯拉夫联盟共和国当局和科索沃阿尔巴尼亚族领导人立即采取行动,争取改善人道主义局势,避免迫在眉睫的人道主义灾难。1999年3月24日,美国、法国与加拿大等北约国家借口南斯拉夫联盟违反第1199号与第1203号决议,旋即开始对其发动大规模空袭。北约轰炸南联盟,在当时并未得到联合国的授权;换言之,北约这项人道干预行动的法律程序是有瑕疵的,存在合法性不足的问题。然而,大多数联合国会员某种程度上却接受了北约不合程序的出兵行为,原因在于北约技巧性地使用"道德"、"种族大屠杀"的立场博得支持。

国际社会目前对于人道主义干预存在不同的声音甚至持反对的立场,并非是对国际人权或人道主义本身的价值否定,而是质疑干预时武力使用的合法性。尤为严重的问题是,人道主义干预行动极可能被某些霸权主义国家操纵而服务于其狭隘的国家利益。

2."保护的责任"?

2001年,在联合国秘书长科菲·安南的呼吁下,经由加拿大政府和一些私人团体推动成立的"干涉与国家主权国际委员会"(The International Commission on Intervention and State Sovereignty,ICISS)发布了报告,其中心议题是所谓"保护的责任",即主权不仅是一种权利,更是一种义务;主权国家有责任保护本国公民免遭可以避免的灾难——大规模屠杀和强奸、饥饿等,但是当它们不愿或无力这样做的时候,必须由更广泛的国际社会来承担这一责任。①

"保护的责任"无疑代表其对于传统国家主权观的严峻挑战。虽然它得到了不少国家的政府、国际非政府组织的较为广泛支持,甚至2005年世界首脑峰会的成果明确予以认可②。然而,无论在观念上还是在实践中,它都备受争议。尤其是,"保护的责任"可能为武力干预一国内部事务打开方便之门,它甚至被用于破坏各国的主权、独立和领土完整。正如2011年"北

---

① "The Responsibility to Protect",http://responsibilitytoprotect.org/ICISS%20Report.pdf.

② 2005年世界首脑会议成果中申明,"每一个国家均有责任保护其人民免遭灭绝种族、战争罪、族裔清洗和危害人类罪之害……我们接受这一责任,并将据此采取行动"。http://www.un.org/zh/documents/treaty/files/A-RES-60-1.shtml。

约”对利比亚的干预行动所显示的，军事行动缺乏“正当理由”，也不代表“最后的手段”，因此，并没有真正履行国际社会“保护的责任”。[①]

结　语

正如相关研究已指出的，国际组织对世界政治的重要性从来没有像今天这样大……各种各样的国际组织现在正忙于界定人权、难民权、儿童和妇女的权利，从而塑造国际层面上和国家层面上对这些权利的理解。[②] 本章阐释了以联合国为代表的相关国际组织不仅推动构建人权领域的规范框架，而且提出不同形式的人权保障措施并予以具体实施。我们认为，存在于人权与主权之间的张力一直是国际组织在国际人权领域更为有效发挥作用所面临的挑战；而当前所谓“人道主义干预”和“保护的责任”，需要国际组织更为慎重地应对。

---

① Arif Saba, Shahram Akbarzadeh, "The Responsibility to Protect and the Use of Force: An Assessment of the Just Cause and Last Resort Criteria in the Case of Libya", *International Peacekeeping*, Vol.25, No.2, 2018, pp.242-265.

② ［美］迈克尔·巴尼特、玛莎·芬尼莫尔：《为世界定规则：全球政治中的国际组织》，第1页。

第九章　中国与国际组织的互动历程

国家行为体与国际组织的互动,是当代世界政治的重要内容,也是塑造世界秩序的力量之源。对于国家行为体而言,对外合作空间是否广阔,对外交往技能是否娴熟,对外政策和策略是否有效,极为重要的衡量标准乃是其对于国际组织的理解、参与和融入的程度。中国与国际组织经历了一段复杂的互动,双方的关系已经出现深刻变化。中国需要国际组织,国际组织也需要中国。以国际组织为中心的多边外交,是当代中国外交的重要组成部分。在国家日益崛起的进程中,赢得结构性权力和制度性话语权是其对外行为的关键指向,全球与地区层面的国际组织为此提供支撑平台与互动场所。

本章旨在考察中国与国际组织互动的历程,分析不同阶段互动的特点,探讨互动进程中的影响因素以及作用机理。

一、孤立与斗争

从 1949 年中华人民共和国成立到 1971 年第 26 届联合国大会,新中国被排斥和孤立于以联合国为代表的国际组织体系之外,新中国与国际组织的互动尤其表现为一种“斗争”,即为恢复在联合国的合法席位而斗争。

中国是联合国创始会员国之一。中华人民共和国成立伊始,周恩来总理即于 1949 年 11 月 15 日分别致电联合国秘书长赖伊(Trygve Lie)和第 4 届联大主席罗慕洛(Carlos Pena Romulo),并郑重声明:“中华人民共和国中央人民政府是代表中国人民的唯一合法政府，国民党政府丧失代表中国人民的任何法律与事实根据，要求立即取消'中华国民政府代表团'继续代表中国人民参加联合国的一切权利。"[①]在1950年1月19日、2月2日、5月30日，周恩来总理又连续发出电报、追问并指出，中国已任命出席第5届联大的首席代表。但时任联合国秘书长赖伊拖延不答。

1950年9月19日第5届联大在纽约召开，印度、苏联等国代表都提出议案，要求接受中华人民共和国代表出席联大，但遭到美国操纵的联合国大会的否决。第5届联大召开适逢朝鲜战争爆发。美国指使加拿大代表提出关于"建立中国代表权问题特别委员会"的决议，联合国根据决议成立了一个七国委员会。该委员会在美国操纵下向第5届联大提出了报告，声称"在目前情况下委员会对中国代表权问题不能做出任何建议"。1951年第6届联大通过决议，"延期讨论"恢复中华人民共和国的合法权利问题。

从1954年到1960年，美国继续操纵联合国大会，对任何旨在恢复中国合法席位的举措"不予考虑"。然而，1960年的第15届联大，赞成讨论中国代表权问题的票数达到34票，追随美国、主张不予讨论的是42票，弃权的是22票，赞成与反对两者相差已很少了。从1961年第16届联大起，美国变换手法，把恢复中国在联合国的合法席位这样一个简单的程序问题，说成是要以大会三分之二多数票通过的"重要问题"[②]，并通过了相应决议。此后的几届联大，美国均以此种手法继续阻挠中国恢复在联合国的合法席位，直至1970年其政策遭到彻底失败。

显而易见，中国被排斥和孤立于以联合国为代表的国际组织体系之外，这一事实反映了冷战时期的两大阵营对峙以及中美之间的对立与交锋。就联合国自身而言，一方面，当时它在很大程度上成为受操控的美国外交政策

① 《中华人民共和国对外关系文件集(1949—1950)》第1集，世界知识出版社1957年版，第85—97页。

② 《联合国宪章》第十八条规定，大会对于重要问题之决议(如新会员国加入联合国之准许)应以到会及投票之会员国三分之二多数决定之。

工具;另一方面,《联合国宪章》等并没有提供明确的规则或程序以应对“联合国代表权问题”①。

这一时期,中国对待联合国的态度历经了一些明显的变化。从最初的积极、乐观到重燃希望并赢得最后的胜利,其间,中国对于美国操控下的联合国一度备感失望,对于是否加入该组织采取漠然置之的态度,甚至寄希望于联合国的彻底改组。

朝鲜战争爆发后,美国利用外交手段,在联合国安理会通过了第 82 号决议,宣布“朝鲜部队向大韩民国施行的武装进攻构成了对和平的破坏”,继后又通过第 84 号决议,授权美国组建“联合国军队”。1951 年 1 月 30 日,联合国大会第一委员会的多数国家在美国政府的操纵下,非法通过了美国所提的诬蔑中国为“侵略者”的议案。2 月 1 日,联合国大会又非法通过了美国的提案。而后,联合国又通过了对中朝两国实行禁运的决议。联合国在朝鲜战争中对中国的诬蔑和指责自然激起中国政府和人民对联合国的不满,周恩来总理兼外长在声明中严正指出:联合国大会及其第一委员会在没有中华人民共和国的合法代表参加,而且在侵越安全理事会的权限的情况之下,通过美国诬蔑中国的提案,是非法的、诽谤的、无效的,中国人民坚决表示反对。② 1950 年 7 月 6 日,周恩来在致联合国秘书长赖伊的电报中强调,联合国“放弃自己维护世界和平的职责,并成为顺从美国政府政策的

---

① 1950 年 3 月 8 日,联合国秘书长赖伊提出“联合国代表权问题的法律方面的备忘录”。备忘录认为,中国问题在联合国历史上是独特的,这并非因为牵涉到一个政府的革命变革,而是因为第一次有两个敌对的政府并存着。当前争执的问题应该是,究竟这两个政府中的哪一个在事实上据有使用国家资源及指导人民以履行其会员国义务的地位。从本质上讲,这意味着新政府是否在国家的领土上行使有效的权力,以及人口的大多数是否服从这种权力。赖伊在备忘录中提出,把取得一个国家在联合国组织中代表权问题和对一个政府的承认问题联结在一起,从法律观点来看,是错误的。这是联合国首次就中国代表权问题作出的原则性解释;它意味着国际社会应该将国际法上的问题(“有效统治原则”)与国际关系中的问题(“不承认主义”)区隔开来。然而,由于国际局势的迅速变化,赖伊备忘录的有关精神并没有任何机会付诸实施。参见李铁城主编:《联合国的历程》,北京语言学院出版社 1993 年版,第 200 页。

② 《中华人民共和国对外关系文件集(1951—1953)》第 2 集,世界知识出版社 1958 年版,第 7 页。

工具”①。

对于是否加入联合国，中国领导人毛泽东一度公开表示，晚加入甚至不加入联合国对我有利。他在1956年与印尼总统苏加诺谈话时指出，“我们曾经想过另外一方面，不参加(联合国)也不坏”，“早参加或者迟参加，这两条我们都要准备……我们觉得慢一点好”。当苏加诺问及中国为什么不急于参加联合国时，毛泽东回答，在联合国里面英国、美国、法国都是帝国主义国家、殖民主义国家，中国要在联合国之外反对他们。②

印度尼西亚在1965年1月宣布退出联合国时，中国政府发表声明支持印尼政府的行动。这时，中国政府已经不再信任联合国，相信只有用革命的手段才能维护自己及第三世界国家的利益。在欢迎印度尼西亚第一副总理兼外交部长苏班德里约的宴会上，周恩来总理提出，“联合国必须彻底改组”，“另立一个革命的联合国，与那个被美国帝国主义操纵的因而只可能做坏事不可能做好事的所谓联合国唱对台戏”。③ 直到1967年，中国领导人依然表示：“联合国必须纠正错误彻底改组和改造，亚非许多友好国家可以在联合国内斗争，中国则在联合国外进行斗争。如果这个目的不能达到，成立一个新的革命的联合国的可能性，就会日益增长。”④

“山重水复疑无路，柳暗花明又一村。”20世纪70年代初，中国在联合国的合法席位问题得到第三世界国家的广泛支持，中国方面也将获得联合国合法席位这一目标融入其外交大战略之中，经过一番艰苦卓绝的斗争后终于迎来了胜利的曙光。在1970年的第25届联大上，半数以上的联合国会员国都要求恢复中华人民共和国的合法席位。此时，美国政府也意识到，它在中国恢复联合国合法席位问题上长期坚持的政策将不可避免地遭到失败。但是，美国仍希望利用“重要问题”、“双重代表权”等手段力图延缓这

---

① 《中华人民共和国对外关系文件集(1949—1950)》第1集，第132页。

② 《毛泽东外交文选》，中央文献出版社1994年版，第264—265页。

③ 《可以另立一个革命的联合国》，《世界知识》1965年第3期。

④ 《周恩来在非洲国家驻中国使节欢迎卡翁达总统宴会上的讲话》，《人民日报》1967年6月25日。

种失败。①

历史潮流不可阻挡。1971 年 10 月 25 日，第 26 届联合国大会以 76 票赞成、35 票反对、17 票弃权的压倒性多数通过了阿尔巴尼亚、阿尔及利亚等 23 个国家联合提出的提案（“两阿提案”）。根据《联合国宪章》和联合国大会议事规则，这项提案通过以后立即成为联合国大会的正式决议，即联大第 2758 号决议，决定：恢复中华人民共和国的一切权利，承认它的政府的代表为中国在联合国组织的唯一合法代表并立即把蒋介石的代表从它在联合国组织及其所属一切机构中所非法占据的席位上驱逐出去。②

历届联大讨论中国代表权问题的情况

年份	支持中国的票数	反对中国的票数	弃权票
1950	10	37	8
1951	11	36	4
1952	7	41	11
1953	10	43	2
1954	11	42	6
1955	12	41	6
1956	24	46	8
1957	27	47	6
1958	28	43	9
1959	29	43	9
1960	34	41	22
1961	47	57	19
1962	42	55	12
1963	42	56	12

① 1971 年 7 月，周恩来向基辛格明确表示：中国在联合国之外已经很久了，中国再等一段时间也没有问题，但是中国决不会接受任何形式的“两个中国”的安排。毛泽东随后对周恩来指出，“我们绝不上‘两个中国’的‘贼船’！不进联合国，中国照样生存，照样发展。我们下定决心，不管是喜鹊叫还是乌鸦叫，今年不进联合国。”参见赵磊：《中国对联合国的外交政策：1949—1971》，《外交评论》2005 年第 6 期。

② 联合国大会第 2758 号决议，http://www.un.org/chinese/ga/ares2758.html。

续表

年份	支持中国的票数	反对中国的票数	弃权票
1965	47	46	20
1966	46	56	17
1967	45	58	16
1968	44	57	23
1969	48	55	21
1970	51	47	25
1971	76	35	17

二、有限参与

从 1971 年到改革开放前,中国恢复了在联合国的合法席位,并以此为契机,与一大批国际组织开始建立或恢复了友好合作关系。但就参与的广度与深度而言,中国的参与是相对有限的。

联大第 2758 号决议通过后,时任联合国秘书长吴丹将决议文本提交联合国体系下各有关组织和机构的负责人,同时请他们注意联大 1950 年通过的、关于联合国承认会员国代表权问题的第 396 号决议。这个决议建议各个组织应审议关于代表权的各项问题,联合国附属和专门机构都应顾及大会或驻会委员会就这种问题所采取的任何态度。

此后,中国与相关国际组织的互动关系显示出不同的特征。一些国际组织,如国际劳工组织,国际原子能机构,联合国教科文组织,世界粮农组织,关贸总协定,国际民航组织,世界卫生组织,世界气象组织,国际海事组织,国际电信联盟,承认中华人民共和国为中国在国际社会中的唯一合法代表。① 与此同时,另外一些国际组织,如国际货币基金组织和世界银行等,其决定并非"一国一票"而是加权投票,受到美国及其他发达国家的更大影

① Ann E. Kent, *Beyond compliance*: *China*, *international organizations*, *and global security*, Stanford, Calif.: Stanford University Press, 2007, pp.48-50.

响,因此在中国的会员国问题上并没有采取积极的态度。① 而在事实上,当时中国只是选择性地加入了国际劳工组织(1983 年以前中国未参加该组织的活动)、联合国环境规划署、联合国教科文组织、世界粮农组织、国际民航组织、世界气象组织等。难以否认,当时有限的国家财力、物力和专家知识储备以及对外无所求的封闭经济等框定了中国的选择。

在 20 世纪 70 年代加入联合国后的大部分时间中,中国主要还是作为谦虚谨慎的"学习者"的角色,参与联合国的活动在很大程度上具有象征性,实质性参与较少。那时候,中国常驻联合国代表团对于自身工作大体上得出了以下几点看法:联合国是讲坛,这个讲坛的作用很重要,因为你在这里讲,世界听得见;你在北京讲,世界不一定听得见;坚决支持第三世界反帝、反殖民、反种族主义、反霸的斗争;在联合国内要贯彻反两霸、侧重打击苏修的方针;对联合国内与我原则不符的、相抵触的东西,如人权、维和,我将继续采取超脱的态度。②

需要指出的是,这一阶段,除了以联合国为代表的全球性国际组织之外,中国还同一些重要的区域性国际组织发展了友好关系。1973 年 12 月 14 日,欧洲共同体通过文件,强调同中国建立联系。1975 年 5 月欧共体副主席克里斯托弗 · 索姆斯(Christopher Soames)率正式代表团访华时举行记者招待会声明,共同体所有成员国都承认中华人民共和国为中国的唯一合法政府,共同体不与台湾保持任何官方关系或缔结任何协定,并通过谈判与中国建立正式外交关系。中国于同年 9 月 15 日向共同体派驻首任大使。此外,中国还同拉丁美洲禁止核武器组织、国际大坝委员会、国际大地测量与地球物理联合会、国际标准化组织、国际奥林匹克委员会、亚洲运动联合会、非洲工会统一组织等国际组织在这一阶段恢复和发展了友好关系。

---

① Philip Y.Lipsey, *Renegotiating the World Order*: *Institutional Change in International Relations*, Cambridge: Cambridge University Press, 2017, p.256.

② 吴建民:《多边外交是构建和谐世界的平台——重新认识多边外交》,《外交评论》2006 年第 8 期。

三、再评估

从1978年的改革开放至20世纪90年代初，中国对于国际组织的态度以及政策经历着快速变化，尤其是与有关经济、金融、贸易等方面的国际组织建立了良好的合作关系。

这一时期，中国与国际组织互动关系的显著变化，一方面是致力于改革开放的中国基于国家利益、能力和身份诉求等“再评估”的结果，另一方面是中国在行为方式上更加积极地“摸着石头过河”的产物。

从中国的角度来看，与国际组织互动关系的变化主要体现在以下几个方面。

其一，注重国家利益的考量。如果说在此之前中国与国际组织的互动关系明显受到意识形态、合适的政治氛围等因素的影响，那么，进入改革开放时代的中国开始确立起了积极的国家利益观。正如相关研究指出的，中国依然高度重视合法的国际身份等资格问题，但在加入每一个国际组织前都会对其成本—收益问题进行仔细审查；而最终的决定通常是在有关国际组织对它表示的兴趣作出（积极）回应之后作出的。①

其二，注重国际经济组织和多边经济合作。中国在1980年成为国际货币基金组织以及世界银行的理事国，此后逐步加入了世界知识产权组织、国际农业发展基金、亚洲开发银行（Asian Development Bank，ADB）等，并为恢复关贸总协定的缔约国地位做出了积极努力。中国从国际经济组织获得了大量的资金、技术和知识等，开始学会利用国际规则维护和拓展自己的利益。

相关研究指出，中国在1981年从国际货币基金组织获得第一笔总额为7.59亿美元特别提款权的信用贷款，用以支持经济稳定项目；1986年，中国又获得了第二笔信用部分贷款，金额为5.97亿美元特别提款权。尤为重要

① Ann E.Kent, *Beyond compliance: China, international organizations, and global security*, p.53.

的是，在国际货币基金组织提供的技术援助如经济统计、财政改革、税收、收支平衡、预算和货币政策操作等各方面，中国事实上成为其中的最大接收国。① 中国还一度超过印度，成为世界银行贷款和项目的最大接收国。截至 2009 年底，世界银行累计向中国提供贷款 460.6 亿美元，涉及 309 个项目。而从 1986 年到 2007 年，中国从亚洲开发银行获得了 192.5 亿美元的贷款和赠款。②

其三，改变对外援助"单行线"，践行"有给有取"的"双行线"。20 世纪 70 年代中国恢复在联合国合法席位之后，联合国有很多机构都很愿意和中国发展关系，愿意向中国提供援助，但当时国内正在进行"文化大革命"，强调自力更生，对这种援助往往不接受，即使有关的国际援助基本是无条件的。③ 改革开放以后，中国几乎在一夜之间改变了自己的国家角色，从一个坚持自给自足的社会主义国家转变为国际经济组织援助的积极寻求者。④

显而易见，进入改革开放以来，中国在其与国际组织的互动关系中的变化是显著的、积极的。一方面，可以认为，上述互动关系中的新现象乃是"理性选择"的产物，并且在很大程度上反映了中国自身的需求；另一方面，中国作为一个大国和安理会常任理事国还值得国际社会更多的期待。显然，这一时期中国并不是国际组织有关议程的制定者，常常只是对别国提出的议程作出反应；中国在联合国大会或安理会上很少主动提出建设性的解

---

① Ann E.Kent, *Beyond compliance: China, international organizations, and global security*, p. 131.

② David Shambaugh, *China Goes Global: The Partial Power*, New York: Oxford University Press, 2013, p.107.

③ 1976 年唐山大地震后，联合国救灾署等主动表示了援助中国的意愿，但中国方面的表态是，谢谢好意，中国人民有信心取得抗震救灾的最后胜利。

④ 据世界粮食计划署网站资料，从 1979 年中国正式参加 WFP 活动到 2005 年的 26 年中，WFP 在中国成功实施了 70 个援助项目，累计向中国提供 380 万吨粮食，价值 10 亿美元，共有 3000 万人受益。同时，中国政府提供了 12 亿美元的配套资金。从 2003 年开始，为了帮助儿童上学，WFP 为甘肃省的 11500 名女童提供定额粮食带回家，改善了女童入学率低的状况。为支持这一动议，中国农业部给每名女童提供学费、书本和校服的资助。2005 年 4 月 7 日早晨，世界粮食计划署向中国提供的最后一批价值 720 万美元、重 43450 吨的援助小麦，抵达广东深圳赤湾港，这批粮食将被运往甘肃等内陆省份。至此，世界粮食署对中国长达 26 年的粮食援助画上句号。中国的身份开始由受援国变成援助国。

决办法;即使提供了解决方案,一般都是更强调原则性的东西,很少有具体的或实用性的解决措施。总的来看,对于“摸着石头过河”的中国而言,改变应该是“渐进的”。

四、扩展与深化

冷战结束后,也即20世纪90年代以来,中国全面和深入地参与国际组织,在日益密切的互动进程中积极和主动地改变自己,影响世界。

在国际安全领域,中国在相关国际组织和多边机制中的行为更加积极和富有建设性。1992年3月中国加入《不扩散核武器条约》。1993年1月中国签署《禁止化学武器公约》,1996年12月全国人大常委会正式批准《禁止化学武器公约》,1997年4月中国交存了批准书,并成为《禁止化学武器公约》的原始缔约国。1996年9月中国签署《全面禁止核试验条约》。

在成为核武器国家的初期,中国强烈批判和反对核垄断与核讹诈。1963年美、苏、英签订《部分禁止核试验条约》后,中国认为“这个条约企图巩固三个核大国的垄断地位,而把一切爱好和平的国家的手脚束缚起来”①。1984年中国成为国际原子能机构的正式成员国,承诺履行该机构规约所规定的义务。中国明确表示,尽管对歧视性的《不扩散核武器条约》持批评态度,但中国不赞同、不从事、不帮助核扩散。1992年中国宣布加入《不扩散核武器条约》,全面承担了核武器国家所应承担的各项不扩散义务。当下,中国政府认为,一个强有力的国际核不扩散体制符合所有国家的利益,任何国家如果为了谋求政治、经济或安全上的短期利益,而无视核扩散的严重后果,甚至做出损害别国或国际团结的事情,最终本国的利益也必将受损。

---

①　《中华人民共和国政府声明》(1964年10月16日),转引自李少军:《中国与核不扩散体制》,《世界经济与政治》2001年第10期。

中国明显改变了对联合国维和行动的态度与政策。[①] 在进入联合国后的前10年中，中国担忧美苏两个超级大国把联合国作为争霸的场所、联合国维和部队被当作进行国际干涉和控制的工具，因此质疑联合国的维和行动，并同它保持距离，即"不参与，不摊款"[②]。1981年12月14日，中国投票支持了安理会关于延长驻塞浦路斯联合国维和部队驻扎期限的第459号决议，这是中国第一次明确支持联合国的维和行动。20世纪90年代以来，中国在多次联合国维和行动问题上对主权原则的理解表现得更加灵活，开始以前所未有的积极姿态参与联合国在柬埔寨、索马里、海地、东帝汶等地的维和行动。近年来，中国军队以实际行动诠释了负责任大国对维护世界和平的担当，更广泛、更深入地参与到联合国维和行动中。2013年首次向马里派遣1支170人警卫分队，2015年首次向南苏丹派遣1支700人维和步兵营，2016年首次向苏丹达尔富尔派遣1支140人直升机维和分队。2017年9月，中国8000人规模维和待命部队完成注册。截至2018年8月，中国共有2507名官兵在联合国8个任务区及维和部队执行任务。中国是联合国安理会5个常任理事国中派遣维和人员数最多的国家，也是联合国维和摊款（2019—2021年，15.2%维和摊款）第二大出资国。[③]

此外，在人权领域，1997年10月和1998年10月，中国先后签署两个人权公约，即《经济、社会和文化权利国际公约》（人权A公约）和《公民权利和政治权利国际公约》（人权B公约）；2001年2月28日，全国人大常委会批准人权A公约。在气候变化与环境治理领域，中国在1992年签署《联合国气候变化框架公约》，次年批准了这一公约；1998年签署《京都议定书》，

---

① Courtney J.Fung, "What explains China's deployment to UN peacekeeping operations?", *International Relations of the Asia-Pacific*, Vol.16, No.3, 2016, pp.409-441.

② 在安理会通过决议延长维和行动的期限时，中国代表团往往是不参与，表决时"不参加投票"。"不参加投票"是中国返回联合国后的一项"创造"。联合国的投票方式是"赞成"、"反对"或"弃权"，中国从当时所维护的原则出发，认为对维和行动这样的事情，甚至弃权也不好，不如干脆不参加投票，而且在决议通过后，发表讲话，阐明中国对维和行动的立场，表示不参加投票。参见吴建民：《多边外交是构建和谐世界的平台——重新认识多边外交》，《外交评论》2006年第4期。

③ 王汉水：《中国是联合国维和行动的重要力量》，《人民日报》2018年10月19日。

2002 年批准了这一议定书;2016 年 4 月中国签署《巴黎气候变化协定》,同年 9 月,全国人大常委会批准该协定,成为第 23 个完成了批准协定的缔约方。

改变自己,影响世界。冷战结束后,中国与国际组织互动关系的主旋律继续显示在经济领域。经过 15 年的艰苦谈判,中国终于在 2001 年成为世界贸易组织成员,“入世”标志着中国已加入了所有重要的全球性国际组织。

“入世”是“复关”(即恢复中国关贸总协定的缔约方地位)的延续。

中国是 1947 年 10 月 30 日共同签署 GATT 的 23 个创始缔约方之一。1950 年 3 月 6 日,台湾当局退出了 GATT。1965 年 3 月 16 日台湾当局要求获得 GATT 观察员的地位,当时的缔约方大会接受了其申请。1971 年 10 月联大通过决议,恢复了中华人民共和国在联合国的合法席位,GATT 考虑到联大的政治决定,主动终止了台湾当局的观察员资格。而当时中国国内正处于“文革”时期,重返 GATT 未被列入日程,“中国错过了恢复在关贸总协定缔约方地位的大好机会”①。

随着改革开放和对外贸易的发展,中国政府开始考虑恢复 GATT 缔约方地位,并采取逐步接触的策略。从 1982 年起,中国以观察员身份参与关贸总协定的某些活动,增加了对多边贸易机制的了解和认识,为复关谈判做了必要的准备。

1986 年 1 月,中国总理会晤 GATT 时任秘书长阿瑟·邓克尔,表示中国希望恢复在 GATT 中的缔约方地位。1986 年 7 月 10 日,中国正式提出申请恢复在 GATT 中的缔约方地位,并确定了三项原则:恢复,并非重新加入;以发展中国家身份恢复;在关税减让的基础上承担义务和进行谈判。与此同时,中国积极推动国内经济体制改革。1987 年 3 月,GATT 成立“关于中国缔约方地位的工作组”,邀请所有的缔约方就中国的外贸体制提出问题和

---

① 吴建民:《多边外交是构建和谐世界的平台——重新认识多边外交》,《外交评论》2006 年第 4 期。

质疑。有关缔约方对中国的要求并没有超出中国国内改革和发展的范围，中国也几乎没有为适应 GATT 而作出专门的调整。总体上讲，这一时期是中国和主要缔约方合作比较顺畅的时期。然而，缔约方特别是美国与中国的谈判在 1989 年停顿下来；同时中美贸易关系与人权问题联系起来，复关谈判卷入到美国国内对中国最惠国待遇的年度争论中。此后至关贸总协定终结其使命，尽管中国为在 WTO 诞生前尽早结束谈判作了很多努力和政策调整，但复关努力归于失败。

进入 20 世纪 90 年代以来，有关中国加入世界贸易组织的谈判（1995 年 11 月，中国复关谈判工作组更名为中国入世工作组）一度变得更为艰难，加入的条件也更为苛刻。然而，在经历了一系列国际国内事件的冲击后，1999 年 11 月 15 日，中美双边协定最终达成。这在很大程度上得益于双方最高层的直接参与和推动。① 中美达成双边协定以后，中国入世形势开始明朗，进程也大大加快。加入只是时间问题，而不是能不能或愿不愿加入的问题。其中，中国和欧盟的谈判最为艰苦；经过四个回合的谈判，最终于 2000 年 5 月 19 日达成协议。2001 年 11 月 10 日，当地时间 18 时 35 分，世界贸易组织第四届部长级会议在卡塔尔首都多哈以全体协商一致的方式，审议并通过了中国加入世贸组织的决定。2001 年 11 月 11 日，中国政府代表签署中国加入世贸组织议定书，并向世贸组织秘书处递交中国加入世贸组织批准书，30 天后，即 2001 年 12 月 11 日，中国正式成为世贸组织成员。

中国加入世界贸易组织，是中国深度参与经济全球化的里程碑。正如《中国与世界贸易组织》白皮书中所指出的，加入世贸组织以来，中国不断完善社会主义市场经济体制，全面加强同多边贸易规则的对接，切实履行货物和服务开放承诺，强化知识产权保护，对外开放政策的稳定性、透明度、可预见性显著提高；加入世贸组织以来，中国改革开放和经济发展进入加速

① ［美］蓝普顿：《同床异梦：处理 1989 至 2000 年之中美外交》，计秋枫译，钱乘旦校，香港中文大学出版社 2003 年版，第 44—51 页。

期，中国的发展拉动世界经济复苏和增长，对外贸易发展惠及全球，双向投资造福世界各国，并为全球提供公共产品；加入世贸组织以来，中国始终坚定支持多边贸易体制，全面参与世贸组织各项工作，推动世贸组织更加重视发展中成员的关切，反对单边主义和保护主义，维护多边贸易体制的权威性和有效性，与各成员方共同推动世贸组织在经济全球化进程中发挥更大作用。①

结 语

在当代中国外交的整体布局中，大国是关键，周边是首要，发展中国家是基础，多边是重要舞台。显然，中国与国际组织的互动关系，乃是其多边外交的重要组成部分，并在很大程度上成为中国外交在国家"和平崛起"进程中谱写的"华彩篇章"。正是在与国际组织的互动进程中，中方的认知、态度、行为和能力等显示出深刻变化。这些变化既顺应历史潮流和时代要求，也是维护和促进国家利益的客观要求。毫无疑问，一个更加深入地理解、参与和融入国际组织的中国，将同国际组织形成更加良性的互动，带来更加进步和繁荣的中国和世界。

① 国务院新闻办公室：《中国与世界贸易组织》(白皮书)，2018 年 6 月 28 日，http://www.scio.gov.cn/zfbps/ndhf/37884/Document/1632379/1632379.htm。

第十章　中国在地区多边制度框架中的国家角色

从亚太经合组织到东盟，从“东盟+1”到“东盟+3”，从“上海合作组织”到解决朝核问题的“六方会谈”（SPT），一系列地区性国际组织和相关机制的出现，已经在亚洲地区政治、经济和安全等诸多领域编织起了一张庞大的网络，它们在推动互利合作、应对安全环境的不确定性和塑造地区秩序方面发挥了重要作用，它们构成了变化中的亚洲地区秩序和地缘政治版图上的重要组成部分。

地区多边制度框架的扩展代表了冷战后亚洲地区体系和地区秩序的演进。在此过程中，中国作为成长中的地区大国日益积极地参与并融入地区多边制度框架下的互动。自1991年加入亚太经合组织以来，中国便成为一系列地区多边组织和机制的参与者或创始国，比如参加东盟地区论坛，首倡并参与“东盟+3”和东亚峰会（EAS），推动创建上海合作组织。中国还在解决朝核问题的“六方会谈”中发挥了不可替代的作用。可以说，以地区性制度安排的扩展为核心的亚洲地区体系和地区秩序的演进，得益于中国与地区性国际组织以及相关机制的密切互动，得益于中国在地区多边制度框架中的角色实践。

一、地区制度框架与亚洲地区秩序

在冷战终结以及全球化、地区化日益深入发展的背景下，亚洲政治、经济和安全环境正在出现深刻的变化,亚洲地区在国际体系中的分量不断上升。在此过程中,亚洲地区体系的一个显著变化是地区多边制度框架的扩展,一系列地区性国际组织和机制在政治、经济和安全等各个领域产生和发展;相应的,存在于不同领域的、正式或者非正式的规则"确立国家的角色,限制其行动,影响它们的预期"①。由此,亚洲地区有关国家形成了日益广泛和密切的制度框架下的互动。

诚如新自由制度主义所指出的,国际组织和国际机制在建立之后发挥的功能性作用在于它促进了国家间的合作。合作被定义为一组关系,这组关系不是建立在压制与强迫之上,而是以成员的共同意志为合法的合作基础,并在此基础上寻求共同利益。② 国际组织和机制不仅提供了推动有关国家参与其中的动力,而且当国家成为国际组织或国际机制的成员后,它们之间可能会更好地发展合作关系。首先,国际组织和制度安排"通过提供消息,减少交易成本,作出更为可信的承诺,建立合作的基点,从而在总体上为(国家之间的)互惠行动提供便利"③。其次,国际组织可以提供技术、信息与专家,这些对一个国家来说,不参与其中就不可得,或者要付出高昂代价才可获得;国际组织还提供了一个场所,让国家在此提高其作为合作者的声誉,当一个国家从某特定组织内部的合作中不能获益或获益很少时,更是如此。④ 尤为重要的是,对于任何的国际组织而言,其建立和维系需要一整套相应的"原则、规范、规则和决策程序"⑤,制度安排因此能够在不同程度上约束成员国的行为,减少不确定性,进而促进合作。

正是得益于一系列地区性组织和机制推动下的合作效应,作为地区一

① Robert O.Keohane, *International Institutions and State Power*, p.3.

② [美]詹姆斯·多尔蒂、小罗伯特·普法尔茨格拉夫:《争论中的国际关系理论》,第543页。

③ Robert O.Keohane and Lisa L.Martin, "The Promise of Institutionalist Theory", p.42.

④ 江忆恩:《简论国际机制对国家行为的影响》,《世界经济与政治》2002年第12期。

⑤ 原则是指对事实、因果关系和公正的信念;规范是指藉由权利和义务所确定的行为标准;规则是指对行为的特别规定或禁令;决策程序是指制定和执行集体选择时通行的做法。参见 Stephen D.Krasner, "Structural Causes and Regime Consequences: Regimes as Intervening Variables", *International Organization*, Vol.36, No.2, 1982, p.186。

体化进程的后来者，亚洲的地区合作得以迎头赶上。在制度化框架下的互动进程中，有关国家在贸易和投资领域的互利合作日益加深，在经济和技术领域的合作议程不断拓展，在传统安全和非传统安全问题上的对话与加强信任措施等尝试已经迈出大步。与此同时，得益于制度框架的平台支撑和规范塑造效应，地区相关国家间的权力关系、互动方式都在发生深刻的变化，由此构成了演进中的亚洲地区秩序的一个重要内容和特征。

作为国际事务发生和国际关系运作的重要平台，亚洲地区的制度框架不仅能够成为一些国家实施发展战略、发挥国际作用和提升国际形象的重要依托，而且使得有关国家在国际政治中的相对地位与作用也发生了变化。[①] 与此同时，地区多边制度框架下的互动有助于降低国家间合作关系的交易成本，有助于减少不确定性带来的误会与冲突，并且正在推动亚洲地区国际关系向着较为平等的、可持续的方向发展。尤为重要的是，制度框架下的互动为崛起中的地区大国寻求国家利益、实现外交政策诉求提供了新的路径，并扩展了它们的选择。

地区制度框架下的互动同样会推动国家的社会化，即参与其中的国家逐渐认可、接受地区国际社会期望的思维方式和行为方式。在此过程中，相关国家对于处理地区问题的态度与偏好将会发生变化，将会有新的动力来限制其权力或约束其利益，从而实现国家利益的方式更具有合作性。正如相关研究指出的，地区制度框架拥有自己的生命和逻辑，甚至可以重塑或限制创设它们的国家；国家要想在已经建立起国际制度的问题领域充当赢家，必须首先使得自己的行为符合国际制度的要求，依照国际制度的规范制定和执行对外政策。[②]

需要看到，亚洲地区相关国家之间日益广泛和深入的制度框架下的互动，显示出“软制度”和“弱约束”、“进程导向”以及地区自主性的特点，这就构成了亚洲地区秩序演进中的又一个重要内容和特征。

---

① 马荣久：《中美权力转移与亚洲地区体系》，《当代亚太》2014 年第 1 期。

② 江忆恩等：《简论国际机制对国家行为的影响》，《世界经济与政治》2002 年第 12 期。

亚洲地区由于各国政治体制和社会文化差异性大、发展阶段不同、经济水平不一,所以制度框架下的互动不是建立在欧盟或者北约式的、具有强约束力的规则和实施机制之上,而是具有亚洲地区特性的"软制度"、"弱约束"和"舒适度"。"协商,而不是强加于人";"作出某一项决定,有的国家原则上没有困难,但觉得不舒服。如果出现这种情况,其他人可以等一等,等大家都感觉舒服时再去做"。① 正如我们所看到的,亚太经合组织不是世界贸易组织一类的谈判组织或者具有约束力的集团,它的基本定位是一个磋商机构、官方论坛;在此框架下的合作成果通常是经过各成员反复磋商、妥协、达成共识的产物。"东盟+3"和东亚峰会旨在通过对话与合作对成员国的行为发挥规范性的影响力,而不是确立明确的规则或机制以施加约束。作为冷战后亚太地区第一个致力于应对安全问题的多边机制,东盟地区论坛坚持论坛性质,不急于推进制度化,而是遵循协商一致、低制度化与循序渐进原则。同样,上海合作组织的平稳运行倚重的是"共识",而不是"否决权"。

某种程度上正是得益于"软制度"和"弱约束","进程导向"的作用方式②在地区多边制度框架下的互动中更好地塑造了国家间关系以及亚洲地区秩序。显然,"进程"是相对于"结构"而言的,如果说"结构"意味着权力分布,那么"进程"则是制度框架下成员之间互动的模式与类型。地区相关国家在制度框架下的互动"进程"中,"学会以不同的方式思考原因和结果、手段与目的、自我和他者的关系"③,进程推动权力的社会化,孕育合作的规则和规范,催生集体认同,改变地区内的角色结构,从而规定国家行为体的利益,塑造国家行为体的行为模式④。

---

① 吴建民:《东亚特性正在形成》,http://news.xinhuanet.com/world/2005-11/15/content_3781172.htm。

② Amitav Acharya,"Regional Institutions and Asian Security Order:Norms,Power,and Prospects for Peaceful Change",in Muthaah Alagappa,ed.,*Asian Security Order:Instrumental and Normative Features*,Stanford:Stanford University Press,2002,pp.210-240.

③ D.Alice,"Who's socializing whom? Complex engagement in Sino-ASEAN relations",*The Pacific Review*,Vol.19,No.2,2006,p.161.

④ 秦亚青、魏玲:《结构、进程与权力的社会化——中国与东亚地区合作》,《世界经济与政治》2007年第3期。

不可否认,地区范围内共享利益的存在、地区合作与认同的增进以及地区制度和规范的发展,不断塑造着有关国家的自身定位和政策选择,塑造着地区内国家之间的相互关系和互动模式。① 与此同时,地区事务的管理以及地区制度框架安排不再完全受到域外大国的控制或者从属于全球力量制衡的要求,而是主要以地区内国家的利益以及它们对地区的稳定和秩序以及更好地应对全球竞争和挑战的需要为基础。这一切意味着在地区秩序的演进中亚洲正重新赢得其自主性。有学者曾就此认为,亚洲越来越能够处理好它所面对的挑战,这得益于共享的地区规范、日益提升的经济相互依存以及不断发展的制度联系。②

二、中国在地区多边制度框架中的适应与学习

正如约翰·鲁杰指出的,多边主义是一种在广义的行动原则基础上协调三个或者更多国家之间关系的制度形式③,它以共同利益、互不歧视和互惠的扩散等原则性诉求约束了国家行为,同时为国家间关系的发展提供了机会。冷战后亚洲地区多边主义的成长显然代表了新现象和新趋向。就中国方面而言,对于地区多边制度框架下的互动,它的国家角色最初主要是"适应者",即要适应地区多边合作与制度化互动的新形势。进一步来看,中国最初与亚太地区性国际组织和机制的互动,也可以看作是其愿意接受、参与和遵循制度规范的一个不断适应、学习以及观念转变的过程。

伴随着冷战结束之后日趋缓和的国际形势,经济全球化和地区一体化的趋势成为潮流。在此背景下诞生的亚太经合组织反映了亚太地区有关各方应对全球趋势和潮流、促进经济成长与合作、推动区内贸易与投资的愿望

① 马荣久:《论地区与国家的相互塑造》,《当代亚太》2010 年第 2 期。

② Amitav Acharya, "Will Asia's Past Be Its Future?", *International Security*, Vol.28, No.3, 2003, p.150.

③ [美]约翰·鲁杰主编:《多边主义》,第 12 页。

和要求。对于以经济发展为国家战略优先目标的中国而言,加入亚太经合组织和参与该组织框架下的多边经济合作就成为深化改革开放、推动自身经济发展的必然选择。而在当时,中国还没能恢复在关贸总协定中的缔约国地位,还没有参加过任何官方性质的地区多边经济组织,落后的经济技术条件以及处于亚太地区国际分工体系的底层等现实,决定了中国加入和参与 APEC 多边合作框架,“同时又是一个艰难的适应过程”①,即主要是中国去适应 APEC,适应国际合作、国际竞争的通行惯例,在平等、自愿的基础上向合作伙伴做出承诺,而不是让别的伙伴来适应我们。

20 世纪 90 年代以来,以东盟地区论坛的创立为标志,亚洲开启了地区范围内制度与规范框架下多边安全合作的进程。鉴于有关主权和安全等议题的敏感性、地区国家间互信和制度性互动的缺失,加入和参与多边安全机制显然给中国提出了更大的挑战。因此,中国参与东盟地区论坛,首先是一个适应不确定的外部环境的过程,即“摸着石头过河”,对事态发展尤其是所谓的“中国威胁论”作出反应。正如有分析所指出的,“在 1995 年前的最初岁月里,其态度可以被描绘成怀疑、不情愿和提防……中国不想被排除在地区讨论之外,但似乎认为它们不会带来一点好处。中国主要是出于防御的目的来利用它们,重申已有的官方立场,包括对良好的意图和和平共处五项基本原则的阐述。”②

中国在与地区制度框架互动中的适应性行为,尤其显示于其尊重与支持地区内中小国家在制度性互动进程中发挥领导作用。20 世纪 90 年代的亚洲金融危机给地区内有关各方带来灾难性的损失,但在客观上推动了地区制度框架下合作的步伐。承载着深化地区合作的强烈愿景,1997 年底东盟国家与中日韩领导人聚首马来西亚首都吉隆坡,“10+3”合作机制正式启动。2001 年,由参加“10+3”会议的东亚 13 国 26 位专家组成的“东亚展望小组”提出了建立“东亚共同体”的报告,这是为东亚地

---

① 沈骥如:《论中国与 APEC 的相互适应》,《世界经济与政治》2002 年第 5 期。

② [美]阿拉斯泰尔·伊恩·约翰斯顿、罗伯特·罗斯主编:《与中国接触——应对一个崛起的大国》,第 332 页。

区合作勾勒出的全新图景。可以认为，在当时酝酿中的东亚峰会应该是"10+3"框架、东盟与中日韩领导人峰会的升级与扩展。为此，中国方面曾经提出要主办第一届或者第二届东亚峰会。① 不过，中国并没有一味坚持自己的主张，而是去适应地区制度安排的目标、形式和议程。与此同时，中国积极支持东盟国家在东亚峰会这一重要的地区制度框架中继续发挥核心和"驾驶员"的作用。

如果说，"适应"只是在对先前做法的代价和收益简单的再评定基础上而产生的对变化的外部条件的策略性调整②；那么，在进一步互动的过程中，"学习"的效果就可能出现了。所谓"学习"，既可以指外交和国际事务领域发生的观念和信念的改变，也可以指新的思想及其过程的出现；不论哪种情况，它们都应当是对实践中的经历进行观察和重新加以解释的结果。这种可以发生在任何社会机构或系统的学习，会带来政策的改变，完善对于世界的认识，或使人的思维结构变得比较复杂及灵活。③

中国与地区多边制度框架的互动，支撑着其"学习"的进程以及观念的变化。对于亚太地区性多边组织和有关机制可能造成对自身国家利益的"结构性"约束，或者成为他者干预自己主权事务的"平台"，中国最初的顾虑在不断减弱。事实上，中国的认识越来越积极，国际社会日益给予其正面和肯定的评估。在中国看来，无论是在经济领域还是在安全领域，多边框架下的互动都是为构筑地区秩序做出的努力。有关的组织和机制是要在长期内和中国接触，而不是单纯的制衡，双方在经济合作、安全合作、人权和政治领域乃至在反制地区外霸权方面存在共同利益。④ 同样重要的是，中国与地区内国家在制度框架下的

---

① Ren Xiao, "Between Adapting and Shaping: China's role in Asian regional cooperation", *Journal of Contemporary China*, Vol.18, No.59, 2009, p.318.

② Alastair Iain Johnston, "Learning Versus Adaptation: Explaining Change in Chinese Arms Control Policy in the 1980s", *The China Journal*, No.35, 1996, p.31.

③ Jack S. Levy, "Learning and Foreign Policy: Sweeping a Conceptual Minefield", *International Organization*, Vol.48, No.2, 1994, p.283.

④ David Shambaugh, "China engages Asia: Reshaping the Regional Order", *International Security*, Vol.29, No.3, 2005, p.73.

互动能够缓解对其能力与意图的猜忌和不安,有助于双边关系的改善和发展,有助于树立和提升中国的国家形象。正如有研究所指出的,“参加过各种国际性论坛后,外交部亚洲司的外交官们开始说服国家领导人,中国在多边背景下的合作行为有助于其他国家相信中国的善意。”①中国方面还认识到,为了维护和平稳定的周边地区环境以利于国内的经济建设,中国不仅应该全面而充分地参与现有的地区性国际组织,“力争更大的发言权,更好地表现占全球人口1/5的国度的需要”②,而且还要主动创建、引导有关的国际组织和多边机制,并以此为平台,支撑自身国家利益和地区整体利益的实现。

三、中国在地区多边制度框架中的推动与塑造

中国参与和融入亚洲地区多边制度框架的过程,不仅是其对国际惯例与国际机制简单地认识、参与和遵循,而且对地区性合作议程、互动规则和规范有所创造、有所发展;既充当着现有国际组织和机制正常运转的稳定力量和支撑力量,又不失时机地扮演起地区国际组织及其有关机制充实、发展的“塑造者”。

1993年,亚太经合组织领导人第一次非正式会议在美国西雅图举行。会议前夕,邓小平很有针对性地提出“把一个什么样的世界带向21世纪”的问题。这是站在历史高度来看中国与APEC、中国与美国的关系,具有非常重要的意义。出席会议的中国国家主席江泽民据此发表了“把一个什么样的世界带到二十一世纪”的主旨发言,为APEC的健康发展及营造“APEC大家庭精神”做出了重要贡献。在随后会议通过的展望声明中,领导人庄严承诺要“深化APEC大家庭精神”。这是在政治上引领APEC的发展方向,对其发展具有重要意义。③ 作为亚太地区具有影响力的经济合

① Susan L.Shirk,“China's Multilateral Diplomacy in the Asia-Pacific”, http://www.uscc.gov/hearings/2004hearings/written_testimonies/04_02_12wrts/shirk.htm.

② 王逸舟:《中国与国际组织关系研究的若干问题》,《社会科学论坛》2002年第8期。

③ 转引自王嵎生:《为APEC贡献中国智慧——我所亲历的APEC往事》,《参考消息》2014年11月6日。

作官方论坛，磋商、协调以及发展始终是 APEC 的主旋律，但互动过程并非一帆风顺。由于组织成员发展阶段不同，利益诉求有异，矛盾和斗争总是难免。围绕规则制定和议程设置等方面的议题，中国在 APEC 框架下的地区合作进程中发挥了推动者与塑造者的重要角色。

首先，中国与东盟国家共同努力，推动 APEC 的决策规则适应地区合作的特点，即不是寻求条约和制度的强制性约束力，而是遵循自主自愿和协商一致原则，允许灵活和渐进性，平等互利，包容开放。正如中国领导人在 1993 年西雅图会议上提出的，“亚太经济合作组织应当是这样一种开放的、灵活的、讲求实际的经济合作论坛和磋商机构，而不是一个封闭的机制化的经济集团”①。其次，在 APEC 框架下的合作议程方面，针对 1993 年西雅图会议以来，贸易与投资自由化一直被列为首要目标和重点的问题，中国大力倡导各成员之间的经济与技术合作。中国方面在几次领导人非正式会议中都表达了这样的立场，认为“通过开展经济技术合作，在开发人力资源、建设基础设施、促进科技合作等方面增强发展中成员的经济活力，是逐步缩小本地区发展水平差距，实现共同繁荣的重要途径”②。中国推动经济技术合作和贸易投资自由化的平衡发展，使之成为带动亚太经济合作向前发展的两个车轮。这不仅丰富了 APEC 框架下的合作内容，而且充分照顾到地区内发展中成员的利益诉求，显然也有助于 APEC 自身的进一步发展。

东盟地区论坛是东亚乃至整个亚太地区第一个官方的多边安全对话与合作机制。在此框架下的互动的进程中，中国已经显示出作为“推动者与塑造者”的作用和分量，促使亚太地区第一个官方性质的多边安全合作组织沿着健康的方向前行。首先，考虑到地区多样性和低信任度的背景，中国支持 ARF 的议程以使所有成员均感到舒适的进度推进，“既不要让那些希

① 《江泽民主席在亚太经济合作组织领导人非正式会议上的讲话》（1993 年 11 月 20 日），http://www.people.com.cn/GB/jinji/222/6260/6544/6543/20010924/568676.html。

② 《江泽民主席在亚太经合组织第三次领导人非正式会议上的讲话》（1995 年 11 月 15 日），http://www.people.com.cn/GB/jinji/222/6260/6544/6543/20010924/568683.html。

望慢的国家感到太快，也不要让那些希望快的国家觉得太慢”①。其次，尽管面对西方国家对于东盟国家在论坛中的领导作用以及“东盟方式”的严重质疑，中国依然支持东盟国家发挥“驾驶员”的作用，支持适合地区特点的论坛运作方式，即不急于推进制度化，不干预成员国内部事务，而是协商一致决策，寻求共识，循序渐进。尤为重要的是，中国与 ARF 的互动过程还催生了一种新型安全观念，它代表了塑造地区多边安全对话与合作组织的新规范，即从长期而言，合作的安全或者全面的安全比传统的军事同盟或均势方法更适合于地区安全。

作为地区大国和关键的地缘战略角色，中国在维护朝鲜半岛和平与稳定、谋求半岛无核化方面，日渐扮演起“负责任大国”的角色，积极推动有关各方为解决危机事态进行建设性合作，主动倡导解决地区安全问题的议程和机制。这不仅有助于推进和实现自身的重大利益关切，而且维护了地区的和平与稳定，提供了全球和地区公共产品，并在相当大的程度上满足了“他者”对中国的角色预期和要求。正如有评论所指出的那样，“中国在朝鲜半岛上的主导性角色，使得曾经一直是这一地区安全产品主要提供者的美国调整了自身在这一地区中的定位，承认了中国在接洽朝韩之间的有效性和在北亚谈判体系中的独特地位。”②

上海合作组织作为第一个由中国主动发起并发挥主要推动作用的地区性组织，它的成立和顺利运行标志着中国在地区多边制度框架中的国家角色进入了一个新的发展阶段，即“从过去被动地加入现存的国际体系，开始转为主动地参与构建新的地区合作框架；由被动地应对国际和地区局势，开始转为有意识地谋划主导周边局势的发展；由主要致力于双边外交，转为开始适应新的多边外交趋势”。③ 具体来看：其一，在组织架构方面，从一系列

---

① The ASEAN Regional Forum：A Concept Paper，http://aseanregionalforum.asean.org/files/library/Terms%20of%20References%20and%20Concept%20Papers/Concept%20Paper%20of%20ARF.pdf.

② ［英］罗丝玛丽·福特：《中国与亚太的安全秩序：“和谐社会”与“和谐世界”》，《浙江大学学报（人文社会科学版）》2008 年第 1 期。

③ 姜毅：《中国的多边外交与上海合作组织》，《俄罗斯中亚东欧研究》2003 年第 5 期。

会议机制（如国家元首会议、政府首脑会议、外交部长会议以及各部门领导人会议等）的设立到两个常设机构（北京的秘书处和乌兹别克斯坦塔什干的反恐中心）的运行，中国在互动进程中显示出国家的经济实力和政治意愿。其二，在议程设置方面，中国推动上合组织框架下的多边合作超越单纯的反恐和安全议题，走向全方位和多领域，包括经济技术、能源、基础设施建设以及人文领域的合作。合作议程的扩展与深化夯实了上合组织的发展基础，避免了可能的“空洞化”。其三，在规范塑造方面，中国积极倡导上合组织框架下的新型安全观、新型国家间关系、新型地区合作模式。中国在互动理念构建方面的角色实践，无疑是保障“上合组织”取得成功的重要因素。

四、中国在地区多边制度框架中的主导与引导

对于中国的“和平崛起”而言，它所面临的外部环境无疑是一个日益制度化的国际环境，“和平崛起”离不开地区平台以及制度框架的支撑。无论是要把握住地区事态发展的机遇，还是更好地迎接它所带来的挑战，无论是基于国家发展的需要，还是基于国际形象的考量，中国在地区多边制度框架下的互动进程中需要主动的角色定位和积极的角色实践。

中国积极适应地区经济一体化和制度框架下合作的发展趋势，参与相关地区组织和机制，并以合作的方式推动实现自身和地区对稳定和发展的利益诉求。显然，中国在地区多边制度框架中的角色不能只是“适应者”或“合作方”。尤为重要的是，伴随着国家实力的提升，中国更需要发挥自身优势和资源，主动去创设一系列地区性制度框架与合作机制，搭建地区与国家相互塑造的平台，推动共享的利益、目标和规范。

2015 年 6 月 29 日，《亚洲基础设施投资银行协定》签署仪式在北京举行。“亚洲基础设施投资银行”57 个意向创始成员国财长或授权代表出席了签署仪式，其中已通过国内审批程序的 50 个国家正式签署该协定。“亚洲基础设施投资银行”是一个政府间性质的亚洲地区多边开发机构，按照多边开发银行的模式和原则运营，旨在为全球增长最快地区推

进最急需的基础设施投资。“亚洲基础设施投资银行”完全是由中国政府积极倡导和推动的，是中国作为主导者在地区多边制度建设中角色实践的产物，它又是中国“和平崛起”进程中的节点，是通向全球大国地位的支撑平台。

其一，“亚洲基础设施投资银行”的倡议在2013年10月中国国家主席习近平和总理李克强先后出访东南亚时提出，显示出中国要以自身的发展带动地区经济发展的意愿、担当、自信心和主动性。正如中国领导人指出的，中国愿意为国际发展事业作出力所能及的贡献，希望通过倡议建设亚洲基础设施投资银行，推动现有机构更好适应国际经济格局演变和成员国需求。① 可以认为，“亚洲基础设施投资银行”是中国为构建“合作共赢”的新型地区多边互动模式而提供的重大公共产品，这不仅将中国自身的经济实力置于一个恰当的发挥平台，而且让亚洲国家在地区多边金融机构中拥有自主权和决定权，有助于推动改善地区经济发展的基础条件，促进地区经济的持续发展。“亚洲基础设施投资银行”的问世显示出中国主导地区多边合作框架的硬实力和软实力，显示出中国在国际社会的崛起正得到越来越多国家的支持和认同。

其二，主导和引导地区多边制度框架的健康发展，与其所处地区建立某种形式的有共识的关系，这是中国走向“和平崛起”、实现权力的和平转移的可行路径。正如学者们指出的，历史上没有一个真正的世界大国不是先从自己所在地区的事务中逐渐占据主导地位而发展起来的。② 而从战略的角度来看，全球大国地位和地区大国地位这两个因素的相互影响非常重要；免于地区纷争的纠缠无疑是通往全球大国地位的捷径，如果因地理位置的限制而不能置身其外，另一条途径则是取得所处地区的主导权，这可以通过征服来实现（日本、德国和苏联曾试图这么做），也可以通过达成有共识、用

① 《习近平会见出席亚投行协定签署仪式各国代表团团长》（2015年6月29日），http://politics.people.com.cn/n/2015/0629/c70731-27224199.html。

② 叶自成：《中国实行大国外交战略势在必行——关于中国外交战略的几点思考》，《世界经济与政治》2000年第1期。

国际机制协调大国行为的地区秩序来实现。① 在多边制度框架下的互动进程中，中国为地区合作提供越来越多的公共产品，在地区事务中承担越来越大的责任，显示出其作为“负责任大国”的良好意图和能力以及表现出接受约束的态度，这是中国走向“建设性的和合作性的崛起”的关键所在，也是中国塑造国际政治的最好方法。②

需要看到，建立在一系列多边组织和机制基础之上的地区体系不仅是关于国家实力尤其是大国实力分配的场所，而且还是国家之间态度、观念和身份特征的“熔炉”。③ 换句话说，国际制度框架下的互动可以通过对话和协商、规制约束和自我调适等方式，推动成员国接受新的利益定义、新的行为规范、新的互动模式。尤为重要的是，中美两国在亚太地区制度框架下的积极互动，将有助于推动彼此看待对方的社会身份尤其是“身份具体特征”④的变化，并由此影响双方如何看待对方物质实力的变化。基于此，制度框架下的互动能够塑造大国之间“权力转移”的过程和性质。对于中国而言，通过参与或者创设地区多边制度框架而使其不断增长的实力融入更地区化和更机制化的环境中，“自身适应国际社会的规则与结构，不会在其自身与邻国或其他主要大国之间引发严重敌对；与此同时，其他大国包容这些规则和结构中的变化以适应新的权力与身份分布状况”⑤。从这个意义上说，中国主导和引导在亚太地区建立起可持续和建设性的地区秩序架构和地区制度安排，将能够真正发挥缓解“权力转移”的困境，进而增加全球体系和大国关系稳定性的作用。

---

① Barry Buzan, “China in International Society: Is ‘Peaceful Rise’ Possible?”, *The Chinese Journal of International Politics*, Vol.3, No.1, 2010, p.28.

② 参见门洪华：《国际机制与中国的战略选择》，《中国社会科学》2001 年第 2 期；王逸舟：《新世纪的中国和多边外交》，《太平洋学报》2001 年第 4 期；庞中英：《中国的亚洲战略：灵活的多边主义》，《世界经济与政治》2001 年第 10 期。

③ 参见马荣久：《中美权力转移与亚洲地区体系》，《当代亚太》2014 年第 1 期。

④ “如果说身份是重要的话，那么，它所体现的方式高度依赖于起作用的身份的具体特征，而不仅仅是它们是否相似或相区别。”参见巴瑞·布赞：《美国和诸大国：21 世纪的世界政治》，刘永涛译，上海人民出版社 2007 年版，第 2 页。

⑤ Barry Buzan, “China in International Society: Is ‘Peaceful Rise’ Possible?”, p.5.

结　语

在地区多边制度框架下的互动进程中，中国已经从冷漠的旁观者转变为积极的参与者，从被动反应的角色转变为主动倡导、主导的角色，从地区组织的“接触”对象转变为多边合作进程的关键推手。中国的角色定位日益表现出大国的积极性、主动性、创造性，并在地区制度化进程以及在此基础上的地区秩序演进中展示出独有的分量、作用和影响。

显然，中国在地区多边制度框架中变化的国家角色，不仅反映其日益增长的国家实力，而且有助于将其实力有效地转化为地区影响力。得益于其在亚洲地区独一无二的地理位置和国家规模，中国能够广泛参与东北亚、东南亚和中亚等次地区的互动与合作，同时成为多个地区组织和机制的重要成员和组成部分。与此同时，地区国际组织不仅提供了平台的支撑与合作的场所，而且发挥出制度的杠杆作用以及规范的双向塑造效应。

中国在地区制度框架下的互动进程，再定义了国家利益和追求利益的方式，再定义了大国责任和承担责任的方式。这种变化体现了中国国家利益和地区影响力的丰富与拓展，也反映了中国周边外交的转型和深化。这种变化不仅有利于中国在物质和身份地位以及与地区体系中其他大国的关系上获得绝对收益和相对收益①，而且有利于亚洲地区的和平、稳定以及地区秩序在可持续基础上的平稳演化。

对于走在“和平崛起”道路上的中国而言，如何看待和处理存在于周边地区的制度体系，如何以适当的方式继续参与、塑造乃至创设有关的地区组织和机制，依然面临不少的挑战和选择。我们认为，就提升地区多边外交政策的“有效性”而言，中国需要立足于自身与国际社会共享的利益和规范，并善于运用自己的优势资源，在地区制度框架下的多边互动进程中确立起立足长远、积极主动的国家角色。

---

① Barry Buzan, “China in International Society: Is ‘Peaceful Rise’ Possible?”, p.5.

参考文献

（一）中文文献

[加]阿米塔·阿查亚:《构建安全共同体:东盟与地区秩序》,王正毅、冯怀信译,上海人民出版社2004年版。

[美]阿拉斯泰尔·伊恩·约翰斯顿、罗伯特·罗斯主编:《与中国接触——应对一个崛起的大国》,黎晓蕾、袁征译,新华出版社2001年版。

[美]爱德华·C.勒克:《美国政治与国际组织》,裘因、邹用九译,新华出版社2001年版。

[美]安妮·O.克鲁格编:《作为国际组织的WTO》,黄理平、彭利平、刘军等译,上海人民出版社2002年版。

[美]彼得·卡赞斯坦主编:《国家安全的文化:世界政治中的规范与认同》,宋伟、刘铁娃译,北京大学出版社2009年版。

[美]大卫·A.鲍德温主编:《新现实主义与新自由主义》,肖欢容译,浙江人民出版社2001年版。

[美]戴尔·科普兰:《经济相互依赖与战争》,金宝译,社会科学文献出版社2018年版。

[美]弗雷德里克·克拉托赫维尔、爱德华·曼斯菲尔德主编:《国际组织与全球治理读本》(原版印影),北京大学出版社2007年版。

[美]汉斯·摩根索:《国家间政治:权力斗争与和平》,徐昕等译,北京大学出版社2006年版。

[美]肯尼思·奥耶编:《无政府状态下的合作》,田野、辛平译,上海人民出版社2010年版。

[美]肯尼斯·华尔兹:《国际政治理论》,信强译,上海人民出版社2003年版。

[美]莉萨·马丁、贝思·西蒙斯编:《国际制度》,黄仁伟、蔡鹏鸿等译,上海人民出版社2018年版。

[美]罗伯特・基欧汉、约瑟夫・奈:《权力与相互依赖》,门洪华译,北京大学出版社2002年版。

[美]罗伯特・基欧汉:《霸权之后:世界政治经济中的合作与纷争》,苏长和等译,上海人民出版社2006年版。

[美]罗伯特・基欧汉:《局部全球化世界中的自由主义、权力与治理》,门洪华译,北京大学出版社2004年版。

[美]罗伯特・吉尔平:《世界政治中的战争与变革》,宋新宁、杜建平译,上海人民出版社2007年版。

[美]玛莎・芬尼莫尔:《国际社会中的国家利益》,袁正清译,上海人民出版社2001年版。

[美]迈克尔・巴尼特、玛莎・芬尼莫尔:《为世界定规则:全球政治中的国际组织》,薄燕译,上海人民出版社2009年版。

[美]入江昭:《全球共同体:国际组织在当代世界形成中的角色》,刘青等译,社会科学文献出版社2009年版。

[英]苏珊・斯特兰奇:《国家与市场》,杨宇光等译,上海人民出版社2012年版。

[美]伊莉莎白・埃克诺米、米歇尔・奥克森伯格主编:《中国参与世界》,华宏勋等译,新华出版社2001年版。

[美]约翰・鲁杰主编:《多边主义》,苏长和等译,浙江人民出版社2003年版。

[美]约翰・伊肯伯里:《大战胜利之后:制度、战略约束与战后秩序重建》,北京大学出版社2008年版。

[美]约瑟夫・奈:《权力大未来》,王吉美译,中信出版社2012年版。

[美]詹姆斯・多尔蒂、小罗伯特・普法尔茨格拉夫:《争论中的国际关系理论》,阎学通等译,世界知识出版社2003年版。

[英]E.H.卡尔:《两次世界大战之间的国际关系(1919—1939)》,徐蓝译,商务印书馆2009年版。

[美]阿诺德・沃尔弗斯:《纷争与协作——国际政治论集》,于铁军译,世界知识出版社2006年版。

[英]赫德利・布尔:《无政府社会:世界政治中的秩序研究》,张小明译,上海人民出版社2015年版。

[英]马克・威廉姆斯:《国际经济组织与第三世界》,张汉林等译,经济科学出版社2001年版。

[英]亚当・罗伯茨、[新西兰]本尼迪克特・金斯伯里主编:《全球治理——分裂世界中的联合国》,吴志成等译,中央编译出版社2010年版。

[美]伊恩・赫德:《无政府状态之后:联合国安理会中的合法性与权力》,毛瑞鹏译,上海人民出版社2018年版。

李巍:《制度之战:战略竞争时代的中美关系》,社会科学文献出版社2017年版。

李先波等:《主权、人权、国际组织》,法律出版社 2005 年版。

梁西:《国际组织法》,武汉大学出版社 2001 年版。

秦亚青:《权力 · 制度 · 文化》,北京大学出版社 2016 年版。

田野:《中国参与国际合作的制度设计:一种比较制度分析》,社会科学文献出版社 2017 年版。

王逸舟主编:《磨合中的建构——中国与国际组织关系的多视角透视》,中国发展出版社 2003 年版。

武心波主编:《大国国际组织行为研究》,上海人民出版社 2010 年版。

熊李力:《专业性国际组织与当代中国外交:基于全球治理的分析》,世界知识出版社 2010 年版。

于永达编著:《国际组织学》,清华大学出版社 2006 年版。

俞可平主编:《治理与善治》,社会科学文献出版社 2000 年版。

袁明:《国际关系史》,北京大学出版社 2005 年版。

张贵洪主编:《国际组织与国际关系》,浙江大学出版社 2004 年版。

(二)英文文献

Alan S. Alexandroff, Andrew F. Cooper, eds., *Rising States, Rising Institutions: Challenges for Global Governance*, Waterloo, Ontario: The Center for International Governance Innovation, 2010.

Alastair Iain Johnston, *Social States: China in International Institutions, 1980–2000*, Princeton: Princeton University Press, 2008.

Alexander Gheciu, "Security Institutions as Agents of Socialization? NATO and the 'New Europe'", *International Organization*, Vol.59, No.4, 2005.

Alice D.Ba, "Who's socializing whom? Complex engagement in Sino-ASEAN relations", *The Pacific Review*, Vol.19, No.2, 2006.

Andreas Hasenclever, Peter Mayer and Volker Rittberger, *Theories of International Regimes*, Cambridge: Cambridge University Press, 1997.

Ann E. Kent, *Beyond compliance: China, international organizations and global security*, Stanford, Calif.: Stanford University Press, 2007.

Barbara Koremenos, Charles Lipson and Duncan Snidal, eds., *The Rational Design of International Institutions*, Cambridge: Cambridge University Press, 2011.

Barry Buzan, *From International to World Society? English School Theory and the Structure of Globalisation*, Cambridge: Cambridge University Press, 2004.

Bob Reinalda and Bertjan Verbeek, eds., *Decision Making within International Organizations*, Abingdon and New York: Routledge, 2004.

Bob Reinalda, ed., *Routledge Handbook of International Organization*, New York: Routledge,2013.

Bob Reinalda, *Routledge History of International Organizations: From 1815 to the Present Day*, Abingdon and New York: Routledge, 2009.

Bruce Russett, John R. Oneal, David R. Davis, "The Third Leg of the Kantian Tripod for Peace: International Organizations and Militarized Disputes, 1950-85", *International Organization*, Vol.52, No.3, 1998.

Carmen Pavel, *Divided Sovereignty: International Institutions and the Limits of State Authority*, New York: Oxford University Press, 2014.

Charles Boehmer, Erik Gartzke, Timothy Nordstrom, "Do Intergovernmental Organizations Promote Peace?", *World Politics*, Vol.57, No.1, 2004.

Chien-peng Chung, "China and the Institutionalization of the Shanghai Cooperation Organization", *Problems of Post-Communism*, September/October 2006.

Clive Archer, *International Organizations*, New York: Routledge, 2001.

David Armstrong, Loma Lloyd and John Redmond, *From Versailles to Maastricht International Organisation in the Twentieth Century*, Basingstoke: Macmillan Press, 1996.

Dries Lesage and Thijs Van de Graaf, eds., *Rising Powers and Multilateral Institutions*, New York: Palgrave Macmillan, 2015.

Evelyn Goh, *The Struggle for Order: Hegemony, Hierarchy, and Transition in Post-Cold War East Asia*, Oxford: Oxford University Press, 2013.

Giuseppe Schiavone, ed., *International Organizations: A Dictionary and Directory*, New York: St. Martin's Press, 1986.

Guillaume Devin, *Making Peace: The Contribution of International Institutions*, New York: Palgrave Macmillan, 2011.

Guoguang Wu and Helen Lansdowne, *China Turns to Multilateralism*, New York: Routledge, 2008.

Guy Fiti Sinclair, *To Reform the World: International Organizations and the Making of Modern States*, Oxford: Oxford University Press, 2017.

Ian Hurd, *International Organizations: Politics, Law, Practice*, Cambridge: Cambridge University Press, 2011.

Inis L. Claude, *Swords into Plowshares: The Problems and Progress of International Organization*, New York: Random House, 1964.

J. Samuel Barkin, *International Organization: Theories and Institutions*, New York: Palgrave Macmillan, 2013.

Jan Klabbers, *An Introduction to International Institutional Law*, Cambridge: Cambridge University Press, 2012.

Jeffrey T. Checkel, ed., *International Institutions and Socialization in Europe*, Cambridge:

Cambridge University Press, 2007.

Joel E. Oestreich, ed., *International Organizations as Self-Directed Actors: a framework for analysis*, New York: Routledge, 2012.

John Gerard Ruggie, *Constructing the World Polity: Essays on international institutionalization*, New York: Routledge, 1998.

John J. Mearsheimer, "The False Promise of International Institutions", *International Security*, Vol.19, No.3, 1994.

Jutta Joachim, Bob Reinalda and Bertjan Verbeek, eds., *International Organizations and Implementation: Enforcers, Managers, Authorities*, Abingdon and New York: Routledge, 2008.

K J. Holsti, *Taming the Sovereign: Institutional Change in International Politics*, Cambridge: Cambridge University Press, 2004.

Kelly-Kate S. Pease, *International Organizations: Perspectives on Global Governance in the Twenty-First Century*, New York: Longman, 2010.

Kenneth W. Abbott and Duncan Snidal, "Why States Act through Formal International Organizations", *The Journal of Conflict Resolution*, Vol.42, No.1, 1998.

Knud Erik Jørgensen, *The European Union and International Organizations*, London: Routledge, 2009.

M. J. Green and Bates Gill, eds., *Asia's New Multilateralism*, New York: Columbia University Press, 2009.

Marc Frey, Sönke Kunkel and Corinna R. Unger, eds., *International Organizations and Development*, 1945–1990, Houndmills: Palgrave Macmillan, 2014.

Marc Lanteigne, *China and International Institutions: Alternate Paths to Global Power*, New York: Routledge, 2005.

Michael Barnett and Martha Finnemore, *Rules for the World: International Organizations in Global Politics*, Ithaca, NY: Cornell University Press, 2004.

Michael Barnett and Raymond Duvall, eds., *Power in Global Governance*, New York: Cambridge University Press, 2005.

Michael G. Schechter, *Historical Dictionary of International Organizations*, Toronto: The Scarecrow Press, Inc., 2010.

Michael Wesley, *The Regional Organizations of the Asia-Pacific: Exploring Institutional Change*, London: Palgrave Macmillan, 2003.

Philip Y. Lipscy, *Renegotiating the World Order: Institutional Change in International Relations*, Cambridge: Cambridge University Press, 2017.

Robert O. Keohane and Lisa L. Martin, "The Promise of Institutionalist Theory", *International Security*, Vol.20, No.1, 1995.

Robert O. Keohane, *International Institutions and State Power*, Boulder: Westview

Press,1989.

Rosemary Foot,S.Neil MacFarlane and Michael Mastanduno,eds.,*US Hegemony and International Organizations*,Oxford:Oxford University Press,2002.

Shiping Tang,*A General Theory of Institutional Change*,London:Routledge,2011.

Shiro Armstrong and Vo Tri Thanh, eds., *International Institutions and Asian Development*,New York:Routledge,2011.

Thomas G.Weiss and Rorden Wilkinson,eds.,*International Organization and Global Governance*,New York:Routledge,2014.

Tonny Brems Knudsen,Cornelia Navari,eds.,*International Organization in the Anarchical Society: The Institutional Structure of World Order*, Cham, Switzerland: Palgrave Macmillan,2019.

Volker Heins,*Nongovernmental Organizations in International Society:Struggles over Recognition*,Basingstoke:Palgrave Macmillan,2008.

附　　录

国际联盟盟约

缔约各国

为增进国际间合作并保持其和平与安全起见，特允承受不从事战争之义务，维持各国间公开、公正、荣誉之邦交，严格遵守国际公法之规定，以为今后各国政府间行为之规范，在有组织之民族间彼此关系中维持正义并恪遵条约之一切义务。

议定国际联盟盟约如下：

第一条

1. 国际联盟之创始会员国应以本盟约附件内所列之各签字国及附件内所列愿意无保留加入本盟约之各国为限，此项加入应在本盟约实施后两个月内备声明书交存秘书处并应通知联盟中之其他会员国。

2. 凡一切国家、领地或殖民地为附款中所未列者，如经大会三分之二之同意得加入为国际联盟会员，惟须确切保证有笃守国际义务之诚意并须承认联盟所规定关于其海、陆、空、实力，暨军备之章程。

3. 凡联盟会员国，经两年前预先通告后，得退出联盟但须于退出之时将其所有国际义务，及为本盟约所负之一切义务履行完竣。

第二条

联盟按照本盟约所规定之行动应经由大会及行政院执行之，并以常设秘书处予以助理。

第三条

1. 大会由联盟会员国之代表组织之。

2. 大会应按照所定时期或随时按事机所需，在联盟所在地或其他择定之地点开会。

3. 大会开会时处理属于联盟行动范围以内或关系世界和平之任何事件。

4. 大会开会时联盟每一会员国只有一投票权且其代表不得逾三人。

第四条

1. 行政院由主要协约及参战各国之代表与联盟其他四会员国之代表组织之。此联盟四会员国由大会随时斟酌选定。在大会第一次选定四会员国代表以前，比利时、巴西、西班牙、希腊之代表应为行政院理事。

2-1. 行政院经大会多数核准，得指定联盟之其他会员国，其代表应为行政院常任理事。行政院经同样之核准，得增加大会所欲选举为行政院理事之名额。

2-2. 大会应以三分之二之多数决定关于选举行政院非常任理事之规则，特别是决定关于非常任理事任期及被选连任条件之各项规章。

3. 行政院应随时按事机所需并至少每年一次在联盟所在地或其他择定之地点开会。

4. 行政院开会时得处理属于联盟行动范围以内或关系世界和平之任何事件。

5. 凡联盟会员未列席于行政院者，遇该院考量事件与之有特别关系时，应请其派一代表，列席该院。

6. 行政院开会时联盟每一会员列席于行政院者只有一投票权，并只有代表一人。

第五条

1. 除本盟约或本条约另有明白规定者外，凡大会或行政院开会时之决议应得联盟出席于会议之会员国全体同意。

2. 关于大会或行政院之程序问题，连指派审查特别事件之委员会在内，均由大会或行政院予以规定并由联盟出席于会议之会员国多数决定。

3. 大会第一次会议及行政院第一次会议均应由美国总统召集之。

第六条

1. 常设秘书处设于联盟所在地。秘书处设秘书长一人暨应需之秘书及职员。

2. 第一任秘书长以附件所载之人员充之。嗣后,秘书长应由行政院得大会多数之核准委任之。

3. 秘书处之秘书及职员由秘书长得行政院之核准委任之。

4. 联盟之秘书长当然为大会及行政院之秘书长。

5. 联盟经费应由联盟会员国依照大会决定之比例分担之。

第七条

1. 以日内瓦为联盟所在地。

2. 行政院可随时决定将联盟所在地改移他处。

3. 联盟或其所属各部门之一切职位,包括秘书处在内,无分男女,均得充任。

4. 联盟会员国之代表及其办事人员当服务联盟时应享有外交特权及豁免。

5. 联盟或其人员或出席会议代表所占之房屋及他项产业均不得侵犯。

第八条

1. 联盟会员国承认为维持和平起见,必须减缩各本国军备至适足保卫国家安全及共同履行国际义务的最少限度。

2. 行政院,应在估计每一国家之地理形势及其特别状况下,准备此项减缩军备之计划,以便由各国政府予以考虑及施行。

3. 此项计划至少每十年须重行考虑及修正一次。

4. 此项计划经各政府采用后,所定军备之限制非得行政院同意,不得超过。

5. 因私人制造军火及战争器材引起重大之异议,联盟会员国责成行政院筹适当办法,以免流弊,惟应兼顾联盟会员国有未能制造必需之军火及战争器材以保持安全者。

6. 联盟会员国担任将其国内关于军备之程度,陆、海、空之计划,以及可为战争服务之工业情形互换最坦白,最完整之情报。

第九条

关于第一、第八两条各规定之实施及关于陆、海、空各问题应设一常设委员会,并向行政院陈述意见。

第十条

联盟会员国担任尊重并保持所有联盟各会员国之领土完整及现有之政治上独立,以防御外来之侵犯。如遇此种侵犯或有此种侵犯之任何威胁或危险之虞时,行政院应筹拟履行此项义务之方法。

第十一条

1. 在此声明,凡任何战争或战争之威胁,不论其直接影响联盟任何一会员国与否,皆为有关联盟全体之事。联盟应采取适当有效之措施以保持各国间之和平。如遇此等情事,秘书长应依联盟任何会员国之请求,立即召集行政院会议。

2. 又声明,凡影响国际关系之任何情势,足以扰乱国际和平或危及国际和平所依之良好谅解者,联盟任何会员国有权以友谊名义,提请大会或行政院注意。

第十二条

1. 联盟会员国约定,倘联盟会员国间发生争议,势将决裂者,当将此事提交仲裁或依司法解决,或交行政院审查。联盟会员国并约定无论如何,非俟仲裁员裁决或法庭判决或行政院报告后三个月届满以前,不得从事战争。

2. 本条内无论何案仲裁员之裁决或法庭之判决应于适当期间宣告,而行政院之报告应自受理争议之日起六个月内作成。

第十三条

1. 联盟会员国约定,无论何时联盟会员国间发生争议认为适于仲裁或司法解决,而不能在外交上圆满解决者,将该问题完全提交仲裁或司法解决。

2. 声明,凡争议有关条约之解释或国际法中任何问题或因某项事实之实际,如其成立,足以破坏国际义务,并由于此种破坏应该补偿之范围及性质者,概应认为在适于提交仲裁或司法解决之列。

3. 为讨论此项争议起见,受理此项争议之法庭应为按照第十四条所设立之国际常设法院或为当事各方所同意或照各方间现行条约所规定之任何法庭。

4. 联盟会员国约定彼此以完全诚意执行所宣告之裁决或判决,并对于遵行裁决或判决之联盟任何会员国,不得进行战争。设有未能实行此项裁决或判决者,行政院应筹拟办法使生效力。

第十四条

行政院应筹拟设立国际常设法院之计划并交联盟各会员国采用。凡各方提出属于国际性质之争议,该法院有权审理并判决之。凡有争议或问题经行政院或大会有所咨询,该法院亦可发表意见。

第十五条

1. 联盟会员国约定,如联盟会员国间发生足以决裂之争议而未照第十三条提交仲裁或司法解决者,应将该案提交行政院。为此目的,各方中任何一方可将争议通知秘书长,秘书长应采取一切措施,以便详细调查及研究。

2. 争执各方应以案情之说明书连同相关之事实及证件从速送交秘书长。行政院可将此项案卷立即公布。

3. 行政院应尽力使此项争议得以解决。如其有效,须将关于该争议之事实与解释并此项解决之条文酌量公布。

4. 倘争议不能如此解决,则行政院经全体或多数之表决,应缮发报告书,说明争议之事实及行政院所认为公允适当之建议。

5. 联盟任何会员列席于行政院者亦得将争议之事实及其自国之决议以说明书公布之。

6. 如行政院报告书除争执之一方或一方以上之代表外,该院理事一致赞成,则联盟会员国约定彼此不得向遵从报告书建议之任何一方从事战争。

7. 如行政院除争执之一方或一方以上之代表外,不能使该院理事一致赞成其报告书,则联盟会员国保留权利施行认为维持正义或公道所必需之行动。

8. 如争执各方任何一方对于争议自行声明并为行政院所承认,按诸国际法纯属该方国内管辖之事件,则行政院应据情报告,而不作解决该争议之建议。

9. 对于本条所规定之任何案件,行政院得将争议移送大会。经争执之一方请求,大会亦应受理;惟此项请求应于争议送交行政院后十四日内提出。

10. 对于提交大会之任何案件,所有本条及第十二条之规定关于行政院行为及职权,大会亦适用之。大会之报告书除争执各方之代表外,如经联盟出席行政院会员国之代表并联盟其他会员国多数核准,应与行政院之报告书除争执之一方或一方以上之代表外经该院理事全体核准者,同其效力。

第十六条

1. 联盟会员国如有不顾本盟约第十二条、第十三条或第十五条所定之规约而从事战争者,则据此事实应即视为对于所有联盟其他会员国有战争行为。其他各会员国当立即与之断绝各种贸易上或财政上之关系,禁止其人民与破坏盟约国人民之各种往来并阻止其他任何一国——不论为联盟会员国或非联盟会员国——之人民与该国之人民财政上、商业上或个人之往来。

2. 遇此情形,行政院应负向相关各政府建议之责,俾联盟各会员国各出陆、海、空之实力组成军队,以维护联盟盟约之实行。

3. 又联盟会员国约定当按照本条适用财政上及经济上应采之办法时,彼此互相扶助。使因此所致之损失与困难减至最少限度。如破坏盟约国对于联盟中之一会员国实行任何特殊措施,亦应互相扶助以抵制之,对于协同维护联盟盟约之联盟任何会员国之军队,应采取必要步骤给予假道之便利。

4. 联盟任何会员国违犯联盟盟约内之一项者,经出席行政院之所有联盟其他会员国之代表投票表决,即可宣告令其出会。

第十七条

1. 若一联盟会员国与一非联盟会员国或两国均非联盟会员遇有争议，应邀请非联盟会员之一国或数国承受联盟会员国之义务，俾按照行政院所认为正当之条件，以解决争议。此项邀请如经承受，则第十二条至第十六条之规定，除行政院认为有必要之变更外，应适用之。

2. 前项邀请发出后，行政院应即调查争议之情形并建议其所认为最适当与最有效之办法。

3. 如被邀请之一国拒绝承受联盟会员国之义务以解决争议而向联盟一会员从事战争，则对于采取此行动之国即可适用第十六条之规定。

4. 如争执之双方被邀请后均拒绝承受联盟会员国之义务以解决争议，则行政院可筹一切办法并提各种建议以防止战事，解除纷争。

第十八条

嗣后联盟任何会员国所订条约或国际协议应立送秘书处登记并由秘书处从速发表。此项条约或国际协议未经登记以前不生效力。

第十九条

大会可随时请联盟会员国重新考虑已经不适用之条约以及长此以往将危及世界和平之国际局势。

第二十条

1. 联盟会员国各自承认凡彼此间所有与本盟约条文相抵触之义务或谅解均因本盟约而告废止并庄严保证此后不得订立类似协约。

2. 如有联盟任何一会员国未经加入联盟以前负有与本盟约条文抵触之义务，则应采取措施以摆脱此项义务。

第二十一条

国际协议如仲裁条约或区域协商类似门罗主义者，皆属维持和平，不得视为与本盟约内任何规定有所抵触。

第二十二条

1. 凡殖民地及领土于此次战争之后不复属于从前统治该地之各国，而其居民尚不克自立于今世特别困难状况之中，则应适用下列之原则，即此等人民之福利及发展成为文明之神圣任务,此项任务之履行应载入本盟约。

2. 实行此项原则之最妥善方法莫如人民之保佐并委托于资源上、经验上或地理上足以承担此项责任而亦乐于接受之各先进国,该国即以受任统治之资格为联盟施行此项保佐。

3. 委任统治之性质应依该地人民发展之程度、领土之地势、经济之状况及其他类似之情形而区别之。

4. 前属奥斯曼帝国之各民族其发展已达可以暂认为独立国之程度,惟仍须由受委任国予以行政之指导及援助,至其能自立之时为止。对于该受委任国之选择,应首先考虑各该民族之愿望。

5. 其他民族,尤以中非洲之民族,依其发展之程度,不得不由受委任国负地方行政之责,惟其条件为确保其信仰及宗教之自由,而以维持公共安全及善良风俗所能准许之限制为衡,禁止各项弊端,如奴隶之贩卖、军械之贸易、烈酒之贩卖并阻止建筑要塞或设立海陆军基地,除警察和国防所需外,不得以军事教育施诸土人,并保证联盟之其他会员国在交易上、商业上之机会均等。

6. 此外土地如非洲之西南部及南太平洋之数岛或因居民稀少,或因幅员不广,或因距文明中心辽远,或因地理上接近受委任国之领土,或因其他情形最宜受治于受委任国法律之下,作为其领土之一部分,但为土人利益计,受委任国应遵行以上所载之保障。

7. 受委任国须将委任统治地之情形向行政院提出年度报告。

8. 倘受委任国行使之管辖权、监督权或行政权,其程度未经联盟会员国间订约规定,则应由行政院予以明确规定。

9. 设一常设委员会专任接收及审查各受委任国之年度报告并就关于执行委任统治之各项问题向行政院陈述意见。

第二十三条

除按照现行及将来订立之国际公约所规定外,联盟会员国应:

1. 勉力设法为男女及儿童在其本国及其工商关系所及之各国确保公平、人道之劳动条件,并为此项目的设立与维持必要之国际机构。

2. 承允对委任统治地内之土人保持公平之待遇。

3. 关于贩卖妇女、儿童，贩卖鸦片及危害药品等各种协定之实行，概以监督之权授给联盟。

4. 军械军火之贸易对于某等国为公共利益计有监督之必要者，概以监督之权授给联盟。

5. 采用必要的办法，对联盟所有会员国确保并维持交通及过境之自由，暨商务上之公平待遇。关于此节应注意一九一四年至一九一八年战争期内受毁地区之特别需要。

6. 努力采取措施，以便在国际范围内预防及扑灭各种疾病。

第二十四条

1. 凡经公约规定而成立之有关国际事务之机关，如经缔约各方之认可，均应置于联盟管理之下。此后创设各项国际事务机构及管理国际利益事件之各项委员会统归联盟管理。

2. 凡有关国际利益之事件，为一般公约所规定而未置于国际事务机构或委员会监督之下者，联盟秘书处如经有关各方之请求、并行政院之许可，应征集各种有用之消息而公布之，并予以各种必要或相需之援助。

3. 凡归联盟管理之任何国际事务机构或委员会，其经费可由行政院决定列入秘书处经费之内。

第二十五条

联盟会员国对于获得准许之国内志愿红十字机关，以在世界范围内改良卫生、防止疾病、减轻痛苦为宗旨者，应鼓励并促进其设立和合作。

第二十六条

1. 本盟约之修正，经行政院全体及联盟大会代表多数之批准，即生效力。

2. 联盟任何会员国有自由不承认盟约之修正案，但因此即不复为联盟会员国。

联合国宪章

序　言

我联合国人民同兹决心

欲免后世再遭今代人类两度身历惨不堪言之战祸，重申基本人权、人格尊严与价值，以及男女与大小各国平等权利之信念，创造适当环境，俾克维持正义，尊重由条约与国际法其他渊源而起之义务，久而弗懈，促成大自由中之社会进步及较善之民生，

并为达此目的

力行容恕，彼此以善邻之道，和睦相处，集中力量，以维持国际和平及安全，接受原则，确立方法，以保证非为公共利益，不得使用武力，运用国际机构，以促成全球人民经济及社会之进展，

用是发愤立志，务当同心协力，以竟厥功

爰由我各本国政府，经齐集旧金山市之代表各将所奉全权证书，互相校阅，均属妥善，议定本联合国宪章，并设立国际组织，定名联合国。

第一章　宗旨及原则

第一条

联合国之宗旨为：

一、维持国际和平及安全；并为此目的采取有效集体办法，以防止且消除对于和平之威胁，制止侵略行为或其他对于和平之破坏；并以和平方法且

依正义及国际法之原则，调整或解决足以破坏和平之国际争端或情势。

二、发展国际以尊重人民平等权利及自决原则为根据之友好关系，并采取其他适当办法，以增强普遍和平。

三、促成国际合作，以解决国际间属于经济、社会、文化及人类福利性质之国际问题，且不分种族、性别、语言或宗教，增进并激励对于全体人类之人权及基本自由之尊重。

四、构成一协调各国行动之中心，以达成上述共同目的。

第二条

为求实现第一条所述各宗旨起见，本组织及其会员国应遵行下列原则：

一、本组织系基于各会员国主权平等之原则。

二、各会员国应一秉善意，履行其依本宪章所担负之义务，以保证全体会员国由加入本组织而发生之权益。

三、各会员国应以和平方法解决其国际争端，避免危及国际和平、安全及正义。

四、各会员国在其国际关系上不得使用威胁或武力，或以与联合国宗旨不符之任何其他方法，侵害任何会员国或国家之领土完整或政治独立。

五、各会员国对于联合国依本宪章规定而采取之行动，应尽力予以协助，联合国对于任何国家正在采取防止或执行行动时，各会员国对该国不得给予协助。

六、本组织在维持国际和平及安全之必要范围内，应保证非联合国会员国遵行上述原则。

七、本宪章不得认为授权联合国干涉在本质上属于任何国家国内管辖之事件，且并不要求会员国将该项事件依本宪章提请解决；但此项原则不妨碍第七章内执行办法之适用。

第二章　会　员

第三条

凡曾经参加旧金山联合国国际组织会议或前此曾签字于一九四二年一

月一日联合国宣言之国家，签订本宪章，且依宪章第一百一十条规定而予以批准者，均为联合国之创始会员国。

第四条

一、凡其他爱好和平之国家，接受本宪章所载之义务，经本组织认为确能并愿意履行该项义务者，得为联合国会员国。

二、准许上述国家为联合国会员国，将由大会经安全理事会之推荐以决议行之。

第五条

联合国会员国，业经安全理事会对其采取防止或执行行动者，大会经安全理事会之建议，得停止其会员权利及特权之行使。此项权利及特权之行使，得由安全理事会恢复之。

第六条

联合国之会员国中，有屡次违犯本宪章所载之原则者，大会经安全理事会之建议，得将其由本组织除名。

第三章　机　关

第七条

一、兹设联合国之主要机关如下：大会、安全理事会、经济及社会理事会、托管理事会、国际法院及秘书处。

二、联合国得依本宪章设立认为必需之辅助机关。

第八条

联合国对于男女均得在其主要及辅助机关在平等条件之下，充任任何职务，不得加以限制。

第四章　大　会

组织

第九条

一、大会由联合国所有会员国组织之。

二、每一会员国在大会之代表，不得超过五人。

职权

第十条

大会得讨论本宪章范围内之任何问题或事项，或关于本宪章所规定任何大会之职权；并除第十二条所规定外，得向联合国会员国或安全理事会或兼向两者提出对各该问题或事项之建议。

第十一条

一、大会得考虑关于维持国际和平及安全之合作之普通原则，包括裁军及军备管制之原则；并得向会员国或安全理事会或兼向两者提出对于该项原则之建议。

二、大会得讨论联合国任何会员国或安全理事会或非联合国会员国依第三十五条第二项之规定向大会所提关于维持国际和平及安全之任何问题；除第十二条所规定外，并得向会员国或安全理事会或兼向两者提出对于各该项问题之建议。凡对于需要行动之各该项问题，应由大会于讨论前或讨论后提交安全理事会。

三、大会对于足以危及国际和平与安全之情势，得提请安全理事会注意。

四、本条所载之大会权力并不限制第十条之概括范围。

第十二条

一、当安全理事会对于任何争端或情势，正在执行本宪章所授予该会之职务时，大会非经安全理事会请求，对于该项争端或情势，不得提出任何建议。

二、秘书长经安全理事会之同意，应于大会每次会议时，将安全理事会正在处理中关于维持国际和平及安全之任何事件，通知大会；于安全理事会停止处理该项事件时，亦应立即通知大会，或在大会闭会期内通知联合国会员国。

第十三条

一、大会应发动研究，并作成建议：

(1)以促进政治上之国际合作,并提倡国际法之逐渐发展与编纂。

(2)以促进经济、社会、文化、教育及卫生各部门之国际合作,且不分种族、性别、语言或宗教,助成全体人类之人权及基本自由之实现。

二、大会关于本条第一项(1)款所列事项之其他责任及职权,于第九章及第十章中规定之。

第十四条

大会对于其所认为足以妨害国际间公共福利或友好关系之任何情势,不论其起源如何,包括由违反本宪章所载联合国之宗旨及原则而起之情势,得建议和平调整办法,但以不违背第十二条之规定为限。

第十五条

一、大会应收受并审查安全理事会所送之常年及特别报告;该项报告应载有安全理事会对于维持国际和平及安全所已决定或施行之办法之陈述。

二、大会应收受并审查联合国其他大会所送之报告。

第十六条

大会应执行第十二章及第十三章所授予关于国际托管制度之职务,包括关于非战略防区托管协定之核准。

第十七条

一、大会应审核本组织之预算。

二、本组织之经费应由各会员国依照大会分配限额担负之。

三、大会应审核经与第五十七条所指各种专门大会订定之任何财政及预算办法,并应审查该项专门大会之行政预算,以便向有关机关提出建议。

投票

第十八条

一、大会之每一会员国,应有一个投票权。

二、大会对于重要问题之决议应以到会及投票之会员国三分之二多数决定之。此项问题应包括:关于维持国际和平及安全之建议,安全理事会非常任理事国之选举,经济及社会理事会理事国之选举,依第八十六条第一项(3)款所规定托管理事会理事国之选举,对于新会员国加入联合国之准许,会员国权利及特权之停止,会员国之除名,关于施行托管制度之问题,以及预算问题。

三、关于其他问题之决议,包括另有何种事项应以三分之二多数决定之问题,应以到会及投票之会员国过半数决定之。

第十九条

凡拖欠本组织财政款项之会员国,其拖欠数目如等于或超过前两年所应缴纳之数目时,即丧失其在大会投票权。大会如认拖欠原因,确由于该会员国无法控制之情形者,得准许该会员国投票。

程序

第二十条

大会每年应举行常会,并于必要时,举行特别会议。特别会议应由秘书长经安全理事会或联合国会员国过半数之请求召集之。

第二十一条

大会应自行制定其议事规则。大会应选举每次会议之主席。

第二十二条

大会得设立其认为于行使职务所必需之辅助大会。

第五章　安全理事会

组织

第二十三条

一、安全理事会以联合国十五会员国组织之。中华民国(1971 年后为中华人民共和国)、法兰西、苏维埃社会主义共和国联盟(1991 年 12 月苏联解体后席位由俄罗斯联邦接替)、大不列颠及北爱尔兰联合王国与美利坚合众国应为安全理事会常任理事国。大会应选举联合国其他十会员国为安全理事会非常任理事国,选举时宜充分斟酌联合国各会员国于维持国际和平与安全及本组织其余各宗旨上之贡献,并宜充分斟酌地域上之公匀分配。

二、安全理事会非常任理事国任期定为二年。安全理事会理事国自十一国增至十五国后第一次选举非常任理事国时,所增四国中两国之任期应为一年。任满之理事国不得即行连选。

三、安全理事会每一理事国应有代表一人。

职权

第二十四条

一、为保证联合国行动迅速有效起见,各会员国将维持国际和平及安全之主要责任,授予安全理事会,并同意安全理事会于履行此项责任下之职务时,即系代表各会员国。

二、安全理事会于履行此项职务时,应遵照联合国之宗旨及原则。为履行此项职务而授予安全理事会之特定权力,于本宪章第六章、第七章、第八章及第十二章内规定之。

三、安全理事会应将常年报告、并于必要时将特别报告,提送大会审查。

第二十五条

联合国会员国同意依宪章之规定接受并履行安全理事会之决议。

第二十六条

为促进国际和平及安全之建立及维持,以尽量减少世界人力及经济资源之消耗于军备起见,安全理事会借第四十七条所指之军事参谋团之协助,应负责拟具方案,提交联合国会员国,以建立军备管制制度。

投票

第二十七条

一、安全理事会每一理事国应有一个投票权。

二、安全理事会关于程序事项之决议,应以九理事国之赞成票表决之。

三、安全理事会对于其他一切事项之决议,应以九理事国之赞成票包括全体常任理事国之同意票表决之;但对于第六章及第五十二条第三项内各事项之决议,争端当事国不得投票。

程序

第二十八条

一、安全理事会之组织,应以使其能继续不断行使职务为要件。为此目的,安全理事会之各理事国应有常驻本组织会所之代表。

二、安全理事会应举行定期会议,每一理事国认为合宜时得派政府大员或其他特别指定之代表出席。

三、在本组织会所以外,安全理事会得在认为最能便利其工作之其他地点举行会议。

第二十九条

安全理事会得设立其认为于行使职务所必需之辅助机关。

第三十条

安全理事会应自行制定其议事规则,包括其推选主席之方法。

第三十一条

在安全理事会提出之任何问题,经其认为对于非安全理事会理事国之联合国任何会员国之利益有特别关系时,该会员国得参加讨论,但无投票权。

第三十二条

联合国会员国而非为安全理事会之理事国,或非联合国会员国之国家,如于安全理事会考虑中之争端为当事国者,应被邀参加关于该项争端之讨论,但无投票权。安全理事会应规定其所认为公平之条件,以便非联合国会员国之国家参加。

第六章　争端之和平解决

第三十三条

一、任何争端之当事国,于争端之继续存在足以危及国际和平与安全之维持时,应尽先以谈判、调查、调停、和解、公断、司法解决、区域机构或区域办法之利用,或各该国自行选择之其他和平方法,求得解决。

二、安全理事会认为必要时,应促请各当事国以此项方法,解决其争端。

第三十四条

安全理事会得调查任何争端或可能引起国际磨擦或惹起争端之任何情势,以断定该项争端或情势之继续存在是否足以危及国际和平与安全之维持。

第三十五条

一、联合国任何会员国得将属于第三十四条所指之性质之任何争端或情势,提请安全理事会或大会注意。

二、非联合国会员国之国家如为任何争端之当事国时,经预先声明就该争端而言接受本宪章所规定和平解决之义务后,得将该项争端,提请大会或安全理事会注意。

三、大会关于按照本条所提请注意事项之进行步骤,应遵守第十一条及第十二条之规定。

第三十六条

一、属于第三十三条所指之性质之争端或相似之情势,安全理事会在任何阶段,得建议适当程序或调整方法。

二、安全理事会对于当事国为解决争端业经采取之任何程序,理应予以考虑。

三、安全理事会按照本条作成建议时,同时理应注意凡具有法律性质之争端,在原则上,理应由当事国依国际法院规约之规定提交国际法院。

第三十七条

一、属于第三十三条所指之性质之争端,当事国如未能依该条所示方法解决时,应将该项争端提交安全理事会。

二、安全理事会如认为该项争端之继续存在,在事实上足以危及国际和平与安全之维持时,应决定是否当依第三十六条采取行动或建议其所认为适当之解决条件。

第三十八条

安全理事会如经所有争端当事国之请求,得向各当事国作成建议,以求争端之和平解决,但以不妨碍第三十三条至第三十七条之规定为限。

第七章　对于和平之威胁、和平之破坏及侵略行为之应付办法

第三十九条

安全理事会应断定任何和平之威胁、和平之破坏或侵略行为之是否存

在，并应作成建议或抉择依第四十一条及第四十二条规定之办法，以维持或恢复国际和平及安全。

第四十条

为防止情势之恶化，安全理事会在依第三十九条规定作成建议或决定办法以前，得促请关系当事国遵行安全理事会所认为必要或合宜之临时办法。此项临时办法并不妨碍关系当事国之权利、要求或立场。安全理事会对于不遵行此项临时办法之情形，应予适当注意。

第四十一条

安全理事会得决定所应采武力以外之办法，以实施其决议，并得促请联合国会员国执行此项办法。此项办法得包括经济关系、铁路、海运、航空、邮、电、无线电及其他交通工具之局部或全部停止，以及外交关系之断绝。

第四十二条

安全理事会如认第四十一条所规定之办法为不足或已经证明为不足时，得采取必要之空海陆军行动，以维持或恢复国际和平及安全。此项行动得包括联合国会员国之空海陆军示威、封锁及其他军事举动。

第四十三条

一、联合国各会员国为求对于维持国际和平及安全有所贡献起见，担任于安全理事会发令时，并依特别协定，供给为维持国际和平及安全所必需之军队、协助及便利，包括过境权。

二、此项特别协定应规定军队之数目及种类，其准备程度及一般驻扎地点，以及所供便利及协助之性质。

三、此项特别协定应以安全理事会之主动，尽速议订。此项协定应由安全理事会与会员国或由安全理事会与若干会员国之集团缔结之，并由签字国各依其宪法程序批准之。

第四十四条

安全理事会决定使用武力时，于要求非安全理事会会员国依第四十三条供给军队以履行其义务之前，如经该会员国请求，应请其遣派代表，参加安全理事会关于使用其军事部队之决议。

第四十五条

为使联合国能采取紧急军事办法起见，会员国应将其本国空军部队为国际共同执行行动随时供给调遣。此项部队之实力与准备之程度，及其共同行动之计划，应由安全理事会以军事参谋团之协助，在第四十三条所指之特别协定范围内决定之。

第四十六条

武力使用之计划应由安全理事会以军事参谋团之协助决定之。

第四十七条

一、兹设立军事参谋团，以便对于安全理事会维持国际和平及安全之军事需要问题，对于受该会所支配军队之使用及统率问题，对于军备之管制及可能之裁军问题，向该会贡献意见并予以协助。

二、军事参谋团应由安全理事会各常任理事国之参谋总长或其代表组织之。联合国任何会员国在该团未有常任代表者，如于该团责任之履行在效率上必需该国参加其工作时，应由该团邀请参加。

三、军事参谋团在安全理事会权力之下，对于受该会所支配之任何军队，负有战略上之指挥责任；关于该项军队之统率问题，应待以后处理。

四、军事参谋团，经安全理事会之授权，并与区域内有关机关商议后、得设立区域分团。

第四十八条

一、执行安全理事会为维持国际和平及安全之决议所必要之行动，应由联合国全体会员国或由若干会员国担任之，一依安全理事会之决定。

二、此项决议应由联合国会员国以其直接行动及经其加入为会员之有关国际机关之行动履行之。

第四十九条

联合国会员国应通力合作，彼此协助，以执行安全理事会所决定之办法。

第五十条

安全理事会对于任何国家采取防止或执行办法时，其他国家，不论其是否为联合国会员国，遇有因此项办法之执行而引起之特殊经济问题者，应有权与安全理事会会商解决此项问题。

第五十一条

联合国任何会员国受武力攻击时，在安全理事会采取必要办法，以维持国际和平及安全以前，本宪章不得认为禁止行使单独或集体自卫之自然权利。会员国因行使此项自卫权而采取之办法，应立向安全理事会报告，此项办法于任何方面不得影响该会按照本宪章随时采取其所认为必要行动之权责，以维持或恢复国际和平及安全。

第八章　区域办法

第五十二条

一、本宪章不得认为排除区域办法或区域机关、用以应付关于维持国际和平及安全而宜于区域行动之事件者；但以此项办法或机关及其工作与联合国之宗旨及原则符合者为限。

二、缔结此项办法或设立此项机关之联合国会员国，将地方争端提交安全理事会以前，应依该项区域办法，或由该项区域机关，力求和平解决。

三、安全理事会对于依区域办法或由区域机构而寻求地区争端之和平解决，不论其系由相关国家主动，或由安全理事会提交者，应鼓励其发展。

四、本条绝不妨碍第三十四条及第三十五条之适用。

第五十三条

一、安全理事会对于职权内之执行行动，在适当情形下，应利用此项区域办法或区域机关。如无安全理事会之授权，不得依区域办法或由区域机关采取任何执行行动；但关于依第一百零七条之规定对付本条第二项所指之任何敌国之步骤，或在区域办法内所取防备此等国家再施其侵略政策之步骤，截至本组织经各关系政府之请求，对于此等国家之再次侵略，能担负防止责任时为止，不在此限。

二、本条第一项所称敌国系指第二次世界大战中为本宪章任何签字国之敌国而言。

第五十四条

关于为维持国际和平及安全起见，依区域办法或由区域机关所已采取或正在考虑之行动，不论何时应向安全理事会充分报告之。

第九章　国际经济及社会合作

第五十五条

为造成国际间以尊重人民平等权利及自决原则为根据之和平友好关系所必要之安定及福利条件起见，联合国应促进：

（1）较高之生活程度，全民就业，及经济与社会发展。

（2）国际间经济、社会、卫生及有关问题之解决；国际间文化及教育合作。

（3）全体人类之人权及基本自由之普遍尊重与遵守，不分种族、性别、语言或宗教。

第五十六条

各会员国担允采取共同及个别行动与本组织合作，以达成第五十五条所载之宗旨。

第五十七条

一、由各国政府间协定所成立之各种专门机关，依其组织约章之规定，于经济、社会、文化、教育、卫生及其他有关部门负有广大国际责任者，应依第六十三条之规定使与联合国发生关系。

二、上述与联合国发生关系之各专门机关，以下简称专门机关。

第五十八条

本组织应作成建议，以调整各专门机关之政策及工作。

第五十九条

本组织应于适当情形下，发动各相关国家间之谈判，以创设为达成第五十五条规定宗旨所必要之新专门机关。

第六十条

履行本章所载本组织职务之责任，属于大会及大会权力下之经济及社会理事会。为此目的，该理事会应有第十章所载之权力。

第十章　经济及社会理事会

组织

第六十一条

一、经济及社会理事会由大会选举联合国五十四会员国组织之。

二、除第三项所规定外，经济及社会理事会每年选举理事十八国，任期三年。任满之理事国得即行连选。

三、经济及社会理事会理事国自二十七国增至五十四国后第一次选举时，除选举理事九国接替任期在该年年终届满之理事国外，应另增选理事二十七国。增选之理事二十七国中，九国任期一年，另九国任期二年，一依大会所定办法。

四、经济及社会理事会之每一理事国应有代表一人。

职权

第六十二条

一、经济及社会理事会得作成或发动关于国际经济、社会、文化、教育、卫生及其他有关事项之研究及报告；并得向大会、联合国会员国及关系专门机关提出关于此种事项之建议案。

二、本理事会为增进全体人类之人权及基本自由之尊重及维护起见，得作成建议案。

三、本理事会得拟具关于其职权范围内事项之协约草案，提交大会。

四、本理事会得依联合国所定之规则召集本理事会职务范围以内事项之国际会议。

第六十三条

一、经济及社会理事会得与第五十七条所指之任何专门机关订立协定，订明相关专门机关与联合国发生关系之条件。该项协定须经大会之核准。

二、本理事会，为调整各种专门机关之工作，得与此种机关会商并得向其提出建议，并得向大会及联合国会员国建议。

第六十四条

一、经济及社会理事会得取适当步骤，以取得专门机关之经常报告。本理事会得与联合国会员国及专门机关商定办法，俾就实施本理事会之建议及大会对于本理事会职权范围内事项之建议所采之步骤，取得报告。

二、本理事会得将对于此项报告之意见提送大会。

第六十五条

经济及社会理事会得向安全理事会供给情报，并因安全理事会之邀请，予以协助。

第六十六条

一、经济及社会理事会应履行其职权范围内关于执行大会建议之职务。

二、经大会之许可，本理事会得应联合国会员国或专门机关之请求，供其服务。

三、本理事会应履行本宪章他章所特定之其他职务，以及大会所授予之职务。

投票

第六十七条

一、经济及社会理事会每一理事国应有一个投票权。

二、本理事会之决议，应以到会及投票之理事国过半数表决之。

程序

第六十八条

经济及社会理事会应设立经济与社会部门及以提倡人权为目的之各种委员会，并得设立于行使职务所必需之其他委员会。

第六十九条

经济及社会理事会应请联合国会员国参加讨论本理事会对于该国有特别关系之任何事件，但无投票权。

第七十条

经济及社会理事会得商定办法使专门机关之代表无投票权而参加本理事会及本理事会所设各委员会之讨论，或使本理事会之代表参加此项专门机关之讨论。

第七十一条

经济及社会理事会得采取适当办法,俾与各种非政府组织会商有关于本理事会职权范围内之事件。此项办法得与国际组织商定之,关于适当情形下,经与关系联合国会员国会商后,得与该国国内组织商定之。

第七十二条

一、经济及社会理事会应自行制定其议事规则,包括其推选主席之方法。

二、经济及社会理事会应依其规则举行必要之会议。此项规则应包括因理事国过半数之请求而召集会议之条款。

第十一章 关于非自治领土之宣言

第七十三条

联合国各会员国,于其所负有或担承管理责任之领土,其人民尚未臻自治之充分程度者,承认以领土居民之福利为至上之原则,并接受在本宪章所建立之国际和平及安全制度下,以充分增进领土居民福利之义务为神圣之信托,且为此目的:

(1)于充分尊重关系人民之文化下,保证其政治、经济、社会及教育之进展,予以公平待遇,且保障其不受虐待。

(2)按各领土及其人民特殊之环境及其进化之阶段,发展自治;对各该人民之政治愿望,予以适当之注意;并助其自由政治制度之逐渐发展。

(3)促进国际和平及安全。

(4)提倡建设计划,以求进步;奖励研究;各国彼此合作,并于适当之时间及场合与专门国际团体合作,以求本条所载社会、经济及科学目的之实现。

(5)在不违背安全及宪法之限制下,按时将关于各会员国分别负责管理领土内之经济、社会及教育情形之统计及具有专门性质之情报,递送秘书长,以供参考。本宪章第十二章及第十三章所规定之领土,不在此限。

第七十四条

联合国各会员国共同承诺对于本章规定之领土,一如对于本国区域,其政策必须以善邻之道奉为圭臬;并于社会、经济及商业上,对世界各国之利益及幸福,予以充分之注意。

第十二章 国际托管制度

第七十五条

联合国在其权力下,应设立国际托管制度,以管理并监督凭此后个别协定而置于该制度下之领土。此项领土以下简称托管领土。

第七十六条

依据本宪章第一条所载联合国之宗旨,托管制度之基本目的应为:

(1)促进国际和平及安全。

(2)增进托管领土居民之政治、经济、社会及教育之进展;并以适合各领土及其人民之特殊情形及关系人民自由表示之愿望为原则,且按照各托管协定之条款,增进其趋向自治或独立之逐渐发展。

(3)不分种族、性别、语言或宗教,提倡全体人类之人权及基本自由之尊重,并激发世界人民互相维系之意识。

(4)在社会、经济及商业事项,保证联合国全体会员国及其国民之平等待遇,及各该国民于司法裁判上之平等待遇,但以不妨碍上述目的之达成,且不违背第八十条之规定为限。

第七十七条

一、托管制度适用于依托管协定所置于该制度下之下列各种类之领土:

(1)现在委任统治下之领土。

(2)因第二次世界大战结果或将自敌国割离之领土。

(3)负管理责任之国家自愿置于该制度下之领土。

二、关于上列种类中之何种领土将置于托管制度之下,及其条件,为此后协定所当规定之事项。

第七十八条

凡领土已成为联合国之会员国者,不适用托管制度;联合国会员国间之关系,应基于尊重主权平等之原则。

第七十九条

置于托管制度下之每一领土之托管条款,及其更改或修正,应由直接关系各国、包括联合国之会员国而为委任统治地之受托国者,予以议定,其核准应依第八十三条及第八十五条之规定。

第八十条

一、除依第七十七条、第七十九条及第八十一条所订置各领土于托管制度下之个别托管协定另有议定外,并在该项协定未经缔结以前,本章任何规定绝对不得解释为以任何方式变更任何国家或人民之权利或联合国会员国个别签订之现有国际约章之条款。

二、本条第一项不得解释为对于依第七十七条之规定而订置委任统治地或其他领土于托管制度下之协定,授以延展商订之理由。

第八十一条

凡托管协定均应载有管理领土之条款,并指定管理托管领土之当局。该项当局,以下简称管理当局,得为一个或数个国家,或为联合国本身。

第八十二条

于任何托管协定内,得指定一个或数个战略防区,包括该项协定下之托管领土之一部或全部,但该项协定并不妨碍依第四十三条而订立之任何特别协定。

第八十三条

一、联合国关于战略防区之各项职务,包括此项托管协定条款之核准及其更改或修正,应由安全理事会行使之。

二、第七十六条所规定之基本目的,适用于每一战略防区之人民。

三、安全理事会以不违背托管协定之规定且不妨碍安全之考虑为限,应利用托管理事会之协助,以履行联合国托管制度下关于战略防区内之政治、经济、社会及教育事件之职务。

第八十四条

管理当局有保证托管领土对于维持国际和平及安全尽其本分之义务。该当局为此目的得利用托管领土之志愿军、便利及协助，以履行该当局对于安全理事会所负关于此点之义务，并以实行地方自卫，且在托管领土内维持法律与秩序。

第八十五条

一、联合国关于一切非战略防区托管协定之职务，包括此项托管协定条款之核准及其更改或修正，应由大会行使之。

二、托管理事会于大会权力下，应协助大会履行上述之职务。

第十三章　托管理事会

组织

第八十六条

一、托管理事会应由下列联合国会员国组织之：

(1)管理托管领土之会员国。

(2)第二十三条所列名之国家而现非管理托管领土者。

(3)大会选举必要数额之其他会员国，任期三年，俾使托管理事会理事国之总数，于联合国会员国中之管理托管领土者及不管理者之间，得以平均分配。

二、托管理事会之每一理事国应指定一特别合格之人员，以代表之。

职权

第八十七条

大会及在其权力下之托管理事会于履行职务时得：

(1)审查管理当局所送之报告。

(2)会同管理当局接受并审查请愿书。

(3)与管理当局商定时间，按期视察各托管领土。

(4)依托管协定之条款，采取上述其他行动。

第八十八条

托管理事会应拟定关于各托管领土居民之政治、经济、社会及教育进展之问题单；就大会职权范围内，各托管领土之管理当局应根据该项问题单向大会提出常年报告。

投票

第八十九条

一、托管理事会之每一理事国应有一个投票权。

二、托管理事会之决议应以到会及投票之理事国过半数表决之。

程序

第九十条

一、托管理事会应自行制定其议事规则，包括其推选主席之方法。

二、托管理事会应依其所定规则，举行必要之会议。此项规则应包括关于经该会理事国过半数之请求而召集会议之规定。

第九十一条

托管理事会于适当时，应利用经济及社会理事会之协助，并对于各关系事项，利用专门机关之协助。

第十四章　国际法院

第九十二条

国际法院为联合国之主要司法机关，应依所附规约执行其职务。该项规约系以国际常设法院之规约为根据并为本宪章之构成部分。

第九十三条

一、联合国各会员国为国际法院规约之当然当事国。

二、非联合国会员国之国家得为国际法院规约当事国之条件，应由大会经安全理事会之建议就各别情形决定之。

第九十四条

一、联合国每一会员国为任何案件之当事国者，承诺遵行国际法院之判决。

二、遇有一造不履行依法院判决应负之义务时，他造得向安全理事会申诉。安全理事会如认为必要时，得作成建议或决定应采办法，以执行判决。

第九十五条

本宪章不得认为禁止联合国会员国依据现有或以后缔结之协定，将其争端托付其他法院解决。

第九十六条

一、大会或安全理事会对于任何法律问题得请国际法院发表咨询意见。

二、联合国其他机关及各种专门机关，对于其工作范围内之任何法律问题，得随时以大会之授权，请求国际法院发表咨询意见。

第十五章　秘书处

第九十七条

秘书处置秘书长一人及本组织所需之办事人员若干人。秘书长应由大会经安全理事会之推荐委派之。秘书长为本组织之行政首长。

第九十八条

秘书长在大会、安全理事会、经济及社会理事会及托管理事会之一切会议，应以秘书长资格行使职务，并应执行各该机关所托付之其他职务。秘书长应向大会提送关于本组织工作之常年报告。

第九十九条

秘书长得将其所认为可能威胁国际和平及安全之任何事件，提请安全理事会注意。

第一百条

一、秘书长及办事人员于执行职务时，不得请求或接受本组织以外任何政府或其他当局之训示，并应避免足以妨碍其国际官员地位之行动。秘书长及办事人员专对本组织负责。

二、联合国各会员国承诺尊重秘书长及办事人员责任之专属国际性，决不设法影响其责任之履行。

第一百零一条

一、办事人员由秘书长依大会所定章程委派之。

二、适当之办事人员应长期分配于经济及社会理事会、托管理事会，并于必要时，分配于联合国其他之机关。此项办事人员构成秘书处之一部。

三、办事人员之雇用及其服务条件之决定，应以求达效率、才干及忠诚之最高标准为首要考虑。征聘办事人员时，于可能范围内，应充分注意地域上之普及。

第十六章　杂项条款

第一百零二条

一、本宪章发生效力后，联合国任何会员国所缔结之一切条约及国际协定应尽速在秘书处登记，并由秘书处公布之。

二、当事国对于未经依本条第一项规定登记之条约或国际协定，不得向联合国任何机关援引之。

第一百零三条

联合国会员国在本宪章下之义务与其依任何其他国际协定所负之义务有冲突时，其在本宪章下之义务应居优先。

第一百零四条

本组织于每一会员国之领土内，应享受于执行其职务及达成其宗旨所必需之法律行为能力。

第一百零五条

一、本组织于每一会员国之领土内，应享受于达成其宗旨所必需之特权及豁免。

二、联合国会员国之代表及本组织之职员，亦应同样享受于其独立行使关于本组织之职务所必需之特权及豁免。

三、为明定本条第一项及第二项之施行细则起见，大会得作成建议，或为此目的向联合国会员国提议协约。

第十七章　过渡安全办法

第一百零六条

在第四十三条所称之特别协定尚未生效，因而安全理事会认为尚不得开始履行第四十二条所规定之责任前，一九四三年十月三十日在莫斯科签订四国宣言之当事国及法兰西应依该宣言第五项之规定，互相洽商，并于必要时，与联合国其他会员国洽商，以代表本组织采取为维持国际和平及安全宗旨所必要之联合行动。

第一百零七条

本宪章并不取消或禁止负行动责任之政府对于在第二次世界大战中本宪章任何签字国之敌国因该次战争而采取或受权执行之行动。

第十八章 修 正

第一百零八条

本宪章之修正案经大会会员国三分之二表决并由联合国会员国三分之二、包括安全理事会全体常任理事国，各依其宪法程序批准后，对于联合国所有会员国发生效力。

第一百零九条

一、联合国会员国，为检讨本宪章，得以大会会员国三分之二表决，经安全理事会任何九理事国之表决，确定日期及地点举行全体会议。联合国每一会员国在全体会议中应有一个投票权。

二、全体会议以三分之二表决所建议对于宪章之任何更改，应经联合国会员国三分之二、包括安全理事会全体常任理事国，各依其宪法程序批准后，发生效力。

三、如于本宪章生效后大会第十届年会前，此项全体会议尚未举行时，应将召集全体会议之提议列入大会该届年会之议事日程；如得大会会员国过半数及安全理事会任何七理事国之表决，此项会议应即举行。

第十九章 批准及签字

第一百一十条

一、本宪章应由签字国各依其宪法程序批准之。

二、批准书应交存美利坚合众国政府。该国政府应于每一批准书交存时通知各签字国，如本组织秘书长业经委派时，并应通知秘书长。

三、一俟美利坚合众国政府通知已有中华民国、法兰西、苏维埃社会主义共和国联盟、大不列颠及北爱尔兰联合王国与美利坚合众国，以及其他签字国之过半数将批准书交存时，本宪章即发生效力。美利坚合众国政府应拟就此项交存批准之议定书并将副本分送所有签字国。

四、本宪章签字国于宪章发生效力后批准者，应自其各将批准书交存之日起为联合国之创始会员国。

第一百一十一条

本宪章应留存美利坚合众国政府之档库，其中、法、俄、英及西文各本同一作准。该国政府应将正式副本分送其他签字国政府。

为此联合国各会员国政府之代表谨签字于本宪章，以昭信守。

公历一千九百四十五年六月二十六日签订于旧金山市

国际法院规约

国际法院为联合国主要司法机关，根据 1945 年 6 月 26 日在旧金山签署的《联合国宪章》设立，以实现联合国的一项主要宗旨："以和平方法且依正义及国际法之原则，调整或解决足以破坏和平之国际争端或情势"。

国际法院依照《规约》及其本身的《规则》运作。《规约》是《宪章》的一部分。国际法院于 1946 年开始工作，取代 1920 年在国际联盟主持下设立的常设国际法院。

国际法院具有双重作用：依照国际法解决各国向其提交的法律争端，并就正式认可的联合国机关和专门机构提交的法律问题提供咨询意见。

第一条

联合国宪章所设之国际法院为联合国主要司法机关，其组织及职务之行使应依本规约之下列规定。

第二条

法院以独立法官若干人组织之。此项法官应不论国籍，就品格高尚并在各本国具有最高司法职位之任命资格或公认为国际法之法学家中选举之。

第三条

一、法院以法官十五人组织之，其中不得有二人为同一国家之国民。

二、就充任法院法官而言，一人而可视为一个国家以上之国民者，应认为属于其通常行使公民及政治权利之国家或会员国之国民。

第四条

一、法院法官应由大会及安全理事会依下列规定就常设公断法院各国团体所提出之名单内选举之。

二、在常设公断法院并无代表之联合国会员国,其候选人名单应由各该国政府专为此事而委派之团体提出;此项各国团体之委派,准用一九〇七年海牙和平解决国际纷争条约第四十四条规定委派常设仲裁法院仲裁员之条件。

三、凡非联合国会员国而已接受法院规约之国家,其参加选举法院法官时,参加条件,如无特别协定应由大会经安全理事会之提议规定之。

第五条

一、联合国秘书长至迟应于选举日期三个月前,用书面邀请属于本规约当事国之常设公断法院公断员,及依第四条第二项所委派之各国团体,于一定期间内分别由各国团体提出能接受法官职务之人员。

二、每一团体所提人数不得超过四人,其中属其本国国籍者不得超过二人。在任何情形下,每一团体所提候选人之人数不得超过应占席数之一倍。

第六条

各国团体在提出上项人员以前,宜咨询本国最高法院、大学法学院、法律学校、专研法律之国家研究院及国际研究院在各国所设之各分院。

第七条

一、秘书长应依字母次序,编就上项所提人员之名单。除第十二条第二项规定外,此项人员有被选权。

二、秘书长应将前项名单提交大会及安全理事会。

第八条

大会及安全理事会各应独立举行法院法官之选举。

第九条

每次选举时,选举人不独应注意被选人必须各具必要资格,并应注意务使法官全体确能代表世界各大文化及各主要法系。

第十条

一、候选人在大会及在安全理事会得绝对多数票者应认为当选。

二、安全理事会之投票，或为法官之选举或为第十二条所称联席会议人员之指派，应不论安全理事会常任理事国及非常任理事国之区别。

三、如同一国家之国民得大会及安全理事会之绝对多数票者不止一人时，其中最高得票者应认为当选。

第十一条

第一次选举会后，如有一席或一席以上尚待补选时，应举行第二次选举会，并于必要时举行第三次选举会。

第十二条

一、第三次选举会后，如仍有一席或一席以上尚待补选时，大会或安全理事会得随时申请组织联席会议，其人数为六人，由大会及安全理事会各派三人。此项联席会议就每一空缺以绝对多数票选定一人提交大会及安全理事会分别请其接受。

二、具有必要资格人员，即未列入第七条所指之候选人名单，如经联席会议全体同意，亦得列入该会议名单。

三、如联席会议确认选举不能有结果时，应由已选出之法官，在安全理事会所定之期间内，就曾在大会或安全理事会得有选举票之候选人中，选定若干人补足缺额。

四、法官投票数相等时，年事最高之法官应投决定票。

第十三条

一、法官任期九年，并得连选，但第一次选举选出之法官中，五人任期应为三年，另五人为六年。

二、上述初期法官，任期孰为三年孰为六年，应于第一次选举完毕后即刻由秘书长以抽签方法决定之。

三、法官在其后任接替前，应继续行使其职务，虽经接替，仍应结束其已开始办理之案件。

四、法官辞职时应将辞职书致送法院院长转知秘书长。转知后，该法官之一席即行出缺。

第十四条

凡遇出缺，应照第一次选举时所定之办法补选之，但秘书长应于法官出缺后一个月内，发出第五条规定之邀请书并由安全理事会指定选举日期。

第十五条

法官被选以接替任期未满之法官者，应任职至其前任法官任期届满时为止。

第十六条

一、法官不得行使任何政治或行政职务，或执行任何其他职业性质之任务。

二、关于此点，如有疑义，应由法院裁决之。

第十七条

一、法官对于任何案件，不得充任代理人律师或辅佐人。

二、法官曾以当事国一造之代理人、律师，或辅佐人，或以国内法院或国际法院或调查委员会委员，或以其他资格参加任何案件者，不得参与该案件之裁决。

三、关于此点，如有疑义，应由法院决定之。

第十八条

一、法官除由其余法官一致认为不复适合必要条件外，不得免职。

二、法官之免职，应由书记官长正式通知秘书长。

三、此项通知一经送达秘书长，该法官之一席即行出缺。

第十九条

法官于执行法院职务时，应享受外交特权及豁免。

第二十条

法官于就职前应在公开法庭郑重宣言本人必当秉公竭诚行使职权。

第二十一条

一、法院应选举院长及副院长，其任期各三年，并得连选。

二、法院应委派书记官长，并得酌派其他必要之职员。

第二十二条

一、法院设在海牙,但法院如认为合宜时,得在他处开庭及行使职务。

二、院长及书记官长应驻于法院所在地。

第二十三条

一、法院除司法假期外,应长期办公。司法假期之日期及持续时间由法院定之。

二、法官得有定时假期,其日期及期间,由法院斟酌海牙与各法官住所之距离定之。

三、法官除在假期或因疾病或其他重大原由,不克视事,经向院长作适当之解释外,应随时准备由法院分配工作。

第二十四条

一、法官如因特别原由认为于某案之裁判不应参与时,应通知院长。

二、院长如认为某法官因特别原由不应参与某案时,应以此通知该法官。

三、遇有此种情形,法官与院长意见不同时,应由法院决定之。

第二十五条

一、除本规约另有规定外,法院应由全体法官开庭。

二、法院得按情形并以轮流方法,规定准许法官一人或数人免予出席,但准备出席之法官人数不得因此少于十一人。

三、法官九人即足以构成法院之法定人数。

第二十六条

一、法院得随时设立一个或数个分庭,并得决定由法官三人或三人以上组织之。此项分庭处理特种案件,例如劳工案件及关于过境与交通案件。

二、法院为处理某特定案件,得随时设立分庭,组织此项分庭法官之人数,应由法院得当事国之同意定之。

三、案件经当事国之请求应由本条规定之分庭审理裁判之。

第二十七条

第二十六条及第二十九条规定之任何分庭所为之裁判,应视为法院之裁判。

第二十八条

第二十六条及第二十九条规定之分庭,经当事国之同意,得在海牙以外地方开庭及行使职务。

第二十九条

法院为迅速处理事务,应于每年以法官五人组织一分庭。该分庭经当事国之请求,得用简易程序,审理及裁判案件。法院并应选定法官二人,以备接替不能出庭之法官。

第三十条

一、法院应订立规则,以执行其职务,尤应订定关于程序之规则。

二、法院规则应规定关于陪审员之出席法院或任何分庭,但无表决权。

第三十一条

一、属于诉讼当事国国籍之法官,于法院受理该诉讼案件时,保有其参与之权。

二、法院受理案件,如法官中有属于一方当事国之国籍者,任何他方当事国得选派人为法官,参与该案。此项人员尤以就第四条及第五条规定所提之候选人中选充为宜。

三、法院受理案件,如当事国均无本国国籍法官时,各当事国均得依本条第二项之规定选派法官一人。

四、本条之规定于第二十六条及第二十九条之情形适用之。在此种情形下,院长应请分庭法官一人,或于必要时二人,让与属于相关当事国国籍之法官,如无各当事国国籍之法官或各该法官不能出席时,应让与各当事国特别选派之法官。

五、如数当事国具有同样利害关系时,在上列各规定适用范围内,只应作为一当事国。关于此点,如有疑义,由法院裁决之。

六、依本条第二项、第三项及第四项规定所选派之法官,应适合本规约第二条、第十七条第二项、第二十条及第二十四条规定之条件。各该法官参与案件之裁判时,与其同事立于完全平等地位。

第三十二条

一、法院法官应领年俸。

二、院长每年应领特别津贴。

三、副院长于代行院长职务时,应按日领特别津贴。

四、依第三十一条规定所选派之法官而非法院之法官者,于执行职务时,应按日领酬金。

五、上列俸给津贴及酬金由联合国大会定之,在任期内,不得减少。

六、书记官长之俸给,经法院之提议由大会定之。

七、法官及书记官长交给退休金及补领旅费之条件,由大会订立章程规定之。

八、上列俸给津贴及酬金,应免除一切税捐。

第三十三条

法院经费由联合国担负,其担负方法由大会定之。

第三十四条

一、在法院得为诉讼当事国者,限于国家。

二、法院得依其规则,请求公共国际团体提供关于正在审理案件之情报。该项团体自动提供之情报,法院应接受之。

三、法院于某一案件遇有公共国际团体之组织约章或依该项约章所缔结之国际协约发生解释问题时,书记官长应通知有关公共国际团体并向其递送所有书面程序之文件副本。

第三十五条

一、法院受理本规约各当事国之诉讼。

二、法院受理其他各国诉讼之条件,除现行条约另有特别规定外,由安全理事会定之,但无论如何,此项条件不得使当事国在法院处于不平等地位。

三、非联合国会员国为案件之当事国时,其应担负法院费用之数目由法院定之。如该国业已负担法院经费之一部,本项规定不适用之。

第三十六条

一、法院之管辖包括各当事国提交之一切案件,及联合国宪章或现行条约及协约中所特定之一切事件。

二、本规约各当事国得随时声明关于具有下列性质之一切法律争端,对于接受同样义务之任何其他国家,承认法院之管辖为当然而具有强制性,不须另订特别协定:

(1)条约之解释。

(2)国际法之任何问题。

(3)任何事实之存在,如经确定即属违反国际义务者。

(4)因违反国际义务而应予赔偿之性质及其范围。

三、上述声明,得无条件为之,或以数个或特定之国家间彼此对等为条件,或以一定之期间为条件。

四、此项声明应交存联合国秘书长并由其将副本分送本规约各当事国及法院书记官长。

五、曾依常设国际法院规约第三十六条所为之声明而现仍有效者,就本规约当事国间而言,在该项声明期间尚未届满前并依其条款,应认为对于国际法院强制管辖之接受。

六、关于法院有无管辖权之争端,由法院裁决之。

第三十七条

现行条约或协约或规定某项事件应提交国际联合会所设之任何裁判机关或常设国际法院者,在本规约当事国间,该项事件应提交国际法院。

第三十八条

一、法院对于陈诉各项争端,应依国际法裁判之,裁判时应适用:

(1)不论普通或特别国际协约,确立诉讼当事国明白承认之规条者。

(2)国际习惯,作为通例之证明而经接受为法律者。

(3)一般法律原则为文明各国所承认者。

(4)在第五十九条规定之下,司法判例及各国权威最高之公法学家学说,作为确定法律原则之补助资料者。

二、前项规定不妨碍法院经当事国同意本"公允及善良"原则裁判案件之权。

第三十九条

一、法院正式文字为英法两文。如各当事国同意用法文办理案件,其判决应以法文为之。如各当事国同意用英文办理案件,其判决应以英文为之。

二、如未经同意应用何种文字,每一当事国于陈述中得择用英法两文之一,而法院之判词应用英法两文。法院并应同时确定以何者为准。

三、法院经任何当事国之请求,应核准该当事国用英法文以外之文字。

第四十条

一、向法院提出诉讼案件,应按其情形将所订特别协定通告书记官长或以请求书送达书记官长。不论用何项方法,均应叙明争端事由及各当事国。

二、书记官长应立将请求书通知有关各方。

三、书记官长并应经由秘书长通知联合国会员国及有权在法院出庭其他之国家。

第四十一条

一、法院如认情形有必要时,有权指示当事国应行遵守以保全彼此权利之临时办法。

二、在终局判决前,应将此项指示办法立即通知各当事国及安全理事会。

第四十二条

一、各当事国应由代理人代表之。

二、各当事国得派律师或辅佐人在法院予以协助。

三、各当事国之代理人、律师及辅助人应享受关于独立行使其职务所必要之特权及豁免。

第四十三条

一、诉讼程序应分书面与口述两部分。

二、书面程序系指以诉状、辩诉状及必要时之答辩状连同可资佐证之各种文件及公文书,送达法院及各当事国。

三、此项送达应由书记官长依法院所定次序及期限为之。

四、当事国一方所提出之一切文件应将证明无讹之抄本一份送达他方。

五、口述程序系指法院审讯证人、鉴定人、代理人、律师及辅佐人。

第四十四条

一、法院遇有对于代理人、律师及辅佐人以外之人送达通知书，而须在某国领土内行之者，应直接向该国政府接洽。

二、为就地搜集证据而须采取步骤时，适用前项规定。

第四十五条

法院之审讯应由院长指挥，院长不克出席时，由副院长指挥；院长、副院长均不克出席时，由出席法官中之资深者主持。

第四十六条

法院之审讯应公开行之，但法院另有决定或各当事国要求拒绝公众旁听时，不在此限。

第四十七条

一、每次审讯应作成记录，由书记官长及院长签名。

二、前项记录为唯一可据之记录。

第四十八条

法院为进行办理案件应颁发命令；对于当事国每方，应决定其必须终结辩论之方式及时间；对于证据之搜集，应为一切之措施。

第四十九条

法院在开始审讯前，亦得令代理人提出任何文件，或提供任何解释。如被拒绝应予正式记载。

第五十条

法院得随时选择任何个人、团体、局所、委员会或其他组织，委以调查或鉴定之责。

第五十一条

审讯时得依第三十条所指法院在其程序规则中所定之条件，向证人及鉴定人提出任何切要有关之诘问。

第五十二条

法院于所定期限内收到各项证明及证据后，得拒绝接受当事国一方欲提出之其他口头或书面证据，但经他方同意者，不在此限。

第五十三条

一、当事国一方不到法院或不辩护其主张时，他方得请求法院对自己主张为有利之裁判。

二、法院于允准前项请求前，应查明不特依第三十六条及第三十七条法院对本案有管辖权，且请求人之主张在事实及法律上均有根据。

第五十四条

一、代理人律师及辅佐人在法院指挥下陈述其主张已完毕时，院长应宣告辩论终结。

二、法官应退席讨论判决。

三、法官之评议应秘密为之，并永守秘密。

第五十五条

一、一切问题应由出席法官之过半数决定之。

二、如投票数相等时，院长或代理院长职务之法官应投决定票。

第五十六条

一、判词应叙明理由。

二、判词应载明参与裁判之法官姓名。

第五十七条

判词如全部或一部分不能代表法官一致之意见时，任何法官得另行宣告其个别意见。

第五十八条

判词应由院长及书记官长签名，在法庭内公开宣读，并应先期通知各代理人。

第五十九条

法院之裁判除对于当事国及本案外，无拘束力。

第六十条

法院之判决系属确定，不得上诉。判词之意义或范围发生争端时，经任何当事国之请求后，法院应予解释。

第六十一条

一、申请法院复核判决，应根据发现具有决定性之事实，而此项事实在判决宣告时为法院及申请复核之当事国所不知者，但以非因过失而不知者为限。

二、复核程序之开始应由法院下以裁决，载明新事实之存在，承认此项新事实具有使本案应予复核性质，并宣告复核之申请因此可予接受。

三、法院于接受复核诉讼前得令先行履行判决之内容。

四、申请复核至迟应于新事实发现后六个月内为之。

五、申请复核自判决日起逾十年后不得为之。

第六十二条

一、某一国家如认为某案件之判决可影响属于该国具有法律性质之利益时，得向法院申请参加。

二、此项申请应由法院裁决之。

第六十三条

一、凡协约发生解释问题，而诉讼当事国以外尚有其他国家为该协约之签字国者，应立由书记官长通知各该国家。

二、受前项通知之国家有参加程序之权；但如该国行使此项权利时，判决中之解释对该国具有同样拘束力。

第六十四条

除法院另有裁定外，诉讼费用由各方当事国自行担负。

第六十五条

一、法院对于任何法律问题如经任何团体由联合国宪章授权而请求或依照联合国宪章而请求时，应发表咨询意见。

二、凡向法院请求咨询意见之问题，应以申请书送交法院。此项申请书对于咨询意见之问题，应有确切之叙述，并应附送足以释明该问题之一切文件。

第六十六条

一、书记官长应立将咨询意见之申请，通知凡有权在法院出庭之国家。

二、书记官长并应以特别且直接之方法通知法院（或在法院不开庭时通知院长）所认为对于咨询问题能供给情报之有权在法院出庭之任何国家或能供给情报之国际团体，声明法院于院长所定之期限内准备接受关于该问题之书面陈述，或准备于本案公开审讯时听取口头陈述。

三、有权在法院出庭之任何国家如未接到本条第二项所指之特别通知时，该国家应表示愿以书面或口头陈述之意思，而由法院裁决之。

四、凡已经提出书面或口头陈述或两项陈述之国家及团体，对于其他国家或团体所提之陈述，准其依法院（或在法院不开庭时，院长）所定关于每案之方式，范围及期限，予以评论。书记官长应于适当时间内将此项书面陈述通知已经提出此类陈述之国家及团体。

第六十七条

法院应将其咨询意见当庭公开宣告并先期通知秘书长、联合国会员国及有直接关系之其他国家及国际团体之代表。

第六十八条

法院履行关于咨询意见之职能时，应参照本规约关于诉讼案件各条款之规定，但以法院认为该项条款可以适用之范围为限。

第六十九条

本规约之修正准用联合国宪章所规定关于修正宪章之程序，但大会经安全理事会之建议得制定关于本规约当事国而非联合国会员国参加该项程序之任何规定。

第七十条

法院认为必要时得以书面向秘书长提出于本规约之修正案，由联合国依照第六十九条之规定，加以讨论。

建立世界贸易组织的马拉喀什协定

本协定各参加方，

认识到在处理它们在贸易和经济领域的关系时，应以提高生活水平、保证充分就业、保证实际收入和有效需求的大幅稳定增长以及扩大货物和服务的生产和贸易为目的，同时应依照可持续发展的目标，考虑对世界资源的最佳利用，寻求既保护和维护环境，又以与它们各自在不同经济发展水平的需要和关注相一致的方式，加强为此采取的措施，

进一步认识到需要作出积极努力，以保证发展中国家特别是其中的最不发达国家，在国际贸易增长中获得与其经济发展需要相当的份额，

期望通过达成互惠互利安排，实质性削减关税和其他贸易壁垒，消除国际贸易关系中的歧视待遇，从而为实现这些目标作出贡献，

因此决定建立一个完整的、更可行的和持久的多边贸易体制，以包含《关税与贸易总协定》、以往贸易自由化努力的结果以及乌拉圭回合多边贸易谈判的全部结果，

决心维护多边贸易体制的基本原则，并促进该体制目标的实现，

协议如下：

第一条　WTO 的建立

特此建立世界贸易组织（WTO）。

第二条　WTO 的范围

1. WTO 在与本协定附件所含协定和相关法律文件有关的事项方面，为处理其成员间的贸易关系提供共同的制度框架。

2. 附件1、附件2和附件3所列协定及相关法律文件（"多边贸易协定"）构成本协定的组成部分，对所有成员具有约束力。

3. 附件4所列协定及相关法律文件（"诸边贸易协定"），也属本协定的一部分，针对接受的成员，并对这些成员具有约束力。"诸边贸易协定"对于未接受的成员既不产生权利也不产生义务。

4. 附件1A所列《1994年关税与贸易总协定》（"GATT 1994"）在法律上不同于1947年10月30日的《关税与贸易总协定》，后者（"GATT 1947"）附在《联合国贸易与就业会议筹备委员会第二次会议结束时通过的最后文件》之后，以后又历经更正、修正或修改。

第三条　WTO的职能

1. WTO应便利本协定和"多边贸易协定"的实施、管理和运用，并促进其目标的实现，还应为"诸边贸易协定"提供实施、管理和运用的体制。

2. WTO在根据本协定附件所列协定处理的事项方面，应为其成员间就多边贸易关系进行的谈判提供场所。WTO还可按部长级会议可能作出的决定，为其成员间就它们多边贸易关系的进一步谈判提供场所，并提供实施此类谈判结果的体制。

3. WTO应管理本协定附件2所列《关于争端解决规则与程序的谅解》（"争端解决谅解"或DSU）。

4. WTO应管理本协定附件3规定的《贸易政策审议机制》（"TPRM"）。

5. 为实现全球经济决策的更大一致性，WTO应酌情与国际货币基金组织和国际复兴开发银行及其附属机构进行合作。

第四条　WTO的结构

1. 设立由所有成员的代表组成的部长级会议，应至少每两年召开一次会议。部长级会议应履行WTO的职能，并为此采取必要的行动。如一成员提出请求，部长级会议有权依照本协定和有关多边贸易协定中关于决策的具体要求，对任何"多边贸易协定"项下的所有事项作出决定。

2. 设立由所有成员的代表组成的总理事会，酌情召开会议。在部长级会议休会期间，其职能应由总理事会行使。总理事会还应行使本协定指定的职能。总理事会应制定自己的议事规则,并批准第7款规定的各委员会的议事规则。

3. 总理事会应酌情召开会议,履行"争端解决谅解"规定的争端解决机构的职责。争端解决机构可有自己的主席,并制定其认为履行这些职责所必需的议事规则。

4. 总理事会应酌情召开会议,履行《贸易政策审议机制》中规定的贸易政策审议机构的职责。贸易政策审议机构可有自己的主席,并应制定其认为履行这些职责所必需的议事规则。

5. 设立货物贸易理事会、服务贸易理事会和与贸易有关的知识产权理事会,各理事会应根据总理事会的总体指导运作。货物贸易理事会应监督附件1A所列多边贸易协定的实施情况。服务贸易理事会应监督《服务贸易总协定》的实施情况。知识产权理事会应监督《与贸易有关的知识产权协定》的实施情况。各理事会应履行各自协定和总理事会指定的职能。它们应自行制定各自的议事规则,但需经总理事会批准。各理事会的成员资格应对所有成员的代表开放。各理事会应在必要时召开会议,以行使其职能。

6. 货物贸易理事会、服务贸易理事会和与贸易有关的知识产权理事会应按要求设立附属机构。各附属机构应自行制定各自的议事规则,但需经各自的理事会批准。

7. 部长级会议应设立贸易与发展委员会、国际收支限制委员会和预算、财务与行政委员会,各委员会应行使本协定和多边贸易协定指定的职能,以及总理事会指定的任何附加职能。部长级会议还可设立具有其认为适当的职能的其他委员会。作为其职能的一部分,贸易与发展委员会应定期审议多边贸易协定中有利于最不发达国家成员的特殊规定,并向总理事会报告以采取适当行动。各委员会的成员资格应对所有成员的代表开放。

8. "诸边贸易协定"项下规定的机构履行这些协定指定的职责,并在WTO的组织机构内运作。各机构应定期向总理事会报告其活动。

第五条　与其他组织的关系

1. 总理事会应就与职责上同 WTO 有关的政府间组织进行有效合作作出适当安排。

2. 总理事会可就与涉及 WTO 有关事项的非政府组织进行磋商和合作作出适当安排。

第六条　秘书处

1. 设立由总干事领导的 WTO 秘书处。

2. 部长级会议应任命总干事，并通过列出总干事的权力、职责、服务条件和任期的条例。

3. 总干事应任命秘书处职员，并依照部长级会议通过的条例，确定他们的职责和服务条件。

4. 总干事和秘书处职员的职责纯属国际性质。在履行其职责时，总干事和秘书处职员不得寻求或接受 WTO 之外任何政府或任何其他权力机关的指示。他们应避免任何可能对其国际官员身份产生不利影响的行动。WTO 成员应尊重总干事和秘书处职员职责的国际性质，不得寻求在他们履行职责时对其施加影响。

第七条　预算和会费

1. 总干事应向预算、财务与行政委员会提交 WTO 的年度概算和决算。预算、财务与行政委员会应审议总干事提交的年度概算和决算，并就此向总理事会提出建议。年度概算应经总理事会批准。

2. 预算、财务与行政委员会应向总理事会提出有关财务条例的建议，该条例应包括列出下列内容的规定：

(a)根据 WTO 费用确定的各成员会费分摊比例；(b)对拖欠会费成员所采取的措施。财务条例应尽可能依据《1947 年关税与贸易总协定》的条例和做法。

3. 总理事会应以 WTO 半数以上成员的三分之二多数通过财务条例和年度概算。

4. 每一成员应依照总理事会通过的财务条例，迅速向 WTO 交纳其在

WTO 费用中分摊的份额。

第八条　WTO 的地位

1. WTO 具有法律人格,WTO 每一成员均应给予 WTO 履行其职能所必需的法定资格。

2. WTO 每一成员均应给予 WTO 履行其职能所必需的特权和豁免。

3. WTO 每一成员应同样给予 WTO 官员和各成员代表独立履行与 WTO 有关的职能所必需的特权和豁免。

4. WTO 成员给予 WTO、其官员及其成员的代表的特权和豁免应与 1947 年 11 月 21 日联合国大会批准的《专门机构特权及豁免公约》所规定的特权和豁免相似。

5. WTO 可订立一总部协定。

第九条　决策

1. WTO 应继续实行"GATT 1947"所遵循的经协商一致作出决定的做法。除非另有规定,否则如无法经协商一致作出决定,则争论中的事项应通过投票决定。在部长级会议和总理事会会议上,WTO 每一成员拥有一票。如欧洲共同体行使投票权,则其拥有的票数应与属 WTO 成员的欧洲共同体成员国的数目相等。部长级会议和总理事会的决定应以所投票数的简单多数作出,除非本协定或有关多边贸易协定另有规定。

2. 部长级会议和总理事会拥有通过对本协定和"多边贸易协定"所作解释的专有权力。对附件 1 中多边贸易协定的解释,部长级会议和总理事会应根据监督该协定实施情况的理事会的建议行使其权力。通过一项解释的决定应由成员的四分之三多数作出。本款不得以损害第十条中有关修正规定的方式使用。

3. 在特殊情况下,部长级会议可决定豁免本协定或任何多边贸易协定要求一成员承担的义务,但是任何此类决定应由成员的四分之三多数作出,除非本款另有规定。

(a)有关本协定的豁免请求,应根据经协商一致作出决定的做法,提交部长级会议审议。部长级会议应确定一不超过 90 天的期限审议该请求。

如在此期限内未能协商一致,则任何给予豁免的决定应由成员的四分之三多数作出。

(b)有关附件1A、附件1B或附件1C所列多边贸易协定及其附件的豁免请求,应首先分别提交货物贸易理事会、服务贸易理事会或与贸易有关的知识产权理事会,在不超过90天的期限内审议。在该期限结束时,有关理事会应向部长级会议提交一份报告。

4. 部长级会议给予豁免的决定应陈述可证明该决定合理的特殊情况、适用于实施豁免的条款和条件以及豁免终止的日期。所给予的期限超过一年的任何豁免应在给予后不迟于一年的时间内由部长级会议审议,并在此后每年审议一次,直至豁免终止。每次审议时,部长级会议应审查证明豁免合理的特殊情况是否仍然存在及豁免所附条款和条件是否得到满足。部长级会议根据年度审议情况,可延长、修改或终止该项豁免。

5. "诸边贸易协定"项下作出的决定,包括有关解释和豁免的任何决定,应按该协定的规定执行。

第十条　修正

1. WTO任何成员均可提出修正本协定或附件1所列多边贸易协定条款的提案,提案应提交部长级会议。第四条第5款所列各理事会也可向部长级会议提交提案,以修正其监督实施情况的附件1所列相应"多边贸易协定"的条款。除非部长级会议决定一更长的期限,否则当提案正式提交部长级会议后90天内,部长级会议应经协商一致作出任何有关将拟议的修正提交各成员供接受的决定。除非第2款、第5款或第6款的规定适用,否则该决定应列明是否适用第3款或第4款的规定。如协商一致,部长级会议应立刻将拟议的修正提交各成员供接受。如在确定期限内,在部长级会议的一次会议上未能协商一致,则部长级会议应以成员的三分之二多数决定是否将拟议的修正提交各成员供接受。除第2款、第5款和第6款的规定外,第3款的规定适用于拟议的修正,除非部长级会议以成员的四分之三多数决定应适用第4款的规定。

2. 对本条的规定和下列各条款的修正应经所有成员接受方可生效:

本协定第九条；

《1994 年关税与贸易总协定》第一条和第二条；

《服务贸易总协定》第二条第 1 款；

《与贸易有关的知识产权协定》第四条。

3. 对本协定条款的修正或对附件 1A 和附件 1C 所列多边贸易协定条款的修正，除第 2 款和第 6 款所列条款外，如其具有改变各成员权利和义务的性质，则经成员的三分之二多数接受后，应对接受修正的成员生效，并在此后对接受修正的每一其他成员自其接受时起生效。部长级会议可以成员的四分之三多数决定根据本款生效的任何修正是否属如下性质：在部长级会议对每种情况指定的期限内未接受修正的任何成员有权退出 WTO，或经部长级会议同意，仍为成员。

4. 对本协定条款的修正，或对附件 1A 和附件 1C 所列多边贸易协定条款的修正，除第 2 款和第 6 款所列条款外，如其具有不改变各成员权利和义务的性质，则经成员的三分之二多数接受后，应对所有成员生效。

5. 除以上第 2 款的规定外，对《服务贸易总协定》第一部分、第二部分和第三部分及相应附件的修正，经成员的三分之二多数接受后，应对接受修正的成员生效，并在此后对接受修正的每一其他成员自其接受时起生效。部长级会议可以成员的四分之三多数决定根据前述规定生效的任何修正是否属如下性质：在部长级会议对每种情况指定的期限内未接受修正的任何成员有权退出 WTO，或经部长级会议同意，仍为成员。对《服务贸易总协定》第四部分、第五部分和第六部分及相应附件的修正，经成员的三分之二多数接受后，应对所有成员生效。

6. 尽管有本条其他规定，但是满足《与贸易有关的知识产权协定》第七十一条第 2 款要求的对该协定的修正，可由部长级会议通过，而无需进一步的正式接受程序。

7. 任何接受对本协定或附件 1 所列多边贸易协定修正的成员，应在部长级会议指定的接受期限内，将接受书交存 WTO 总干事。

8. WTO 任何成员均可提出修正附件 2 和附件 3 所列多边贸易协定条

款的提案,此类提案应提交部长级会议。批准对附件 2 所列多边贸易协定修正的决定应经协商一致作出,这些修正经部长级会议批准后,应对所有成员生效。批准对附件 3 所列多边贸易协定修正的决定,经部长级会议批准后,应对所有成员生效。

9. 应某一贸易协定参加方的成员请求,部长级会议可决定将该贸易协定加入附件 4,但此种决定只能经协商一致作出。应某一诸边贸易协定参加方的成员请求,部长级会议可决定将该协定从附件 4 中删除。

10. 对一项诸边贸易协定的修正应按该协定的规定执行。

第十一条　创始成员资格

1. 凡是在本协议生效之日已是《1947 年关税与贸易总协定》的缔约方和欧洲共同体,接受本协议和多边贸易协议,并在《1994 年关税与贸易总协定》中附有承诺和减让表以及在《服务贸易总协定》中附有承诺单者,都是世贸组织创始成员。

2. 联合国承认的最不发达国家只需承担与其各自发展、财政和贸易需要或其管理和机构能力相符的承诺和减让。

第十二条　加入

1. 任何国家或在处理其对外贸易关系及本协定和多边贸易协定规定的其他事项方面拥有完全自主权的单独关税区,可按它与 WTO 议定的条件加入本协定。此加入适用于本协定及所附多边贸易协定。

2. 有关加入的决定应由部长级会议作出。部长级会议应以 WTO 成员的三分之二多数批准关于加入条件的协议。

3. “诸边贸易协定”的加入应按该协定的规定执行。

第十三条　多边贸易协定在特定成员间的不适用

1. 任何成员,如在自己成为成员时或在另一成员成为成员时,不同意在彼此之间适用本协定及附件 1 和附件 2 所列多边贸易协定,则这些协定在有关成员之间将互不适用。

2.《1947 年关税与贸易总协定》的缔约方,以前曾引用过该总协定的第三十五条,并在本协议生效时仍实施第三十五条者,则这种世贸组织的成员可引用第1款。

3. 本条第1款适用于一个成员和另一个按第十二条加入的成员,如果不同意适用的一方,在部长会议批准加入条件之前,通知部长会议互不适用。

4. 在特殊情况下,部长会议可以根据任何一成员的要求,来审议本条的执行情况并提出适当建议。

5. “诸边贸易协定”参加方之间的不适用应按该协定的规定执行。

第十四条　接受、生效和交存

1. 本协议供那些按照本协议第十一条有资格成为世贸组织创始成员的《1947年关税与贸易总协定》缔约方和欧洲共同体以签字或其他方式接受。这种接受适用于本协议及所附的多边贸易协议。本协议及所附的多边贸易协议的生效日期,由部长们根据《乌拉圭回合多边贸易谈判结果最后文件》第三条作出决定。除部长们另有决定外,本协议及所附的多边贸易协议生效后两年内继续开放供接受。本协议生效后的接受,应在该接受后30天生效。

2. 本协议生效后接受本协议的成员方,对于那些自本协议生效时起尚需一定时期才履行的多边贸易协议中的减让和义务,应如同该成员在本协议生效时接受本协议一样,履行这些减让和义务。

3. 本协议生效时,本协议及多边贸易协议之文本,应交《1947年关税与贸易总协定》缔约方全体的总干事保存,总干事应向业已接受本协议的各政府及欧洲共同体,提供经审核无误的本协议和多边贸易协议副本,以及对其接受的通知书。

4. “诸边贸易协议”的生效及接受,从属这些协议的规定。这些协议应由《1947年关税与贸易总协定》缔约方全体的总干事保存。本协议生效时,这些协议应由世贸组织总干事保存。

第十五条　退出

1. 任何成员均可退出本协定。此退出适用于本协定和多边贸易协定,并在WTO总干事收到书面退出通知之日起6个月期满后生效。

2. 诸边贸易协定的退出应按该协定的规定执行。

第十六条　其他规定

1. 除本协议或多边贸易协议另有规定外，世贸组织应当接受《1947 年关税与贸易总协定》缔约方全体以及该协议框架内各机构所遵循的决定、程序和惯例的指导。

2. 从实际出发，《1947 年关税与贸易总协定》的秘书处应成为世贸组织的秘书处，《1947 年关税与贸易总协定》缔约方全体的总干事，直到部长会议按照本协议第六条第 2 款的规定任命其总干事之前，应当作为世贸组织的总干事。

3. 在本协定的条款与任何多边贸易协定的条款产生抵触时，应以本协定的条款为准。

4. 每一成员应保证其法律、法规和行政程序与所附各协定对其规定的义务相一致。

5. 不得对本协定的任何条款提出保留。对多边贸易协定任何条款的保留应仅以这些协定规定的程度为限。对一诸边贸易协定条款的保留应按该协定的规定执行。

6. 本协定应依照《联合国宪章》第一百零二条的规定予以登记。

1994 年 4 月 15 日订于马拉喀什，正本分别用英文、法文和西班牙文写成，三种文本具有同等效力。

解释性说明

对于 WTO 单独关税区成员，如本协定和多边贸易协定中的措辞被冠以“国家(的)”一词，则此措辞应理解为与该单独关税区有关，除非另有规定。

①如在作出决定时，出席会议的成员均未正式反对拟议的决定，则有关机构应被视为经协商一致对提交其审议的事项作出了决定。

②欧洲共同体及其成员国的票数决不能超过欧洲共同体成员国的数目。

③对于作为争端解决机构召集的总理事会的决定，应仅依照“争端解决谅解”第二条第4款的规定作出。

④对于受过渡期或分阶段执行期限约束的任何义务，如提出豁免请求的成员在有关期限结束时未履行该义务，则关于豁免的决定只能经协商一致作出。

附件清单

附件1

附件1A　货物贸易多边协定

1994年关税与贸易总协定

农业协定

实施卫生与植物卫生措施协定

纺织品与服装协定

技术性贸易壁垒协定

与贸易有关的投资措施协定

关于实施1994年关税与贸易总协定第六条的协定

关于实施1994年关税与贸易总协定第七条的协定

装运前检验协定

原产地规则协定

进口许可程序协定

补贴与反补贴措施协定

保障措施协定

附件1B　服务贸易总协定及附件

附件1C　与贸易有关的知识产权协定

附件2　关于争端解决规则与程序的谅解

附件3　贸易政策审议机制

附件4　诸边贸易协定

亚洲基础设施投资银行协定

本协定签署国一致同意：

考虑到在全球化背景下，区域合作在推动亚洲经济体持续增长及经济和社会发展方面具有重要意义，也有助于提升本地区应对未来金融危机和其他外部冲击的能力；

认识到基础设施发展在推动区域互联互通和一体化方面具有重要意义，也有助于推进亚洲经济增长和社会发展，进而为全球经济发展提供新动力；

认识到亚洲基础设施投资银行通过与现有多边开发银行开展合作，将更好地为亚洲地区长期的巨额基础设施建设融资缺口提供资金支持；

确信作为旨在支持基础设施发展的多边金融机构，银行的成立将有助于从亚洲域内及域外动员更多的急需资金，缓解亚洲经济体面临的融资瓶颈，与现有多边开发银行形成互补，推进亚洲实现持续稳定增长；

同意成立银行，并遵照本协定所做出的如下规定进行运作。

第一章　宗旨、职能和成员资格

第一条　宗旨

一、银行宗旨在于：（一）通过在基础设施及其他生产性领域的投资，促进亚洲经济可持续发展、创造财富并改善基础设施互联互通；（二）与其他多边和双边开发机构紧密合作，推进区域合作和伙伴关系，应对发展挑战。

二、本协定中凡提及“亚洲”和“本区域”之处，除理事会另有规定外，均指根据联合国定义所指的属亚洲和大洋洲的地理区划和组成。

第二条　职能

为履行其宗旨,银行应具备以下职能:

(一)推动区域内发展领域的公共和私营资本投资,尤其是基础设施和其他生产性领域的发展;

(二)利用其可支配资金为本区域发展事业提供融资支持,包括能最有效支持本区域整体经济和谐发展的项目和规划,并特别关注本区域欠发达成员的需求;

(三)鼓励私营资本参与投资有利于区域经济发展,尤其是基础设施和其他生产性领域发展的项目、企业和活动,并在无法以合理条件获取私营资本融资时,对私营投资进行补充;

(四)为强化这些职能开展的其他活动和提供的其他服务。

第三条　成员资格

一、银行成员资格向国际复兴开发银行和亚洲开发银行成员开放。

(一)域内成员是指列入附件一第一部分的成员及依照第一条第二款属亚洲区域的其他成员,其余则为域外成员。

(二)创始成员指已列入附件一、在第五十七条规定的日期当日或之前签署本协定并在第五十八条第一款规定的最终日期前已满足所有成员条件的成员。

二、国际复兴开发银行和亚洲开发银行成员,如未能依照第五十八条规定加入银行,可依照第二十八条规定经理事会特别多数投票同意后,遵照银行决定的加入条件成为银行成员。

三、不享有主权或无法对自身国际关系行为负责的申请方,应由对其国际关系行为负责的银行成员同意或代其向银行提出加入申请。

第二章　资本

第四条　法定股本

一、银行法定股本为壹仟亿美元,分为壹佰万股,每股的票面价值为拾万美元，只供成员依照本协定第五条的规定认缴。

二、初始法定股本分为实缴股本和待缴股本。实缴股本的票面总价值为贰佰亿美元，待缴股本的票面总价值为捌佰亿美元。

三、理事会可依照第二十八条规定，在适当时间按适当条件，经理事会超级多数投票同意后，增加银行的法定股本，包括实缴股本和待缴股本之间的比例。

四、本协定凡提及"美元"及"＄"符号均指美利坚合众国的法定支付货币。

第五条　股本认缴

一、每个成员均须认缴银行的股本。认缴初始法定股本时，实缴股本与待缴股本之间的比例应为 2∶8。依照第五十八条规定获得成员资格的国家，其初始认缴股份数按本协定附件一执行。

二、依照本协定第三条第二款加入的成员，其初始认缴股份数应由理事会决定；若其认缴将使域内成员持有股本在总股本中的比例降至百分之七十五以下时，除非理事会依照第二十八条规定经超级多数投票通过，否则不予批准。

三、理事会可以应某一成员要求，依照第二十八条规定，经超级多数投票通过，同意该成员按照确定的条件和要求增加认缴；若其认缴使域内成员持有股本在总股本中的比例降至百分之七十五以下时，除非理事会依照第二十八条规定经超级多数投票通过，否则不予批准。

四、理事会每隔不超过五年对银行的总股本进行审议。法定股本增加时，每个成员都将有合理机会按理事会决定的条件进行认缴，其认缴部分占总增加股本的比例应与此次增资前其认缴股本占总认缴股本的比例相同。任何成员均无义务认缴任何增加股本。

第六条　对认缴股本的支付

一、依照第五十八条获得成员资格的本协定签署方，其初始认缴股本中实缴股本分五次缴清，每次缴纳百分之二十，本条第五款中特殊规定的除外。第一次缴付应在本协定生效后三十天内完成，或在第五十八条第一款规定的批准书、接受书或核准书递交之日或之前缴付，以后发生者为准。第二次缴付在本协定生效期满一年内完成。其余三次将相继在上一次到期一年内完成。

二、除本条第五款规定之外，对初始认缴中原始实缴股本的每次缴付均应使用美元或其他可兑换货币。银行可随时将此类缴付转换为美元。如若到期未能完成缴付，则相应的实缴和待缴股本所赋予的权利，包括投票权等都将中止，直至银行收到到期股本的缴付。

三、银行的待缴股本，仅在银行需偿付债务时方予催缴。成员可选择美元或银行偿债所需货币进行缴付。在催缴待缴股本时，所有待缴股份的催缴比例应一致。

四、本条提及的各种缴付的地点由银行决定，但在理事会举行首次会议之前，本条第一款所指的首次付款应支付给银行的托管方，即中华人民共和国政府。

五、就本款而言，被认定为欠发达国家的成员在缴付本条第一款和第二款所规定的股本时可选择以下任一方式完成，即：

（一）可全部使用美元或其他可兑换货币，最多分十次缴付，每次缴付金额相当于总额的百分之十，第一次和第二次缴付的到期日参照第一款规定，第三次至第十次的缴付应在本协定生效两年内及之后每满一年内相继完成；

（二）每次缴付中，成员可在部分使用美元或其他可兑换货币的同时，使用本币完成其中不超过百分之五十的缴付，并按照本条第一款规定的时间完成每次缴付，同时此类缴付应符合以下规定：

1. 成员应在本条第一款规定的缴付时间向银行说明其将用本币缴付的金额比例；

2. 依照本条第五款规定完成的每次本币缴付金额应由银行按照与美元完全等值的金额计算。首次缴付时成员可自行确定应缴付金额，但银行可在付款到期日前九十天内做出适当调整，以使所缴付金额与按美元计算的金额完全等值。

3. 无论何时，只要银行认为一个成员的货币已大幅贬值，该成员应在一段合理期限内向银行缴付额外的本币金额，以确保银行账面持有的该成员以本币认缴股本的价值不变。

4. 无论何时，只要银行认为一个成员的货币已大幅升值，银行应在一段合理期限内向该成员退付一定数量的本币金额，以调整银行账面持有的该成员以本币认缴股本的价值。

5. 银行可放弃本项第 3 目赋予的偿付权利，成员可放弃本项第 4 目赋予的偿付权利。

六、银行接受任何成员使用该成员政府或其指定的存托机构所发行的本票或其他债券缴付该成员依照本条第五款第（二）项规定的以本币缴付金额，前提是银行在经营中不需要使用上述金额的成员货币。上述本票或债券应为不可转让、无息并可应银行要求按面值见票即付。

第七条　股份缴付条件

一、成员初始认缴股份应按面值发行。其他股份也应按照面值发行，除非理事会在特殊情况下依照第二十八条规定经特别多数投票通过，决定以其他条件发行股份。

二、股份不得以任何形式进行质押或抵押，且仅可以向银行转让。

三、成员股权债务应仅限于其所持股份发行额中未缴付部分。

四、成员不因其成员地位而对银行的债务负责。

第八条　普通资本

本协定中“普通资本”一词包括以下内容：

（一）依照本协定第五条规定认缴的银行法定股本，包括实缴股本和待缴股本；

（二）银行依照第十六条第一款授权筹集的资金，此类资金的兑付承诺适用本协定第六条第三款的规定；

（三）因使用本条第（一）、（二）项资金发放贷款或担保的偿付所得，或使用上述资金进行股权投资或依照第十一条第二款第（六）项批准的其他类型融资的所得收益；

（四）银行收到的其他不属于本协定第十七条规定的特别基金的其他任何资金或收入。

第三章　银行业务运营

第九条　资金使用

银行资金仅可依照稳健的银行原则用于履行本协定第一条和第二条所规定的宗旨和职能。

第十条　普通业务与特别业务

一、银行的业务包括：

（一）本协定第八条提及的，由银行普通资本提供融资的普通业务；

（二）本协定第十七条提及的，由银行特别基金提供融资的特别业务。

两种业务可以同时为同一个项目或规划的不同部分提供融资。

二、银行的普通资本和特别基金在持有、使用、承诺、投资或作其他处置时，在任何时候、各个方面均须完全分离。银行的财务报表亦应将普通业务和特别业务分别列出。

三、任何情况下银行普通资本都不得用以缴付或清偿由特别基金担负或承诺的特别业务或其他活动发生的支出、亏损或负债。

四、普通业务直接发生的支出由普通资本列支；特别业务发生的支出由特别基金列支。其他任何支出的列支由银行另行决定。

第十一条　业务对象及方法

一、（一）银行可以向任何成员或其机构、单位或行政部门，或在成员的领土上经营的任何实体或企业，以及参与本区域经济发展的国际或区域性机构或实体提供融资。

（二）在特殊情况下，银行可以向本款第（一）项以外的业务对象提供援助，前提是理事会依照第二十八条规定经超级多数投票通过：1. 确认该援助符合银行的宗旨与职能以及银行成员的利益；2. 明确可以向业务对象提供的本条第二款规定的融资支持类别。

二、银行可以下列方式开展业务：

（一）直接贷款、联合融资或参与贷款；

（二）参与机构或企业的股权资本投资；

（三）作为直接或间接债务人，全部或部分地为用于经济发展的贷款提供担保；

（四）根据特别基金的使用协定，配置特别基金的资源；

（五）依照第十五条的规定提供技术援助；

（六）理事会依照第二十八条规定经特别多数投票通过决定的其他融资方式。

第十二条　普通业务的限制条件

一、银行依照本协定第十一条第二款第（一）、（二）、（三）和（四）项从事的贷款、股权投资、担保和其他形式融资等普通业务中的未收清款项，任何时候都不得超过普通资本中未动用认缴股本、储备资金和留存收益的总额。但理事会有权依照本协定第二十八条规定，经超级多数投票通过后，根据银行的财务状况随时提高上述对银行普通业务的财务限制，最高可至普通资本中未动用认缴股本、储备资金和留存收益总额的250%。

二、银行已拨付股权投资的总额不得超过当期相应的银行未动用实缴股本和普通储备资金总额。

第十三条　业务原则

银行应依据下列原则开展业务：

（一）银行应按照稳健的银行原则开展业务；

（二）银行业务应主要是特定项目或特定投资规划融资、股权投资以及第十五条规定的技术援助；

（三）银行不得在成员反对的情况下，在该成员境内开展融资业务；

（四）银行应保证其从事的每项业务均符合银行的业务和财务政策，包括但不仅限于针对环境和社会影响方面的政策；

（五）银行审议融资申请时，应在综合考虑有关因素的同时，适当关注借款人以银行认为合理的条件从别处获得资金的能力；

（六）银行在提供或担保融资时，应适当关注借款人及担保人未来按融资合同规定的条件履行其义务的可能性；

（七）银行在提供或担保融资时，应采取银行认为对该项融资和银行风险均适宜的融资条件，包括利率、其他费用和还本安排；

（八）银行不应对普通业务或特别业务中银行融资项目的货物和服务采购进行国别限制；

（九）银行应采取必要措施保证其提供、担保或参与的融资资金仅用于融资所规定的目标，并应兼顾节约和效率；

（十）银行应尽可能避免不均衡地将过多资金用于某一或某些成员的利益；

（十一）银行应设法保持其股权资本投资的多样化。除非出于保护其投资的需要，否则银行在其股权投资项目中，对所投资的实体或企业不应承担任何管理责任，也不应寻求对该实体或企业的控制权。

第十四条　融资条件

一、银行在发放、参与或担保贷款时，应依照本协定第十三条规定的业务原则及本协定其他条款的规定，订立合同明确该贷款或担保的条件。在制定上述条件时，银行应充分考虑保障银行收益和财务状况的需要。

二、当贷款或担保对象本身并非银行成员时，如银行认为可行，可以要求该项目执行所在地的成员，或者银行接受的该成员某个政府机构或其他机构，为贷款本金、利息和其他费用的按期如约偿还提供担保。

三、任何股权投资的金额不得超过董事会通过的政策文件所允许的对该实体或企业进行股权投资的比例。

四、按照有关货币风险最小化的政策规定，银行可以使用一国的本币为银行在该国的业务提供融资。

第十五条　技术援助

一、在符合银行宗旨和职能的情况下，银行可提供技术咨询、援助及其他类似形式的援助。

二、如遇提供上述服务的费用无法补偿时，银行可从其收益中支出。

第四章　银行资金

第十六条　一般权力

除本协定其他条款中明确规定的权力外，银行还应有以下权力。

(一)银行可以根据相关法律规定在成员国或其他地方通过举债或其他方式筹集资金。

(二)银行可以对其发行或担保或投资的证券进行买卖。

(三)为推动证券销售，银行可为其投资的证券提供担保。

(四)银行可以承销或参与承销任何实体或企业发行的、目的与银行宗旨一致的证券。

(五)银行可以将其业务经营未使用资金进行投资或存储。

(六)银行应确保在银行发行或担保的每份证券的外观上标有显著字样，声明该证券并非任何政府的债务；如该证券确实是某个特定政府的债务，则应做如实表述。

(七)根据理事会通过的信托基金框架，在信托基金的目标与银行宗旨和职能一致的前提下，银行可接受其他相关方的委托，成立并管理该信托基金。

(八)银行可以在理事会依照本协定第二十八条规定经特别多数投票通过后，以实现银行宗旨和职能为目的，成立附属机构。

(九)在符合本协定规定的前提下，银行可行使为进一步实现其宗旨和职能所需的适当的其他权力，并制定与此有关的规章。

第十七条　特别基金

一、银行可以接受与银行宗旨和职能一致的特别基金，此类特别基金属银行资源。特别基金的所有管理成本均应从该基金支出。

二、银行接受的特别基金的使用原则和条件应与银行的宗旨和职能一致，并符合就此类基金达成的相关协议。

三、银行应根据成立、管理和使用每个特别基金的需要制定特别规章。该规章应与本协定中除明确仅适用于普通业务的规定以外的所有条款保持一致。

四、“特别基金资源”一词应指所有特别基金的资源，包括：

（一）银行接收并纳入特别基金的资金；

（二）根据银行管理特别基金的规章，用特别基金发放或担保的贷款所得，及其股权投资的收益，归属该特别基金；

（三）特别基金资金投资产生的任何收入；

（四）可由特别基金支配使用的任何其他资金。

第十八条　净收入的分配和处置

一、理事会至少每年都应在扣除储备资金之后，就银行净收入在留存收益或其他事项以及可分配给成员的利润（如适用）之间的分配做出决定。任何将银行净收入分配用作其他用途的此类决策应依照第二十八条规定以超级多数投票通过。

二、上一款中提及的分配应按照各成员所持股份的数量按比例完成，支付的方式和货币应由理事会决定。

第十九条　货币

一、银行或任何银行款项接受方所接受、持有、使用或转让的货币在任何国家内进行缴付时，成员均不得对此施加任何限制。

二、当根据本协定需要以一种货币对另一货币进行估值，或决定某货币是否可兑换时，该估值或决定应由银行做出。

第二十条　银行偿债的方式

一、银行从事普通业务时，若其所发放、参与或担保的贷款出现拖欠或违约，或其所投资的股权或依照第十一条第二款第（六）项做出的其他融资出现损失，银行可采取其认为适当的措施。银行应保持适当的拨备水平以应对可能发生的损失。

二、银行普通业务发生的损失，应当：

首先，依照本条第一款的规定处置；

其次，由净收入支付；

第三，从储备资金和留存收益中支付；

第四,从未动用实缴股本中支付;

最后,从可依照第六条第三款的规定进行催缴的待缴股本中适量缴付。

第五章 治 理

第二十一条 治理结构

银行应设立理事会、董事会、一名行长、一名或多名副行长,以及其他必要的高级职员与普通职员职位。

第二十二条 理事会:构成

一、每个成员均应在理事会中有自己的代表,并应任命一名理事和一名副理事。每个理事和副理事均受命于其所代表的成员。除理事缺席情况外,副理事无投票权。

二、在银行每次年会上,理事会应选举一名理事担任主席,任期至下届主席选举为止。

三、理事和副理事任职期间,银行不予给付薪酬,但可支付其因出席会议产生的合理支出。

第二十三条 理事会:权力

一、银行一切权力归理事会。

二、理事会可将其部分或全部权力授予董事会,但以下权力除外:

(一)吸收新成员和确定新成员加入条件;

(二)增加或减少银行法定股本;

(三)中止成员资格;

(四)裁决董事会对本协定的相关解释或适用提出的申诉;

(五)选举银行董事并依照第二十五条第六款决定须由银行负担的董事和副董事的支出及薪酬(如适用);

(六)选举行长,中止或解除行长职务,并决定行长的薪酬及其他任职条件;

(七)在审议审计报告后,批准银行总资产负债表和损益表;

(八)决定银行的储备资金及净收益的配置与分配;

(九)修订本协定;

(十)决定终止银行业务并分配银行资产;

(十一)行使本协定明确规定属于理事会的其他权力。

三、对于理事会依照本条第二款授予董事会办理的任何事项,理事会均保留其执行决策的全部权力。

第二十四条　理事会:程序

一、理事会应举行年会,并按理事会规定或董事会要求召开其他会议。当五个银行成员提出请求时,董事会即可要求召开理事会会议。

二、当出席会议的理事超过半数,且所代表的投票权不低于总投票权三分之二时,即构成任何理事会会议的法定人数。

三、理事会应按照规定建立议事程序,允许董事会在毋须召集理事会会议的情况下取得理事对某一具体问题的投票表决,或在特殊情况下通过电子方式召开理事会会议。

四、理事会及董事会在授权范围内,可根据银行开展业务的必要性或适当性,设立附属机构、制定规章制度。

第二十五条　董事会:构成

一、董事会应由十二名成员组成,董事会成员不得兼任理事会成员,其中:

(一)九名应由代表域内成员的理事选出;

(二)三名应由代表域外成员的理事选出。

董事应是在经济与金融事务方面具有较强专业能力的人士,并应根据本协定附件二选举产生。董事所代表的成员包括选其做董事的理事所属成员以及将选票委派给其的理事所属成员。

二、理事会应不定期审议董事会的规模与构成,并可依照第二十八条规定以超级多数投票形式,适当调整董事会的规模或构成。

三、每名董事应任命一名副董事,在董事缺席时代表董事行使全部权力。理事会应通过规则,允许一定数量以上成员选举产生的董事任命第二名副董事。

四、董事和副董事应为成员国的国民。不得同时有两名或两名以上董事同属一个国籍,也不得同时有两名或两名以上副董事同属一个国籍。副董事可参加董事会会议,但只有代表董事行使权力时才可以投票。

五、董事任期两年,可以连选连任。

(一)董事任职应持续至下任董事选定并就职。

(二)若在董事任期截止日前一百八十天以上时,董事职位出缺,须由选举该董事职位的相关理事根据附件二选出一名继任者,完成余下任期。此类选举须相关理事经半数以上所投投票权表决通过。若在董事任期截止日前一百八十天或以下时董事职位出缺,可由选举该董事职位的理事以上述同样方式选出一名继任者。

(三)在董事职位出缺期间,其副董事应代表董事行使除任命副董事之外的所有权力。

六、除非理事会另有决定,董事与副董事任职期间,银行不付薪酬,但银行可向其支付参加会议产生的合理支出。

第二十六条　董事会:权力

董事会负责指导银行的总体业务,为此,除行使本协定明确赋予的权力之外,还应行使理事会授予的一切权力,特别是:

(一)理事会的准备工作;

(二)制定银行的政策,并以不低于成员总投票权四分之三的多数,根据银行政策对银行主要业务和财务政策的决策,及向行长下放权力事宜做出决定;

(三)对第十一条第二款明确的银行业务做出决定,并以不低于成员总投票权四分之三的多数,就向行长下放相关权力做出决定;

(四)常态化监督银行管理与业务运营活动,并根据透明、公开、独立和问责的原则,建立以此为目的的监督机制;

(五)批准银行战略、年度计划和预算;

(六)视情成立专门委员会;

(七)提交每个财年的经审计账目,由理事会批准。

第二十七条　董事会:程序

一、董事会应根据银行业务需要,全年定期召开会议。董事会在非常驻基础上运作,除非理事会依照第二十八条规定经超级多数投票通过,另行做出决定。董事会主席或三名董事提出要求,即可召开董事会会议。

二、当出席会议的董事人数超过半数,且其代表的投票权不低于成员总投票权的三分之二时,即构成任何董事会会议的法定人数。

三、理事会应订立规章,允许没有董事席位的成员,在董事会审议对该国有特别影响的事项时,可指派一名代表出席会议,但无投票权。

四、董事会应建立议事程序,允许董事会通过电子方式召开会议或者通过非会议方式对某一事项进行投票。

第二十八条　投票

一、每个成员的投票权总数是基本投票权、股份投票权以及创始成员享有的创始成员投票权的总和。

(一)每个成员的基本投票权是全体成员基本投票权、股份投票权和创始成员投票权总和的百分之十二在全体成员中平均分配的结果。

(二)每个成员的股份投票权与该成员持有的银行股份数相当。

(三)每个创始成员均享有六百票创始成员投票权。

如成员不能依照第六条足额缴付其任何到期的实缴股份金额,在全部缴清之前,其所能行使的投票权将等比例减少,减少比例为到期未缴金额与该成员实缴股份总面值的百分比。

二、理事会进行投票时,每名理事应有权行使其所代表成员的投票权。

(一)除本协定另有明确规定,理事会讨论的所有事项均应由所投投票权的简单多数决定。

(二)理事会超级多数投票通过指:理事人数占理事总人数三分之二以上,且所代表投票权不低于成员总投票权四分之三的多数通过。

(三)理事会特别多数投票通过指:理事人数占理事总人数半数以上,且所代表投票权不低于成员总投票权一半的多数通过。

三、在董事会投票时,每名董事均有权行使选举其担任董事的理事所拥有的投票权，以及任何根据附件二将投票权委派给其的理事拥有的投票权。

（一）有权代表一个以上成员投票的董事可代表这些成员分开投票。

（二）除本协定另有明确规定外，董事会讨论的所有问题，均应由所投投票权的简单多数决定。

第二十九条　行长

一、理事会通过公开、透明、择优的程序，依照第二十八条规定，经超级多数投票通过选举银行行长。行长应是域内成员国的国民。任职期间，行长不得兼任理事、董事或副理事、副董事。

二、行长任期五年，可连选连任一次。理事会可依照第二十八条规定经超级多数投票通过，决定中止或解除行长职务。

若行长职位不论任何原因在任期结束前出缺，理事会应任命一名代理行长暂时履行行长职责，或依照本条第一款的规定，选举一名新行长。

三、行长担任董事会主席，无投票权，仅在正反票数相等时拥有决定票。行长可参加理事会会议，但无投票权。

四、行长是银行的法人代表，是银行的最高管理人员，应在董事会指导下开展银行日常业务。

第三十条　银行高级职员与普通职员

一、董事会应按照公开、透明和择优的程序，根据行长推荐任命一名或多名副行长。副行长的任期、行使的权力及其在银行管理层中的职责可由董事会决定。在行长出缺或不能履行职责时，应由一名副行长行使行长的权力，履行行长的职责。

二、根据董事会批准的规章，行长负责银行所有高级职员与普通职员的组织、任命与解雇，上述第一款规定的副行长职位除外。

三、在任命高级职员和普通职员及推荐副行长时，行长应以确保效率与技术能力达到最高标准为重要前提，适当考虑在尽可能广泛的区域地理范围内招聘人员。

第三十一条　银行的国际性

一、银行不得接受可能对其宗旨或职能产生任何损害、限制、歪曲或改变的特别基金、贷款或资助。

二、银行及其行长、高级职员和普通职员不得干预任何成员的政治事务，也不得在决策时受任何成员政治特性的影响。决策只应考虑经济因素。上述考虑应不偏不倚，以实现和落实银行的宗旨和职能。

三、银行行长、高级职员和普通职员在任职期间，完全对银行负责，而不对任何其他当局负责。银行每个成员都应尊重此项职责的国际性，在上述人员履行职责时，不得试图对其施加影响。

第六章　一般规定

第三十二条　银行办公室

一、银行总部设在中华人民共和国北京市。

二、银行可在其他地方建立机构或办公室。

第三十三条　沟通渠道；存托机构

一、每个成员都应指定一个合适的官方实体，以便银行通过该实体与成员就本协定下的任何问题进行沟通。

二、每个成员都应指定其中央银行或其他经成员与银行双方认可的类似机构作为存托机构，银行可将其持有的该成员货币资金及银行的其他资产存托于该机构。

三、银行可依照董事会决定将其资产存托于上述存托机构。

第三十四条　报告与信息

一、银行的工作语言为英语，银行在做出所有决定和依照本协定第五十四条规定进行解释时，应以本协定英语文本为准。

二、成员应向银行提供银行为履行职能而合理要求成员提供的信息。

三、银行应向其成员发送包括经审计账目报表的年度报告，并应公布上述报告。银行还应每季度向其成员发送银行财务状况总表及损益表，说明其业务经营状况。

四、银行应制定信息披露政策，以推动提高业务透明度。在银行认为对履行其宗旨与职能有益的情况下，可公布相关报告。

第三十五条　与成员及国际组织的合作

一、银行应与所有成员保持紧密合作,并在本协定条款范围内以其认为合适的方式,与其他国际金融机构及参与本地区经济发展或银行业务领域的国际机构紧密合作。

二、为实现与本协定一致的宗旨,经董事会批准,银行可与此类组织缔结合作安排。

第三十六条　指称

一、本协定中凡提及"条款"或"附件",除非另外说明,皆指称本协定的条款和附件。

二、本协定中对具体性别的指称,同等适用于任何性别。

第七章　成员退出和资格中止

第三十七条　成员退出

一、任何成员均可随时以书面形式通知银行总部退出银行。

二、自通知指明的日期起,但该日期不得早于银行收到该通知之日起六个月内,该成员退出即应生效,该成员之成员资格即应终止。但在退出最终生效前,该成员可随时以书面形式通知银行撤回其退出意向通知。

三、正在履行退出程序的成员对其在递交退出通知之日对银行负有的所有直接与或有债务继续负有责任。如退出最终生效,则该成员对银行在收到退出通知之日以后开展业务所引发的债务不承担任何责任。

第三十八条　成员资格中止

一、成员如不履行其对银行的义务,理事会可依照第二十八条规定经超级多数投票通过,中止其成员资格。

二、中止满一年后,该成员的银行成员资格自动终止,除非理事会在此一年内依照第二十八条规定经超级多数投票通过,同意恢复该成员的成员资格。

三、在成员资格中止期间,该成员除退出权外,无权行使本协定规定的任何权利,但将继续承担其全部义务。

第三十九条　账目清算

一、在成员资格终止之日后，该成员继续对其对银行的直接债务承担责任，并对成员资格终止前与银行所签订的贷款、担保、股权投资或依照第十一条第二款第（六）项规定的其他融资方式（以下简称“其他融资”）合同中尚未偿清部分形成的或有债务承担责任。但对成员资格终止后银行开展的贷款、担保、股权投资或其他融资不再承担债务责任，也不再分享银行收入或分担其支出。

二、在终止成员资格时，银行应依照本条第三款和第四款规定，对回购该国股份做出安排，作为与其清算账目的一部分。为此，股份回购价格应是该国终止成员资格当日银行账面所显示之价值。

三、银行依照本条回购股份时，应按照以下条件进行：

（一）在该国、其中央银行或其机构、单位或行政部门作为借款人、担保人或其他合同方仍对银行的股权投资或其他融资负有责任时，银行应从应付给该国的股份回购资金中予以扣除，并在此类债务到期时有权用所扣款项做出抵偿。但不得对该国因本协定第六条第三款规定的待缴股份所形成的或有负债扣留款项。因回购股份而应付给成员的款项，在任何情况下都只能在该国终止成员资格六个月之后方予支付。

（二）按照本条第二款规定的股份回购价格回购股份时，当应付给成员国的金额超过本款第（一）项中所指的到期应偿还贷款、担保、股权投资和其他融资的负债总额时，超出部分可在收到该国的相应股票凭证后随时支付，直至该国收回其股份回购的全部款项。

（三）付款使用的货币，由银行综合考虑其财务状况后决定。

（四）在成员资格终止之日，该国仍持有的对银行任何未偿清贷款、担保、股权投资或其他融资，如蒙受损失且损失金额超过资格终止当日银行计提的损失准备金金额，应银行要求，该国应交还确定回购金额时如考虑上述损失而应相应减少的回购金额部分。此外，该国应依照本协定第六条第三款继续对该国认缴股份中未缴付部分承担缴付责任，其应缴付款额，与银行决定股份回购价格时如出现资本亏损且要求所有成员缴付待缴股份情况下的款额相同。

四、如银行在任何国家终止成员资格后的六个月内,依照本协定第四十一条终止业务,该国的一切权利应依照本协定第四十一至四十三条中的规定予以确定。对上述规定而言,该国仍应被视作成员,但无投票权。

第八章　银行业务中止与终止

第四十条　业务暂时中止

在紧急情况下,董事会在等待理事会做出进一步考虑和采取进一步行动之前,可暂停发放新的贷款、担保、股权投资和依照第十一条第二款第(六)项开展的其他形式的融资业务。

第四十一条　业务终止

一、依照第二十八条规定,经理事会超级多数投票通过决议,银行可终止银行业务。

二、业务终止后,除有序变卖、保护和保存资产以及清偿债务相关的活动外,银行应立即停止一切活动。

第四十二条　成员债务与债权支付

一、银行终止业务后,所有成员应继续承担对银行待缴股本的认缴责任以及因成员货币贬值导致的债务,直至债权人的所有债权,包括或有债权,都已全部清偿为止。

二、持有直接债权的所有债权人应首先从银行资产中得到偿付,然后从银行应收款项或未缴及待缴股本金中偿付。在对持有直接债权的债权人进行任何偿付之前,董事会应根据自身判断做出必要的安排,确保所有直接债权和或有债权持有人按比例得到偿付。

第四十三条　资产分配

一、基于各成员认缴的银行股本分配资产,必须:

(一)在对债权人的所有负债清偿完毕或做出安排之后方可进行;

(二)理事会依照第二十八条规定,经超级多数投票通过,决定进行上述分配。

二、银行向成员分配资产，应与各成员持有的股本成比例，并应在银行认为公正平等的时间和条件下生效。各种资产类型间的分配比例不必一致。任何成员在结清对银行的所有债务之前，无权获得资产分配。

三、任何成员依照本条获得资产分配时，其对所分配资产享有的权利，应与分配前银行对这些资产享有的权利相同。

第九章　法律地位、豁免权、特权及免税权

第四十四条　本章目的

一、为使银行能有效地实现其宗旨，履行其所担负的职责，银行在各成员境内享有本章所规定的法律地位、豁免权、特权及免税权。

二、各成员应迅速采取必要的行动，使本章各项规定在其境内生效，并将已采取的行动通知银行。

第四十五条　银行法律地位

银行具有完整的法律人格，特别是具备以下完整的法律能力：

（一）签订合同；

（二）取得与处置动产和不动产；

（三）提起和应对法律诉讼；

（四）为实现宗旨和开展活动采取的其他必要或有用的行动。

第四十六条　司法程序豁免

一、银行对一切形式的法律程序均享受豁免，但银行为筹资而通过借款或其他形式行使的筹资权、债务担保权、买卖或承销债券权而引起的案件，或者与银行行使这些权力有关的案件，银行不享有豁免。凡属这类案件，在银行设有办公室的国家境内，或在银行已任命代理人专门接受诉讼传票或通知的国家境内，或者在已发行或担保债券的国家境内，可向有充分管辖权的主管法院对银行提起诉讼。

二、尽管有本条第一款的各项规定，但任何成员、成员的任何代理机构或执行机构、任何直接或间接代表一个成员或成员的机构或单位的实体或个人、任何直接或间接从成员或成员的机构或单位获得债权的实体

或个人,均不得对银行提起诉讼。成员应采用本协定、银行的细则及各种规章或与银行签订的合同中可能规定的特别程序,来解决银行与成员之间的争端。

三、银行的财产和资产,不论在何地和由何人所持有,在对银行做出最后裁决之前,均不得施以任何形式的没收、查封或强制执行。

第四十七条 资产和档案的豁免

一、银行的财产和资产,不论在何地和由何人所持有,均应免于任何行政或司法的搜查、征用、充公、没收或任何其他形式的占用或禁止赎回。

二、银行的档案及属于银行或由银行持有的所有文件,不论存放于何地和由何人持有,均不得侵犯。

第四十八条 资产免受限制

在有效实施银行宗旨和职能所需范围内,并在遵照本协定规定的情况下,银行的一切财产和资产不受任何性质的限制、管理、管制和延缓偿付的约束。

第四十九条 通讯特权

成员给予银行的官方通讯待遇,应与其给予其他成员的官方通讯待遇相同。

第五十条 银行高级职员和普通职员的豁免与特权

银行的全体理事、董事、副理事、副董事、行长、副行长及高级职员和普通职员,包括为银行履行职能或提供服务的专家和咨询顾问,应享有以下豁免和特权:

(一)对于其以公务身份从事的行为应享有法律程序的豁免,除非银行主动放弃此项豁免,且其持有的官方文件、文档和记录不可侵犯;

(二)若其不是所在国公民或国民,则其在入境限制、外国人登记要求和国民服役方面享有豁免权,并在外汇管制方面享有该成员给予其他成员同等级别的代表、官员和职员的同样的便利;

(三)在差旅期间享受的便利应与该成员给予其他成员同等级别的代表、官员和职员的待遇相同。

第五十一条　税收免除

一、银行及其根据本协定拥有的资产、财产、收益、业务和交易,应免除一切税收和关税,并应免除银行缴纳、代扣代缴或征收任何税收或关税的义务。

二、对银行给付董事、副董事、行长、副行长以及其他高级职员和普通职员,包括为银行履行职能或提供服务的专家和咨询顾问的薪资、报酬和费用不予征税。除非成员在递交批准书、接受书或核准书时,声明该成员及其行政部门对银行向该成员公民或国民支付的薪资和报酬保留征税的权利。

三、对于银行发行的任何债券或证券,包括与此有关的红利和利息,不论由何人持有,均不得因下列原因而征收任何种类的税收:

(一)仅因为此类债券或证券是由银行发行而加以歧视;

(二)仅以该项债券或证券的发行、兑付或支付的地点或所使用的货币种类,或因银行设立办公室或开展业务的地点为行使税收管辖权的唯一依据而征税。

四、对于银行担保的任何债券或证券,包括有关的红利和利息,不论由何人持有,均不得因下列原因而征收任何种类的税收:

(一)仅因为此类债券或证券是由银行担保而加以歧视;

(二)仅以银行设立办公室或开展业务的地点为行使税收管辖权的唯一依据而征税。

第五十二条　放弃豁免

银行可自行决定在任何情况或事例中,以其认为最有利于银行的方式和条件,放弃本章赋予其的任何特权、豁免和免税权。

第十章　修改、解释和仲裁

第五十三条　修改

一、本协定只有在理事会依照第二十八条规定经超级多数投票通过决议后方可进行修改。

二、虽有本条第一款的规定,但对以下各项的修改须经理事会全票通过后方可进行：

(一)退出银行的权利；

(二)第七条第三款和第四款规定的对负债的各种限制；

(三)第五条第四款规定的关于购买股本的各项权利。

三、有关本协定的任何修改建议，不论是由成员还是董事会提出，均应送交理事会主席，再由其提交理事会。相关修订一经通过，银行应以正式函件形式通知所有成员。该修订也将于正式函件发出之日起三个月后对所有成员生效，但理事会在正式函件中另外有规定者不受此限。

第五十四条 解释

一、成员与银行之间或成员之间在解释或实施本协定规定发生疑问时，应提交董事会决定。如董事会审议的问题与某个成员有特殊关系而董事会无该成员国籍的董事时，该成员有权派代表直接参加董事会会议，但该代表没有投票权。该代表的权利应由董事会规定。

二、董事会做出本条第一款下的决定后，任何成员仍可要求将问题提交理事会讨论，由理事会做出最终裁决。在理事会做出裁决之前，如果银行认为必要，可根据董事会的决定行事。

第五十五条 仲裁

在银行与已终止成员资格的国家之间，或者在银行通过终止银行业务的决议之后银行与成员之间发生争议，应提交由三名仲裁员组成的法庭进行仲裁。仲裁员中，一名由银行任命；一名由涉事国家任命；除双方另有协定外，第三名由国际法院院长或银行理事会通过的规章中规定的其他当局指定。仲裁员以简单多数做出决定，该仲裁决定为最终裁决，对双方均有约束力。双方在程序问题上有争议时，第三名仲裁员应有权处理全部程序问题。

第五十六条 默许同意

除本协定第五十三条第二款所列情况之外，银行采取任何行动前，如需征得任何成员同意，应将拟议中的行动通知该成员。如该成员未在银行通知中规定的合理时间内提出反对意见，即应视为业已获得该成员的同意。

第十一章　最后条款

第五十七条　签署和保存

一、本协定由中华人民共和国政府(以下简称“保存人”)保存,本协定附件一所列各国政府应在二〇一五年十二月三十一日前完成签署。

二、保存人应将本协定经过核定无误的副本寄给所有签署方及其他已成为银行成员的国家。

第五十八条　批准、接受或核准

一、本协定须经签署方批准、接受或核准。批准书、接受书或核准书应于二〇一六年十二月三十一日之前向保存人交存,或如有必要,在理事会依照本协定第二十八条规定经特别多数投票通过的稍晚日期之前向保存人交存。保存人应及时将每次交存及交存日期通知其他签署方。

二、在本协定生效日之前交存批准书、接受书或核准书的签署方,在协定生效之日成为银行成员。任何其他履行本条第一款规定的签署方,在交存批准书、接受书或核准书之日起成为银行成员。

第五十九条　生效

至少有十个签署方已交存批准书、接受书或核准书,且签署方在本协定附件一列出初始认缴股本的加总数额不少于认缴股本总额的百分之五十,本协定即告生效。

第六十条　首次会议和开业

一、本协定一经生效,每个成员均应任命一名理事,保存人应即召集首次理事会会议。

二、在首次会议上,理事会应:

(一)选举行长;

(二)依照本协定第二十五条第一款规定选举银行董事,考虑到成员数量和尚未成为成员的签署方数量,理事会可决定,在最初不超过两年的时间内,选举较少数量的董事。

(三)对银行开业日期做出安排;

（四）为准备银行开业做出其他必要安排。

三、银行应将其开业日期通知各成员。

本协定于二〇一五年六月二十九日在中华人民共和国北京市签署，仅一份正本，交存保存人；文本分别以英文、中文和法文写成，同等作准。

后　记

本书的出版得到了教育部人文社会科学重点研究基地山东大学当代社会主义研究所、山东大学政治学与公共管理学院“高峰计划”的资助与支持，在此表示深深的感谢。

书稿是在我十年教学的基础上完成的。彼时对于一位外交学专业的博士毕业生而言，我最初还不太情愿开设“国际组织”课程，毕竟那是非国家行为体的活动领域。通过日渐深入的学习和思考，我充分认识到国际组织在当代世界的重要角色、国际组织对于中国外交的指向意义。部分是因为我的知识积累和价值偏好，本书对于国际组织的有关分析，其背后依然有较强的“国家中心”、“外交取向”的底色。

书稿的不断完善同时得益于我和所授课的学生们之间比较充分和自由的交流。“教学相长”、“教研相长”，我对此深信不疑，并因此受益良多。在此，我由衷地向任教的各届同学表示感谢，尤其是向山东大学国际政治专业2016级的同学表示感谢。在书稿接近完成时，我把各章内容拿给班上的同学阅读，得到了大量的、宝贵的意见和建议，有时候会是某一个标点符号的指正。每次读到同学们的意见和建议，我总是感觉特别温暖。

书稿的内容代表了我在过去一段时间内学术旅程的记录。囿于个人的智识水平和有限的阅历，书中的有关论述，难免会挂一漏万。在此，特别值得期待的是，本书的出版能够成为我和读者继续思考“变化世界中的国际组织”的起点。

作　者

2019年5月1日